KB040797

위대한
철학책

위대한
철학책

초판 1쇄 발행_ 2015년 7월 22일
초판 2쇄 발행_ 2019년 2월 22일

원제_ The Twenty Greatest Philosophy Books

지은이_ 제임스 가비
옮긴이_ 안인경

펴낸곳_ 바이북스
펴낸이_ 윤옥초

책임편집_ 임종민
편집팀_ 도은숙, 김태윤
표지디자인_ 이민영
디자인팀_ 이정은

ISBN_ 978-89-92467-99-5 03160

등록_ 2005. 07. 12 | 제313-2005-000148호

서울시 영등포구 선유로49길 23 아이에스비즈타워2차 1005호
편집 02) 333-0812 | 마케팅 02) 333-9918 | 팩스 02) 333-9960
이메일 postmaster@bybooks.co.kr
홈페이지 www.bybooks.co.kr

책값은 뒤표지에 있습니다.

책으로 아름다운 세상을 만듭니다. ― 바이북스

The Twenty
Greatest
Philosophy
Books

위대한
철학책

제임스 가비 지음 | 안인경 옮김

바이북스
ByBooks

위대한 철학책을 소개하는
어려움에 대해

위대한 철학책이 어떤 책인지 말하기란 쉬운 일이 아니다. 그 이유는 본질적으로 '철학이란 무엇인가'에 대해 의견이 분분하기 때문이다. 철학이 무엇인지 추측하거나 단정하는 말은 수없이 많으며, 철학자들, 특히 위대한 철학자들도 철학에 대해 분명한 견해를 보여왔음에도 '철학이란 이것' 이라고 콕 집어 얘기할 수 있을 만큼 서로 일치되는 부분은 별로 없다. 다만, 철학에 대한 지금까지의 정의들 중에 크게 두 가지를 추려내는 일은 가능하다. 지금부터 이 두 개념을 간단히 살펴보고 위대한 철학책이란 무엇을 말하는지 이야기해 보도록 하겠다.

철학에 관한 두 가지 정의

철학은 크게 다루는 주제에 따라 규정할 수 있다. 철학자들은 기본적으로 다음과 같은 세 가지 물음에 답하려고 노력한다.

- 존재하는 것은 무엇인가?
- 우리는 어떻게 사물을 인지하는가?
- 어떻게 행동할 것인가?

'존재하는 것은 무엇인가?' 이 문제는 가장 추상적인 의미에서의 실존을 연구하는 학문인 형이상학에 관한 것이다. 형이상학이 과학보다 더 근원적인 학문이라는 점을 인식해야만 형이상학에 대한 접근이 가능하다. 과학은 이 세계에 실재하는 존재에서 시작된다. 형이상학은 단지 실재의 기본적인 골격만을 다루지 않는다. 그 골격 위에 살을 붙이려고 하며 그 과정에서 인간이라는 존재는 무엇인지, 우리가 자유 의지를 가진 존재인지 아니면 이미 결정되어 있는 존재인지, 정신과 육체 사이의 관계는 무엇인지, 신은 존재하는지, 존재한다면 신은 어떤 존재인지, 사물이 가진 고유한 특징은 무엇인지, 원인과 결과란 무엇인지, 수란 무엇인지 등을 고찰한다.

두 번째 질문, '우리는 어떻게 사물을 인지하는가'는 지식을 탐구하고 신념의 정당성을 증명하는 연구 분야인 인식론을 짧게 설명한 것이다. 인식론은 지식에 관한 이론을 정립하는 일을 하면서, 지식을 얻기 위한 조건 그리고 진리 자체를 판정하기 위한 조건은 무엇인지 논한다. 고대 철학에서 지식이 무엇인지에 대해 어떤 생각을 했는지를 알려면 플라톤을 봐야 한다. 플라톤은 진리라고 확인된 신념들이 지식을 이룬다고 보았다. 그렇다면 도대체 진리와 정당화란 무엇인지를 밝히는 게 문제가 된다. 역시 이 연구도 어떤 다른 분야보다 근원적이다. 여기서 연구하는 문제는, 예컨대 어떤 돌이 300만 년 된 것인지를 어떻게 아느냐와 동등한 수준의 문제가 아니다. 인식론의 과제는 그보다 더 추상적인 것으로, 그런 사실을 알기 위한 '조건'을 구체적으로 서술하는 일이다.

다음으로, '어떻게 행동할 것인가?' 이 문제는 아마도 철학의 질문 가운데 가장 오래된 질문일 것이다. 그게 아니라면 적어도 철학 세계의 영웅이라 할 만한 소크라테스의 본질에 가장 가까운 질문이라고 하겠다. 도덕을 탐구하는 일은 철학에서 차지하는 비중이 상당하며, 그 과제는 단지 무엇이 옳고 무엇이 그른가에 대한 이야기가 아니라 살아가면서 올바른 선택을 하는 데 도움이 될 만한 절차가 무엇인지 구체적으로 기술하는 일이다. 물론 우리 삶의 도덕적인 면은 이보다 더 넓다고 생각할 수 있다. 그래서 철학자들은 스스로를 도덕적으로 올바른 삶을 산다고 생각했을 뿐 아니라 도덕적인 삶이 인생을 사는 최선의 방법이라고 생각했다. 이와 근접한 또 다른 문제는 가치 그 자체와 미의 본질에 대한 것이다.

이쯤 되면 철학이 다루는 주제가 추상적이긴 하지만 그렇다고 해서 부적절하다거나 쓸데없는 것은 아니라는 점을 느낄 수 있을 것이다. 철학적인 질문은 거의 늘 다른 질문들 뒤에 한두 걸음 정도 숨어 있다. 예를 들어 보자. 특정 정치인이 거짓말을 하고 있다는 의심이 든다. 신문에서는 그 정치인이 뭔가 숨기고 있다고 의문을 계속 던진다. 반면 다른 쪽에서는 그 정치인은 결코 의도적으로 다른 이를 오도한 적이 없다고 주장하고 있다. 우리는 실제로 거짓말이란 무엇인지 의문을 품게 된다. 그러나 어느 쪽이 거짓말한 것이든 최소한 거짓말은 의도적으로 했다고 보아야 한다. 그렇다면 의도적인 행동이란 무엇인가? 의도를 가진다는 것은 무슨 뜻인가? 이에 대해 정치나 법률가에게 물어보겠는가? 별로 도움이 안 될 것이다. 이때는 철학자를 찾아가야 한다. 우리가 결과적으로 지지하게 되는 대답이 애초에 그 정치인에 대해 물었던 실질적인 질문(그가 거짓말을 하고 있는지 아닌지)에 대한 답을 결정하게 된다. 결국 어떤 철학적 입장을 취하느냐에 따라 그 정치인을 내쫓는 일에 찬성하든지 반대하든지 하게 된다.

철학이 인간의 삶과 어떤 관계가 있는지 생각해 보는 데는 적어도 한 가지 방식이 더 있다. 철학의 문제는 곧 인간의 문제다. 인간이라는 사실 자체가 언젠가 그런 철학적 물음을 제기할 수밖에 없도록 만들기 때문이다. 칸트는 형이상학의 문제에 있어서는 이성이 자신에게 아무런 도움이 안 된다고 했다. 이는 올바른 지적이었다. 물론 그렇다고 해서 개개인이 날마다 철학적인 문제를 놓고 고찰한다는 말은 아니다. 그러나 철학은 학문의 모든 분야 중에서 가장 인간적이라는 주장을 그저 흘려들어서도 안 된다. 저마다의 방식이긴 하지만 모든 문화는 앞에서 살펴본 세 가지 문제에 답을 주려고 노력했으며, 그 결과로 주어진 답들에는 그 문화들의 일면이 담겨 있다. 그러나 그 이전에 먼저, 애초에 그 문제에 답을 꼭 해야 한다고 생각했다는 사실 자체가 우리 인간의 존재와 관련이 있음을 말해 주며 철학의 필요성을 뒷받침해 주는 것이다.

이 두 번째 철학의 개념에서는 철학이란 특정적인 문제와는 아무런 관계가 없다고 주장한다. 어떤 대상을 철학적으로 연구한다고 할 때는 사용하는 방법론이 중요하다는 것이다. 이런 시각에서 보면 철학이란 어떤 한 부류의 의견, 말하자면 논리로, 아니면 적어도 주의 깊은 추론으로 얻은 의견이다. 그러므로 철학이 할 수 있는 최선의 일은 명백한 결론을 내림과 동시에 논증으로 그런 결론을 뒷받침하는 일이다. 살인이 옳지 않다고는 누구든 말할 수 있다. 하지만 이 주장 자체는 철학적 의견이 아니다. 일정한 방식으로 함께 배치된 논거들로 뒷받침됐을 때 비로소 철학적 의견이 된다. 철학자들은 논하는 사람들이며 철학을 철학으로 만드는 것은 면밀한 논법을 실행하는 일이다.

철학에 대한 이런 견해가 옳다는 것은 실제로 철학의 대상이 수천 년의 세월이 흐르면서 변해 왔다는 사실로도 알 수 있다. 가장 중요한 질문 세 가지는 세상에 언제나 존재했으나 철학자들은 이를 모두 다른 방식으로 이해했을 뿐만 아니라 그 외의 많은 문제에도 흥미를 보였다. 이것이 성공적이었다고 해야 할지는 모르겠지만, 철학에서 좋은 결과를 얻었을 때는 새로운 학문들이 따로 독립해 나갔거나 철학이라는 학문 밖에 따로 전문 분야가 세워지기도 했다. 그중 몇 가지를 들자면, 수학과 심리학, 그리고 넓게 자연과학이라고 부르는 학문이 한때는 철학적 탐구에 속했었다. 그 모든 분야에서 발전이 가능했던 것은 일종의 정신적인 엄격함이 있었기 때문이며 이 하나만으로도 철학의 특징을 충분히 알 수 있다고 하겠다.

이 두 견해가 상충할 수 있다는 사실은 쉽게 알 수 있다. 철학이 일부 특정 대상에 대해 관심을 가져야 한다고 생각하는 사람은, 논리학의 정밀한 지적이나 기독교의 사소한 일에 대해 계속 집착하는 사람을 대수롭지 않은 철학자로 여길 것이다. 반면 철학에서 일부 방법론의 사용이 필수적이라고 생각하는 사람이라면 헤겔이나 니체, 플라톤까지도 대수롭지 않게 볼 것이다. 두 견해 앞에서는 그저 그물을 넓게 던져 철학의 전통적인 탐구 대상을 연구하고 최소한 특정 부류의 논리적 엄정함에 관심을 보이거나 선호하는 것은 모두 철학적인 것이라고 생각하는 게 최선일지 모른다. 그것은 그렇다고 치자. 하지만 그렇다면 무엇을 위대한 철학책이라고 할 수 있을까?

위대한 철학책을 규정하는 어려움

철학과 마찬가지로 철학적인 위대함을 알아보기란 쉽다. 하지만 그것을 규정하기란 쉬운 일이 아니다. 철학적인 위대함의 특징으로 영향력을 고려할 수 있을 것이다. 그래서 여기에서 다룬 모든 책은 철학의 영역 안팎에서 의심할 바 없이 대단한 영향력을 발휘한다. 이 책은 철학사에서 가장 큰 영향력을 차지하는 책들이 다룬 가장 중요한 철학 사상의 역사라고 말할 수 있다. 고대 그리스 철학자들의 관심사를 공정하게 다루었을 뿐 아니라 아퀴나스에 대한 고찰은 고대인의 생각이 어떻게 근대 철학자에게 전해졌는지 이해하는 데 도움이 되도록 했다. 홉스와 루소의 정치철학, 그리고 데카르트의 형이상학과 인식론에서는 근대 이성의 출현을 볼 수 있다. 사고의 토대인 경험론은 로크에서 시작해 흄의 회의론적인 귀결이라는 혼란스러운 결과에 이르는 과정을 추적할 수 있다. 그뿐 아니라 인식론과 형이상학에서 칸트가 일으킨 혁명을 탐구하는 동시에 그가 유럽과 그 외 지역 철학자들에게 끼친 영향도 살펴본다. 또한 이 책은 특히 지금으로부터 과거의 수백 년 정도에 이르는 철학에 중점을 두었다. 최근에 발행된 저서들이 미래 철학자들에게 어떤 평가를 받을지는 아직 알 수 없다. 그러나 그 저서를 살펴보면 오늘날 철학이 어떻고 어디로 향하고 있는가를 파악할 수 있을 것이다.

여기 나온 책들이 읽기 쉬운지 아닌지도 중요한 문제다. 여기서는 그 점도 고려해서 책을 선별했다. 그러나 그렇다고 해서 그게 다는 아니다. 가독성은 지성의 힘과 같은 다른 요소에 밀려날 수 있기 때문이다. 위대한 철학자들의 저술들은 읽기가 어려운 것들이 많다. 지적인 힘이 문학적인 기교에 방해가 된다고 볼 수도 있을 것이다. 그렇다고 다른 쪽을 택하겠는가? 아리스토텔레스의 결론을 유쾌한 그림이나 상상력이 풍부한 글 몇 줄에 희생시킬 수는 없는 노릇이다.

철학의 어려움은 보통 철학이라는 영역 그 자체에서 온다. 비트겐슈타인은 철학책을 읽는 일은 일종의 사투라고 말했다. 이 말이 조금은 위안이될 것이다. 비트겐슈타인과 같은 천재에게 철학이 어렵다면 우리 같은 보통 사람이 좀 힘들어한다고 해서 크게 부끄럽지는 않을 것이다. 철학의 어려움은 철학이 가장 어려운 문제들을 다루고 나아가 그 문제를 깊이 생각하는 일이 결코 간단하지 않다는 사실에 있다.

위대한 철학을 명확하게 규정하는 일이 우리 능력 밖의 일이라 해도 우리가 위대한 철학을 알아볼 수 있다는 점은 변하지 않는다. 위대한 철학을 비트겐슈타인의 개념인 한 가족에 속하는 유사성을 가진 용어로 생각해보자. 비트겐슈타인에 따르면 일부 용어가 사물들을 식별할 수 있는 것은 그 사물들이 단일한 성질을 가져서라기보다 오히려 일련의 변화하는 특징을 가졌기 때문이다. 그는 그 예로 '놀이'라는 단어를 든다. 놀이로 인식되는 것들은 여러 가지가 있지만, 그 모든 것들을 놀이로 만드는 공통적인 성질 하나를 공유하지는 않는다. 대신 놀이들은, 마치 가족 앨범의 웃는 얼굴들이 공유하는 것과 같은 한 가족의 유사성을 공유한다. 모두 같은 모양의 코를 가지고 있지도 않고 눈의 색깔도 다를지 모르지만 그래도 앨범 안의 모든 가족이 서로 관련이 있다는 점은 명백하게 드러난다. 위대한 철학책의 앨범도 이와 비슷하다. 책마다 모두 다른 특징이 있지만 일종의 유사성, 즉 척 보면 알아차릴 수 있는 '위대함'이 있다.

이게 그저 하나의 핑계라고 한대도 어쩔 수 없다. 합리적인 사람이라면 무엇을 위대한 책으로 볼 것인지에 대해 논할 수 있을 것이다. 그러나 어떤 답을 내리든 이 책에 소개된 위대한 책들은 공통점이 상당히 많을 것이다.

철학이 무엇이며 위대함이 무엇인지를 간단히 살펴보았다. 머리말을 끝내기에 앞서 책이란 무엇인지, 바로 이 책은 어떤 책인지 간략히 말해 보겠다. 우리는 광범위한 사상을 규정하려고 하는 책, 특히 광범위한 사상을 '여러 가지' 다루려고 하는 책에는 늘 무언가가 빠져 있다는 사실을 너무 잘 알고 있다. 이는 어쩔 수가 없다. 그래서 앞에서 든 여러 가지 사항들과 더불어 모든 것을 일관성 있는 책 한 권에, 이 책과 같은 경우 '입문서' 한 권에 집어넣어야 한다는 점을 염두에 두고 판단했다. 내용 전체가 뚜렷하게 드러나, 철학을 처음 접하는 독자에게도 주제에 대한 감각을 전해 줄 수 있는 책을 우선적으로 골랐다. 라이프니츠와 스피노자, 볼테르, 러셀, 그리고 그보다 못한 사상가도 여기에 포함된 철학자 누구누구보다 더 훌륭할지도 모른다. 그러나 유용한 입문서를 목표로 했기에 앞의 철학자들 대신 다른 이를 넣는 것이 낫다고 생각했다. 이 책이 그 최종 결과물이다. 철학책을 주제로 한 그 어떤 책도 위대한 철학책들이 가진 가치를 전부 말할 수는 없다. 그러나 이 책은 그런 철학책들 안에 담긴 가장 중요한 사상을 다루려고 했으며 꾸밈없고 비판적인 방법을 채용했다. 이 책에는 형식적인 논리나 군더더기 철학 용어는 가급적 배제하고자 했다. 여러분은 위대한 사상과 사상에 대한 논증뿐 아니라 그런 것을 생각하는 일의 어려움에 대해서도 듣게 된다. 또한 이 책은 찬반론을 동시에 언급한다. 즉 이 책은 단순히 위대한 저서에 대한 찬양 일색이 아니다. 한편, 책들은 출판 연도에 따라 연대순으로 배열했다. 각 장은 서로 연관되게 구성되었지만 각각 독립적이라고 볼 수도 있다. 좋아하는 부분만 잠깐 읽어도 되고 처음부터 끝까지 차례대로 읽어도 된다.

부분적으로 이 책을 읽어주었던 분들과 그 외 여러 가지 도움을 주었던 분들에게 감사의 말을 전하고 싶다. 니체에 대한 통찰력을 가진 로라메이 에이브런Laura-May Abron, 소피 데이비스Sophie Davies, 마크 해먼드Mark Hammond, 마르크스에 대한 놀라운 이해력을 가졌던 킴 해스틸로Kim Hastilow, 테드 혼더리치Ted Honderich, 줄리아 허프Julia LeMense Huff, 저스틴 라이너스Justin Lynas, 욜론 매켄지Yolonne MacKenzie, 앤서니 오히어Anthony O'Hear, 라지 세갈Raj Sehgal, 사르트르에 대한 이해력이 신의 경지에 이를 정도인 배리 스미스Barry Smith, 제러미 스탠그룸Jeremy Stangroom, 조애너 테일러Joanna Taylor, 슬라프 토도로프Slav Todorov, 존 웨버Jon Webber, 그리고 마감의 무서움을 알려준 컨티뉴엄Continuum 출판사의 세라 더글러스Sarah Douglas에게 감사의 말을 전한다. 문학을 조금 아는 사람이라면 나에게 부족한 점이 많음을 알아차릴 것이다. 이 책에 있는 오류는 모두 거기에서 오는 것이다. 끝으로 내가 만난 철학자 가운데 내게 가장 큰 영향을 끼친 주디 가비Judy Garvey에게 이 책을 바친다.

Book 01 국가   플라톤 ·17

정의는 강자의 이익인가? : 철학자가 왕이 되는 정의로운 국가
보이는 세계는 그림자에 불과하다 : 정의로운 사람이 행복하다?

Book 02 니코마코스 윤리학   아리스토텔레스 ·35

우리가 만들어진 목적은 무엇인가? : '행복'이란 말로 모두 표현할 수 없는 행복
올바로 행동하고자 한다면 중용을 택하라 : 관조하는 삶이 최고의 행복이다

Book 03 신학대전   아퀴나스 ·53

신의 존재를 증명하는 다섯 가지의 길
언덕 위의 신이 우리를 내려다보고 있다

Book 04 제1 철학에 관한 성찰   데카르트 ·69

의심하고 또 의심하라 : 지금 내 눈앞에 있는 것, 믿을 수 있는가?
나는 생각한다 그러므로 나는 존재한다 : 정신과 물질은 다른 실체다
신은 완전하므로 반드시 존재한다

Book 05 리바이어던   홉스 ·87

국가가 없는 상태를 상상해 본다면? : 이성이 있는 자라면 자연법에 복종할 것이다
마침내 우리가 '원하는' 리바이어던이 탄생하다 : 절대 권력, 과연 타당한가?

Book 06 인간오성론 로크 ·103

관념은 본유가 아니라 경험에서 온다 : 대상의 속성에 대한 관념이 우리에게 인식을
제공한다 : 인간의 지식은 관념의 한계 안에 있다

Book 07 인간 지식의 원리론 버클리 ·119

존재하는 것은 지각되는 것이다 : 로크의 구분은 잘못되었다
그런데 해답이 '신'이라니!

Book 08 인간 오성의 탐구 흄 ·135

관념은 인상의 복사본이다 : 미래가 과거와 같을 것이라는 증거는?
흄의 회의에 회의가 드는가?

Book 09 사회계약론 루소 ·151

선하고 자유롭게 태어난 인간이 타락하게 된 이유
모든 사람이 같은 것을 잃고 얻는 사회계약 : 시민의 이익이 주권의 이익이다
일반의지를 거부하는 자는 욕망의 노예일 뿐

Book 10 순수이성비판 칸트 ·167

형이상학은 왜 대접받지 못하고 있는가! : 형이상학은 가능한가?
우리의 마음이 세계를 구성한다 : 흔들리는 사변적 형이상학의 토대

Book 11 정신현상학 ∷ 헤겔 ·185

역사란 무엇인가? 우리는 어디로 가고 있는가?
'절대지'라는 유토피아를 향해 가는 길 : 헤겔의 결론, 과연 승산이 있을까?

Book 12 의지와 표상으로서의 세계 ∷ 쇼펜하우어 ·201

현상과 물자체는 인과 관계가 아니다
의지로서의 세계; 삶은 가능한 세계 중 최악의 세계? : 의지의 횡포에서 달아나기

Book 13 공산당 선언 ∷ 마르크스 ·217

모든 사회의 역사는 계급투쟁의 역사
혁명을 전제하지 않는 사회주의 실험은 실패한다!
빗나간 예언과 적중한 예언 : 마르크스의 생각, 지금도 유효한가?

Book 14 공리주의 ∷ 밀 ·235

최대 행복의 원리에서 도덕성이 나온다 : 쾌락에서도 양보다 질이다
반론이 끊이지 않는 밀의 증명 : 공리주의가 말하는 정의

Book 15 차라투스트라는 이렇게 말했다 ∷ 니체 ·253

신은 죽었다! : 인간은 초인의 수단이 되기에 가치가 있다
니체의 해결책, 과연 최상인가?

Book 16 탐구의 논리 ···포퍼 ·269

과학이 비합리적이라고? : 귀납법을 버리고 반증의 방법으로!
과학과 사이비 과학을 구분하는 법 : 과학이 긍정이 아닌 부정만을 말할 수 있다면?

Book 17 언어, 진리, 논리 ···에어 ·285

빈학단의 논리실증주의 : 명제의 진위를 판별하는 에어식 검증 원리
철학은 정의와 분석으로써 진리에 도달하는 논리의 학문
윤리적 개념은 분석 대상이 될 수 없다 : 검증 원리의 태생적인 약점

Book 18 존재와 무 ···사르트르 ·301

이 세계를 구성하는 존재와 무 : 우리의 자유를 회피하려는 자기기만의 삶
타인은 지옥이다

Book 19 제2의 성 ···보부아르 ·319

타자가 되는 것은 여성들의 운명인가? : 여성은 절대 타자다
헤겔주의와 실존주의의 잘못된 만남

Book 20 철학적 탐구 ···비트겐슈타인 ·335

언어의 의미는 곧 언어의 쓰임새다
단어의 의미를 알려면 '언어놀이'를 알아야 한다 : 철학의 문제는 대답될 수 없다

01

플라톤

국가

Politeia

c. ^BC^ *380*

플라톤

Platon, BC 428?~348?

서양 지적 유산의 아버지 플라톤. 서양에서는 그를 인류 역사
상 가장 위대한 사상가로 꼽는다. 이미 기원전 4세기에 인식
론과 현대 전체주의 국가 이론을 주장했다. 스승인 소크라테
스를 주인공으로 한 대화 형식의 책들을 많이 남겼다.

기원전
428?　출생 (아테네 근교)

407　소크라테스의 제자가 됨

406　기병으로 전쟁 참가

399　아테네를 떠나 해외를 여행함

전기 대화편
에우티프론Euthyphron, 소크라테스의 변명Apologia Sōkratous, 크리톤Kriton,
카르미데스Charmides, 라케스Laches, 소히피아스Hippias elatton, 이온Ion,
프로타고라스Protagoras, 리시스Lysis, 대히피아스Hippias meizon,
에우티데모스Euthydemos, 메넥세노스Menexenos, 고르기아스Gorgias, 메논Menon

388　이탈리아와 시라쿠사Siracusa 체류

387　아카데메이아Akadēmeia 설립

중기 대화편
크라틸로스Kratylos, 파이돈Phaidon, 향연Symposion, **국가**Politeia 📖
파이드로스Phaidros, 파르메니데스Parmenides, 테아이테토스Theaitetos

367　시라쿠사 재차 방문

후기 대화편
소피스테스Sophistes, 정치가Politikos, 필레보스Philebos,
티마이오스Timaios, 크리티아스Kritias, 법률Nomoi

348?　사망 (아테네)

플라톤
국가

플라톤^{Platon, BC 428?~347?}의 여러 가지 업적을 하나하나 꼽다 보면 보는 이로 하여금 마음의 평정을 잃게 할 정도다. 플라톤이 혼자만의 힘으로 세운 철학의 방향은 2천 년이 지난 지금까지도 여전히 유효하다. 앨프리드 화이트헤드^{Alfred N. Whitehead, 1861~1947}가 플라톤에 대해 의미심장한 말을 한 적이 있다. 서양 철학에 대해 일반적으로 받아들일 수 있는 무난한 규정을 내리다 보면 결국에는 플라톤과 관련된 각주를 죽 달게 된다는 말이었다. 비록 과장되긴 했으나 그다지 틀린 말은 아니다. 게다가 플라톤은 일종의 문학 기법까지 선보여, 철학적 문답에 완벽함을 부여하는 재능도 갖춘 듯하다. 실제로 플라톤의 철학에 관심을 가지지 않더라도 그의 글들은 여전히 사람을 사로잡는 매력이 있다. 키케로^{Marcus Tullius Cicero, BC 106~43}는 "신이 말을 한다면 그 언어는 아마도 플라톤이 사용하는 언어와 같을 것이다"라고 말했을 정도다. 마음의 평정을 잃을지도 모른다는 우려를 더 이상 두려워 말자. 그저 플라톤의 위대함에 몸을 맡겨 마음껏 놀라고 소스라치자. 그의 천재성은 진정 놀랍고 그의 대화편은 우리를 숨죽이게 하며 그 영향력은 감히 헤아려 볼 수도 없다. 플라톤이 있었기에 지금의 철학이 존재하는 것이다. 『국가Politeia』는 그의 대화편 중에서도 걸작이다.

오늘날까지 플라톤의 대화편 모두가 남아 있다는 건 실로 기적이다. 대화편은 철학 문답의 형식으로 돼 있다. 예를 들면 "용기란 무엇인가?"라고 질문을 던지면 거기에 대한 답이 주어진다. 주어진 답변은 면밀히 분석되고, 그 뒤에 또 일련의 질문과 답이 주어진다. 그리고 끝에 가선 원래의 답이 몇 가지 점에서 완전하지 않다는 사실이 밝혀진다. 불합리하거나 모순된 것일 때도 있다. 그러면 바로 앞에서 한 논의에서 밝혀진 사실을 토대로 또 다른 새 답이 주어지고, 다시 그 모든 과정이 되풀이된다.

플라톤의 스승인 소크라테스Sōkrátēs, BC 469~399는 대화편 대부분에서 주인공으로 등장한다. 그는 질문을 던지는 사람이다. 소크라테스에 관해 알려진 건 별로 없으나, 논쟁의 대가라는 사실만큼은 모두가 알고 있다. 크세노폰Xenophōn, BC 430?~355?에 따르면, 스승 소크라테스는 상대가 누구든 자신이 원하는 대로 논쟁을 이끌어 갔다. 소크라테스는 고대 아테네의 위대한 사람들이 '미덕'에 대해 자주 말하기는 하지만 정작 그 뜻조차 모른다며 꾸짖었다. 그것도 큰소리로 공공연히 말하고 다녔으며 논증을 통해 세상

: 화이트헤드

영국의 철학자이자 수학자. 초기에는 수학 교수로 활동하며 기호논리학을 연구하고 버트런드 러셀Bertrand Russell, 1872~1970과 함께 『수학 원리Principia Mathematica』1910~1913를 펴내기도 했으나, 후기에는 '유기체 철학'이라고 하는 독창적인 형이상학을 연구하는 철학 활동에 매진했다.

: 키케로

로마의 문인. 수사학의 대가이자 고대 로마의 가장 위대한 웅변가로 평가받고 있다. 로마와 유럽에 그리스 사상을 전달하는 역할을 했으며, 고전 라틴 산문의 창조와 완성의 장본인이다. 그가 이끈 라틴 문학의 첫 전성기 BC 70~43는 '키케로 시대'라 불린다.

에 드러냈다. 소크라테스의 적들은 아테네 젊은이들을 불경스럽게 만들고 타락시킨다는 죄목으로 마침내 그를 고발한다. 어쩌면 단지 그의 입을 다물게 하고 싶어서였을지도 모른다. 소크라테스는 철학을 포기하느니 차라리 죽음을 택했고, 그로써 철학의 첫 순교자가 되었다. 그래서일까? 그의 대화편에선 여느 것과는 다른 비통함이 느껴진다. 이따금씩 와인을 들이키면서 행복하게 자신의 정의定義를 추구하는 소크라테스의 말들을 읽으면서도 그 이야기가 죽음으로 끝난다는 사실을 알기에 우리의 마음은 슬픔으로 차는 것이다.

플라톤의 대화편은 그 정확한 연대를 알 수 없으나 학자들은 크게 초기, 중기, 후기로 나누고 있다. 초기 대화편은 소크라테스의 관심사와 견해가 반영돼 있는 반면, 중기와 후기의 대화편에서는 소크라테스가 점차 플라톤의 철학을 대변하는 입장이 된다. 소크라테스와 동료 학자들은 결코 하나의 답에 안주하지 않았기에 초기 대화편엔 결론이 없다. 사람들이 소크라테스가 문제를 푸는 데 실패했다고 여길까 걱정돼서인지 중기와 후기 대화편에선 플라톤이 애쓴 흔적이 보인다.

『국가』를 이런 관점에서 읽어도 좋다. 『국가』 역시 중기 대화편에 속하기 때문이다. 『국가』에서 플라톤은 자신감에 차 있고 힘의 정점에 있으며 소크라테스의 관심사였던 윤리학을 뛰어넘어 형이상학과 인식론으로 이동하면서 스승이 먼저 제기했던 문제에 일부 답하고 있다. 『국가』는 10권으로 나뉘어 있는데, 이는 후에 편집자가 나눈 것으로 전혀 중요치 않다. 1권에서는 질문이 던져지고 그에 대한 답을 찾는다. 2~4권은 정의正義로운 국가의 본질을 다루고 있으며, 4권에서는 개인에게 있어 정의란 무엇인지에 집중하기 시작한다. 8~9권에선 국가와 개인의 정의를 비교한다. 그 중간에는 플라톤의 정치 개혁에 대한 관념이 설명돼 있는데, 여기에서 중요한 것은 그의 형이상학과 인식론에 관한 주장을 살펴볼 수 있다는 점이다. 서둘러 편집한 부록처럼 보이는 마지막 권은 플라톤의 예술과 영혼의 불멸성에 관한 관념을 다룬다. 이제부터 이 주제들 가운데 일부를 살펴보기로 하자.

정의는
강자의 이익인가?

정의正義: 디카이오시네dikaiosynē의 문제는 1권에서 부유하고 나이 든 상인 케팔로스Kephalos가 별 생각 없이 한 이야기에 의해 제기된다. 케팔로스는 사람이 돈이 많으면 좋은 점 중 하나가 거짓말을 하거나 부정한 일을 할 필요가 없다는 점이라고 말한다. 또한 부는 다른 사람들을 공정하게 대하고 진실을 말하고 빌린 것을 돌려줄 수 있는 수단이며, 그런 부를 소유했다는 생각은 마음을 편하게 해준다고 말한다. 이 말을 들은 소크라테스는 당연히 정의 문제를 꺼냈다. 소크라테스는 이렇게 말한다. 우리가 한 친구한테 무기를 빌렸는데 얼마 안 있어 그 친구가 정신이 이상해졌다고 가정해 보자. 그 친구가 와서 자기가 빌려준 물건을 돌려달라고 하는데, 가만 보니 얼굴은 화가 나서 벌겋게 달아올랐고 거의 제정신이 아닌 데다 누군가를 죽이겠다는 생각마저 품고 있는 것 같다. 그에게 무기를 쥐여주는 게 옳은 일일까? 케팔로스에 따르면 무기를 돌려주는 것이 정당하고 옳은 일이지만, 그렇게 간단한 문제가 아니다. 그 외에도 여러 명이 정의에 대한 전통적인 정의定義를 내리지만 모두 결함이 있다고 판명된다.

그때 수사학자이며 소피스트파의 한 사람인 트라시마코스Thrasymachos가 갑작스럽게 끼어들어 화기애애한 대화 분위기를 깨뜨린다. 그가 맹렬하게 공격하는 모습은 철학적 대화에서 볼 수 있는 가장 극적인 모습이 아닐까 생각될 정도다. 그러니까 트라시마코스는 앞서 있었던 고상한 이야기에 질릴 대로 질린 상태. 그는 우리가 말하는 정의란 그저 이기적인 관심에 지나지 않는다고 말한다. 권력자들은 자신의 이익과 목표에 맞게 법을 만들고, 정의는 권력자들의 의지를 법으로 성문화한 것일 뿐이라고 말한다. 트라시마코스는 나아가, 사람들이 점잖은 자리에서 무슨 말을 하든, 원하는 것을 언제든 얻을 수 있는 사람은 바로 부패한 자들이며, 그렇기 때문에 우리가 부패한 자들을 대단하게 여기는 것이라고 주장한다. 즉 트라시마코스는 정의란 강자의 이익임을 말하고 있다.

트라시마코스의 견해가 아닌, 전통적인 의미에서 '정의롭다'는 것은 아무런 가치도 이익도 없으며 바람직하지도 못하다. 정의롭긴 해도 돈 한 푼 없는 도덕군자가 되는 것과, 새로 산 요트를 타고 지중해를 누비는, 돈세탁에 능한 사람이 되는 것 중 어느 쪽에 더 솔깃한가? 자신의 이익을 좇는 것만이 행복을 얻는 확실한 길인데, 무엇 때문에 정의와 미덕 따위에 신경을 쓰겠는가?

도덕성의 근거에 처음으로 회의를 표한 트라시마코스의 열변은 철학의 역사에서 되풀이된다. 무정부주의, 윤리적 이기주의, 냉소적 사실주의, 상대주의 그리고 그 외 여러 가지 철학적 이론으로 발전된 것이다. 플라톤은 『국가』의 나머지 부분을 이 문제를 다루는 데 할애했다.

그렇다면 소크라테스는 어떤 대답을 내놓을까? 그의 대답은 여느 때와는 다르게 시작한다. 그는 자신이 추구하는 정의의 본질을 찾아내기란 힘든 일이라고 말한다. 그리고 정의를 찾기에 가장 좋은 곳은, 바로 규모가 큰 정의로운 국가라고 했다. 국가와 개인은 둘 다 정의로울 수 있다. 따라서 하나가 참이면 다른 하나도 참이라고 유추해 볼 수 있다. 즉 국가가 정의로우면 개인도 정의로울 것이다. 그렇다면 플라톤의 시각에서 정의로운 국가의 본질은 무엇일까? 그 대답에는 상당한 논란을 불러일으키는 부분이 담겨 있다.

철학자가 왕이 되는
정의로운 국가

소크라테스는 인류가 어떻게 시작되었는지 상상해 본다. 인간은 자족한 존재가 아니다. 즉 우리는 서로를 필요로 하고 생존을 위해 협동해야 한다. 또한 우리 각자에게는 남보다 더 잘할 수 있는 타고난 일이 있으며 사람은 자신이 가장 잘할 수 있는 일을 할 때 능률을 올릴 수 있다. 소크라테스는 이런 두 문장의 소박한 생각으로 이상적인 국가에서 말하는 정의의 개념에 도달한다. 다른 사람이 타고난 역할을 차지하는 일은 부당한 행동이며 심지어 일종의 도둑질이라고 할 수도 있다. 그것은 타인으로부터 물건을 빼앗는 행위와 다를 바 없기 때문이다. 내가 잘하도록 타고난 일을 하면 나에게도 최선이요, 다른 사람들에게도 최선이다.

플라톤에 따르면, 시민은 수호자, 군인, 생산자의 세 계급으로 나뉜다. 수호자는 지배 계급이고, 군인은 치안을 유지하고 나라를 지키며, 생산자는 물건을 만들고 용역을 제공한다. 플라톤이 말하는 정의로운 국가의 모습을 보자. 사람들은 각자에게 적합한 일에 배정되어야만 하고 적당한 인물을 선별하기 위한 육성 프로그램과 교육 그리고 주입 제도(이것을 검열이나 선전, 세뇌라고 하는 사람도 있을 것이다)가 있어야 한다. 그리고 사람들은 배정받은 일에 변함없이 계속 종사해야 한다. 플라톤은 일부 계급 간의 이동 가능성을 묵인하긴 했지만, 기술자가 훌륭한 정치가가 되고 싶다 해서 소원대로 모두 그렇게 될 수는 없는 일이다. 플라톤에 따르면 정치가는 신이 태어나는 순간 금속을 섞어서 모든 사람에게 각자의 계급에 맞는 신체를 만들어주며 운명을 결정한다는 '고상한 거짓말'을 해야 한다. 수호자는 금으로 만들어진 아이로, 다스리기 위해 이 세상에 태어났으며, 군인은 은으로 된 아이로 싸우기 위해 태어났다. 생산자는 철이나 청동으로 되어 있으며, 생산하기 위해 태어났다. 한 사람의 직분은 말 그대로 태어나면서 고정되고 미리 정해졌기 때문에 역할의 변화란 있을 수 없다. 이것이 플라톤이 말하는 정의로운 국가다.

여기서 우리는 여러 가지 의문을 품을 수 있다. 거짓말과 검열, 선전,

인물 선별을 위한 양육을 토대로 한 국가가 어떻게 정의로운 국가일까? 태어나면서부터 통치자들이 시키는 대로 하게끔 시민들이 프로그램되는 국가를 정의롭다고 할 수 있을까? 플라톤의 국가는 정의롭고 효율적으로 운영될지는 모르지만, 이상적인 국가라면 단지 안정적이고 효율적인 국가를 넘어서는 그 이상이 되어야 하지 않을까? 그 나라 사람들이 행복하고 조금은 자유로우며 국가를 운영하는 데 어느 정도의 발언권을 행사할 수 있어야 하지 않겠는가? 이렇게 되면, 트라시마코스의 반론에 그렇게나 열띠게 반박했던 소크라테스가, 자신이 앞에서는 부인했던 말, 즉 정의는 강자의 의지에 복종하는 것뿐이라는 말을 옹호하게 되지는 않을까?

플라톤은 이러한 물음에 일종의 답을 제시한다. 비록 그 타당성을 장담할 수는 없으나 한번 살펴보자. 플라톤은 이상적인 국가란 철학자들이 왕이 되고('철인왕♟'), 통치자가 진정으로 선이 무엇인지 아는 지혜를 갖출 때부터 시작된다고 주장한다. 통치자는 단순한 독재자가 아니다. 타고난 본성과 교육의 결과로 모든 이에게 이익이 되는 바를 선택하는 일에 가장 적합하다고 여겨져 그 지위에 오른 사람이다. 거짓말과 우생학의 문제를 떠나서, 자신이 책임져야 할 사람들의 이익을 고려하도록 교육받은 이에게 보살핌을 받는다면 사람들은 진정으로 행복하다는 것이다. 이것은 최선을 아는 사람들에게 다스림을 받는 것일 뿐, 강자의 의지에 복종하는 것이

: **철인왕**

플라톤이 제시한 이상적인 통치자. 지혜와 이성을 갖춘 철학자가 왕이 되어 국가를 다스려야 한다고 주장한 플라톤은 자신의 이상을 실현하기 위해 시라쿠사의 독재자를 찾아가 철인왕 교육을 시도했으나 결국 실패하고 말았다.

: **플라톤이 세운 교육 기관 아카데메이아**

플라톤이 아테네 서쪽에 설립한 유럽 최초의 대학. 철학, 수학, 천문학, 자연과학, 수사학 등의 광범위한 교과 과정을 통해 정치인과 통치자를 교육하려는 목적이었다. 플라톤은 아카데메이아에서 강의도 했는데, 그의 학생 중 가장 유명한 사람이 기원전 367년에 입학한 아리스토텔레스다. '아카데메이아'라는 이름은 학교가 세워진 아카데모스Academos 숲의 이름을 딴 것이다(아카데모스는 그리스 신화의 영웅신이다). 오늘날 학문 및 예술 관련 전문가 단체를 일컫는 '아카데미'도 아카데메이아에서 유래했다.

아니다. 통치자들이 가지고 있는, 아니 통치자들이 가지고 있다고 플라톤이 주장하는 지식의 본질을 좀더 자세히 살펴보면 이를 이해하는 데 도움이 될 것이다.

보이는 세계는
그림자에 불과하다

플라톤이 5권과 7권에 제시하는 유추들은 모두 통치자가 알아야 할 지식, 다시 말해 미덕에 대한 지식이 무엇인지 분명히 밝히기 위한 것들이다. 이 유추를 이해하려면 플라톤의 형상론을 살펴봐야 한다. 다음 문제들을 숙고해 보면 그 길을 찾게 될 것이다.

:: 서양 지적 유산의 아버지로 추앙되는 플라톤. 이 조각상은 플라톤이 사망한 직후인 기원전 348년경 아카데메이아에서 발견된 것을 토대로 로마에서 제작한 것이다.

우리는 여러 가지 사물을 '붉다'고 말한다. 하지만 단 한 번도 붉음 그 자체의 명백한 표본을 본 적이 없는데 어떻게 그 단어의 의미를 알게 되었을까? 이 세상에 있는 붉은 사물은 둥근 모양이면서 붉은색이거나 즙이 많으면서 붉은색이거나 아니면 사각사각하면서 붉다. 그렇다면 우리는 어떻게 그 단어를 올바로 사용하는 법을 배웠을까? 이렇게 한번 생각해 보자. 붉은빛을 띤 사물에 관해 우리가 알고 있는 사실, 즉 '이 사과는 붉다'라는 지식을 생각해 보자. 그 사과가 붉은빛을 띠는 게 오래가지 않으리라는 사실은 분명하다. 사과는 썩기 마련이고 결국은 갈색이 되고 분해되어 더 이상 사과라고도 할 수 없는 물체로 변한다. 다음의 두 물음에 대해 생각해 보자. 사과가 썩어가는 과정에서 그 사과가 붉은지 아닌지를 판단하기 위해 사용하는 기준은 무엇인가? 우리에게는 일종의 불변하는 기준, 어떤 고정된 붉음이 있어야 할 것 같다. 그러나 '썩어가는 사과'라는 변하는 세계에서 무엇이 그 기준에 부합하는가? 두 번째로, 우리가 무언가를 실제로 안다고 해도 그 지식이 어떻게 거짓이 될 수 있는지 이해하기란 쉽지 않다. 의견이라면 그릇될 수도 있다. 그러나 지식이 그럴 수 있을까? 예를 들어 '사각형은 변이 네 개다'라든지 '2 더하기 2는 4'라든지 하는 지식은 영원히 참이어야 한다. 그런데 이 변화무쌍한 세계에서는 아무것도 지식의 불변성을 받쳐주지 못하는 것 같다.

플라톤은 이 문제에 '형상론'이라는 탁월한 해결책을 제시한다. 형상론은 붉음, 정의, 아름다움 등의 형상形相: 에이도스eidos과 같은 완벽하고 불변하는 본보기가 따로 존재한다는 이론이다. 그것도 이런 본보기, 즉 이 형상들은 이 세상이 아닌 다른 세계 안에 존재한다는 것이다. 붉은빛을 띠는 사물은 모두 '붉음의 형상'을 공유한다. 정의로운 행위, 정의로운 사람, 정의로운 국가는 모두 '정의의 형상'을 함께 나눈다. 형상은 개념적 실재다. 햇빛이 이 세상의 사물을 보이게 해주는 것처럼, 선에 대한 지식은 철인왕이 형상의 세계를 볼 수 있게 해준다. 그래서 깨달음을 얻은 통치자는 모든 사람에게 유익한 것이 무엇인지를 알고 그 기준에 따라 사람들을 다스린다.

플라톤의 이미지로 가장 유명한 것은 아마도 '동굴의 비유'일 것이다. 플라톤은 이 비유를 통해 이 세계와 형상의 세계의 관계를 비롯해, 철인왕에게

: 에이도스
플라톤은 '형상'을 뜻하는 말로 에이도스와 이데아idea를 사용했다. 에이도스는 주로 인식론적 관점에서 형상을 표현할 때 썼으며, 존재론적 관점에서 형상을 표현할 때는 이데아를 썼다.

필요한 철학적인 깨달음의 본질에 관해 여러 가지 생각을 전한다. 플라톤은 동굴 바닥에 사슬로 묶여 있는 죄수들을 가정한다. 죄수들 바로 뒤에는 높은 단이 있는데 거기에 여러 가지 물건이 앞뒤로 왔다 갔다 한다. 그리고 이 물건들의 행렬 바로 뒤에는 불이 있다. 이런 배치에서는 죄수들이 단지 자신들 앞에 나타나는 사물의 그림자만을 볼 수밖에 없다. 따라서 죄수들은 그 그림자를 실재라고 여기게 된다. 그런데 죄수 하나가 기적적으로 사슬을 풀고 실제의 상황을 보게 되었다. 그는 자신이 여태까지 실재한다고 믿었던 사물이 사실은 단순한 환영이었다는 사실을 깨닫는다. 그는 동굴 밖으로 기어 나가 눈이 멀 정도로 환한 햇빛 안으로 들어서 결국 이 세계의 진정한 모습을 보게 된다.

플라톤에게 우리는 동굴 안에 있는 죄수들과 같다. 물질적인 사물의 세계는 완벽한 형상들이 있는 불변의 세계에 비하면 그저 그림자의 행렬에 불과하다. 자신을 해방시켜서 동굴 밖의 사물, 다시 말해 형상을 바라보게 되는 철학자는 마침내 모든 것을 밝혀주는 '선함의 형상'인 태양을 보는 것이다. 물론 그 철학자는 밖에 계속 머물기를 바랄 것이다. 그러나 그는 우리를 해방시키기 위해 동굴로 돌아와야 한다. 군중을 해방시키는 일은 쉽지 않다. 이른바 '실재하는 세계'가 따로 있다고 이야기함으로써 미치광이로 몰리는 고초를 겪을 수도 있다. 플라톤은 여기서 그 철인왕은 백성에 대한 의무감으로 다스리며 백성을 염려한다고 말한다. 철인왕이 원하는 것은 형상을 관조하는 데서 오는 즐거움 그 이상의 것이다. 바로 국가를 위한 정의다.

멋진 생각이다. 그런데 이런 플라톤의 형상론에는 어떤 진리가 담겨 있을까? 이 이론에 대한 가장 큰 반론이 플라톤 자신에 의해 제기된다. 바로 '제삼자 논증'이다. 그 내용은 다음과 같다. 플라톤은 아름다움의 형상은 아름답다고 말한다. 이 사실은 아름다움 자체가 닮은 제삼자, 제3의 형상이 있음을 전제로 하는 것 아닌가? 소크라테스와 플라톤은 모두 '사람의 형상'이라는 특징을 가지고 있다는 점에서 모두 사람이다. '아름다움의 형상'이 아름다운 것처럼 '사람의 형상' 역시 사람의 특징을 공유해야 한다. 그렇다면 '사람의 형상'이, 사람이 되기 위해서 닮아야 하는 제삼자가 필요하게 되지는 않을까? 그리고 그 제삼자 자신은 사람일까? 형상론을 깊이 생각하면 곤혹스럽게도 논의의 제자리로 돌아가게 되는 것 같다.

형상에 대한 생각은 또 다른 종류의 고민에 빠지게 만들기도 한다. 내 여드름의 완벽하고 불변하는 형상에 관해 생각해 보자. 또 아직 존재하지 않는 사물의 형상에 대해 의문이 생길 수도 있다. '행성 간 이동 장치'를 한번 상상해 보자. 이 장치의 '형상'은 지금까지 계속 존재해 왔던 것일까? 플라톤은 그것을 예측할 수 있었을까?

정의로운 사람이
행복하다?

다시 정의로운 국가를 생각해 보자. 플라톤의 시각에서 볼 때 정의로운 국가는 세 개의 계급이 각각 정해진 일을 하는 곳이다. 모든 계급은 각자의 온당한 위치에 머물며 맡은 바를 수행하되 서로 다른 계급을 방해하지 않는다. 국가에서 정의를 찾아낸 플라톤은 이제 개인의 정의로 눈을 돌린다. 정의로운 국가에서 유추한 바에 따라 정의로운 사람은 세 부분으로 구성되고 그 부분들은 함께 일하게 되어 있다. 플라톤은 사람의 이성, 영혼, 식욕이 국가에서의 시민 계급에 대응된다고 주장한다. 정의

31

로운 사람의 내적 삶은 정의로운 국가의 사회생활과 그 구조가 같다(인간 정신의 부분들도 비슷한 종류의 균형을 이룬다).

사람과 국가의 구성 요소가 서로 대칭된다는 점은 호감이 가는 견해다. 하지만 이런 분석이 얼마나 큰 무게감을 가질까? 사람의 심리를 플라톤처럼 단지 세 가지 본질로 간추려 말할 수는 없다고 지적한 사람들은 이미 충분히 많다. 그리고 사람뿐 아니라 국가도 사회도 그만큼이나 복잡하다는 지적도 매번 이어진다. 이런 어려운 작업을 단지 유추에 의한 논거만으로 해낼 수는 없다고도 말하는 이들도 있다.

이런 온갖 우려가 있음에도, 우리는 이제 플라톤이 생각하는 정의가 무엇인지 알고 있다. 그렇다면 그의 두 번째 질문, 즉 '정의는 바람직한 것인가' 하는 질문은 어떤가? 플라톤은 정의로운 사람이 가장 행복한 부류의 사람이며 정의로운 국가에 가장 행복한 사람들이 산다는 사실을 밝히면 이것을 증명하는 것이라고 본다. 이를 증명하기 위해 그는 온갖 종류의 부정한 사람과 부당한 정치 기관을 살펴보려고 한다. 부당한 사람이나 국가가 정당한 사람이나 국가에 비해 덜 행복하다는 점을 보여 주려는 것이다.

플라톤은 그 과정에서 구체적인 논거도 몇 가지 제시한다. 정의로운 사람은 정신의 이성적인 부분이 다른 비이성적인 부분을 통제할 때, 그를 불행으로 이끄는 내적 갈등에서 벗어날 수 있다. 따라서 정의는 이런저런 정신적 갈등을 느끼는 사람은 가질 수 없는 그런 행복을 가져다준다. 또한 인간의 일부분들은 각각 개별적으로 대응하는 고유한 욕구를 가지고 있는데, 욕구 부분은 성취를, 영혼 부분은 명예를, 이성 부분은 지혜를 애호한다고 말한다. 정신의 각 부분들 사이에 일어나는 분쟁을 조정하려면 최고의 재판관이 필요한데, 정신의 각 부분이 어떤 고유의 욕구를 가지고 있는지 알고 있는 것은 오직 이성뿐이므로, 욕구의 충족에 관한 한 최고의 재판관은 바로 이성이다. 이성이 지배하는 사람, 즉 정의로운 사람은 삶에서 최대의 만족을 찾아낼 것이다.

플라톤이 말하는 정의가 얼마나 맘에 드는가? 지금까지 이야기한 것들을 모두 고려해도 그다지 확신이 들지 않을 수도 있다. 플라톤의 정의가 일반적으로 통용되는 도덕성, 다시 말해 일상적인 개념의 정의와는 좀 거리가 있지 않나 싶을 것이다. 플라톤이 마음속에 그리는 전체주의적 이상국가가 정의로운 국가일 리가 없다고 생각할 수도 있다. 하지만 플라톤에게 응수하고 싶다면 미심쩍은 생각만으로는 안 될 것이다. 플라톤은 자신의 이론을 뒷받침하기 위한 논거를 다듬어놓았으므로, 그에게 응전하려면 생각만 가지고는 안 되고 반드시 논증이 필요하다. 플라톤 이후 거의 모든 사람들이 대화편을 읽으면서 바로 그와 똑같은 우려와 그 밖의 다른 생각도 했다는 사실을 알게 되면 다시 한 번 놀라움을 금치 못할 것이다. 플라톤 이후 철학의 상당 부분은 플라톤에 대한 타당한 응전을 제시하는 작업에 바쳐졌다고 해도 과언은 아닐 것이다.

철학책 읽기 # 플라톤의 다른 책

📖 소크라테스의 변명

기원전 399년 젊은이들을 타락시키고 신을 모독한 죄로 법정에 서게 된 소크라테스의 변론을 담고 있다. 법정에서 한 최초의 변론, 유죄가 선고된 후의 변론, 사형 선고 후의 변론이 실려 있다. 스승의 삶과 사상을 밝힌 이 대화편은 플라톤의 대화편 중 백미로 꼽힌다.

📖 크리톤

어릴 적부터 친구였던 크리톤이 감옥에 갇힌 소크라테스를 찾아가 나누는 대화 내용을 담았다. 당시는 정치인들의 망명이 빈번했던 터라 '탈옥'이 어렵지 않았던 시절, 크리톤은 탈옥할 것을 권유하나 소크라테스가 거절하며 '철학의 자유'를 외치는 내용이다.

📖 향연

시인 아가톤Agathon의 집에서 열린 향연에서, 참석자들이 사랑의 신 에로스Eros에 대한 찬사를 하기 시작한다. 소크라테스는 자신의 순서가 되자 사람들이 육체의 아름다움을 사랑한다면 영혼의 아름다움도 사랑하게 되고 결국에는 아름다움 그 자체가 지닌 숭고한 정신을 알게 된다고 말한다. 이때 소크라테스를 사랑하는 알키비아데스Alkibiades, BC 450?~404가 등장해 소크라테스 앞에서는 그 외의 누구도 찬양할 수 없다고 외치며 향연이 마무리된다. 순수하고 정신적인 사랑을 '플라토닉 러브'라고 일컫게 된 기원이 되는 책이다.

The 20 Greatest Philosophy Books

02

아리스토텔레스

니코마코스 윤리학

ēthiká
Nikomácheia

c. ^BC^ *325*

아리스토텔레스

Aristotelēs, BC 384~322

플라톤의 제자였지만, 서양에서 거의 천 년에 가까운 시간 동안 스승보다 더 큰 영향력을 발휘했다. 초감각적이고 신비주의적인 요소도 있었던 플라톤과 달리, 아리스토텔레스는 세상 모든 것에 관심을 가지는 현실주의를 추구했다. 오늘날까지 전해 오는 온갖 학문의 기틀을 마련했다.

기원전	
384	출생 (칼키디케Khalkidike 스타게이로스Stageiros)
367	아카데메이아 입학
	대화편『행복론Eudemos』
	『철학에의 권유Protrepticos』
	『철학에 관하여peri philosophia』
347	플라톤 사망 이후 아테네 떠나 교사 생활
345?	피티아스Pythias와 결혼
343	알렉산드로스 왕의 가정교사로 지냄(~339)
340?	『자연학physika』
335	아테네로 돌아옴. 리케이온 설립
	『에우데모스 윤리학ēthiká Eudemeia』
	『형이상학ta meta ta physika』
	『니코마코스 윤리학ēthiká Nikomácheia**』** 📖
	『정치학politika』『시학peri poiētikēs』
	『오르가논Organon』
	『영혼에 관하여peri psychēs』 등
322	사망 (에우보이아Eúboia 칼키스Khalkis)

아리스토텔레스

니코마코스 윤리학

플라톤과 마찬가지로 아리스토텔레스^{Aristotelēs, BC 384~322}도 유례를 찾기 힘들 정도로 탁월한 지성을 갖춘 사람이었다. 그의 천재성은 어떤 말로도 충분히 설명하는 것이 불가능해 보인다. 아리스토텔레스는 학문의 분야 전체를 생각해 냈을 뿐 아니라 학문 자체의 개념을 만들어냈다. 수많은 지적 탐구의 역사와 올바른 가정과 목표를 최초로 규정한 인물이며, 생물학, 정치학, 형이상학, 물리학, 수학, 심리학, 시학, 수사학, 윤리학, 미학, 논리학, 기상학, 지리학, 방법론, 우주론, 신학을 학문으로 체계화했다. 한 사람의 정신으로 그토록 많은 일을 할 수 있다는 사실이 믿기 힘들 정도다.

키케로를 비롯한 고대의 학자들은 아리스토텔레스의 글을 "황금 같은 능변이 흐르는 강"이라고 극찬하면서 그를 플라톤과 같은 범주에 넣었다. 학자들은 그의 글을 내부적인 글과 공개적인 글로 구별하고 있다.

내부적인 글은 아리스토텔레스의 학원인 리케이온Lykeion❓ 내에서 학생
이나 동료 들을 위해 쓴 전문적인 글이다. 반면 공개적인 글은 대중의
수요를 위해 집필되어 수려하고 잘 다듬어진 작품들이다. 아쉽게도 공
개적인 글은 지금 남아 있지 않다. 그 황금과도 같은 능변이 흐르는 강
이 우리에게 전해 내려오지 않는다는 사실에 많은 이들이 낙담했음은
물론이다.

지금 전해지는 것은 집필이 진행 중이던 미완의 글뿐이다(학자들은 그
글이 강의 노트였다고 추측하고 있다). 그 글이 문학적으로 미려하다고 생
각하는 사람들이 있다면 맹목적인 아리스토텔레스학파의 옹호자들뿐이
지 않을까? 전문 용어와 빈틈없는 논쟁이 난무하고 다른 사상가나 학파
에 대한 간결한 언급으로 가득 차 있는 그 글은 아리스토텔레스의 강의
를 직접 듣던 사람들에게는 좋은 텍스트였겠지만, 오늘날의 독자들에게
는 그저 좌절감만 안겨줄 것이다. 아리스토텔레스는 많은 분량의 논쟁
을 빠르게 전개시키면서 명료하고 엄정하고 정확한 표현에 중점을 둔
탓에 문체를 유려하게 살리지 못했다. 때로 그 능변이 흐르는 강에 대한
생각이 간절해지는데, 특히 한밤중에 아리스토텔레스가 남긴 난해한 논
증에 발목을 잡혀 더 이상 진도를 나아가지 못할 때 더욱 그렇다. 그래
도 아침 해가 떠오르고 거미줄이 걷힐 때쯤 되어 그 글의 가르침을 깨닫
게 될 때면 우리에게 남겨진 아리스토텔레스의 글이 있다는 사실만으로
도 고마운 생각이 들게 된다. 이렇게
아리스토텔레스의 작품은 이해하기는
힘들어도 역사상 위대한 철학 저서로
손꼽힌다. 『니코마코스 윤리학ēthiká
Nikomácheia』은 그중에서도 가장 흥미롭

: 리케이온

아리스토텔레스가 아테네 외곽의 아폴론 리케이오스
Apollon Lykeios 신전 근처에 설립한 학원. 종교적이었
던 플라톤의 아카데메이아에 비해, 연구와 정보 수집의
중심지 역할이 더 강했다. 리케이온의 뜰을 거닐면서 강
의와 토론이 이루어져, 리케이온의 학생들을 '소요逍遙
학파'(페리파토스Peripatos파)라고 불렸다.

고 읽기 쉬우며 영향력이 큰 저서다. 그 제목은 이 책을 편집한 니코마코스^{Nikómakhos}, 즉 아리스토텔레스의 아들 이름에서 따온 것이다.

아리스토텔레스의 다른 책들과 마찬가지로 이 책에도 목적론이 나온다. 아리스토텔레스의 사상은 목적과 목표, 결과의 관념으로 가득하다. 예를 들어 그의 물리학에는 물체는 물리적 세계 안에 타고난 위치에 따라 움직인다는 생각이 있다. 불의 본래 위치가 하늘이기 때문에 불길은 위로 치솟고 돌의 위치는 땅이라서 아래로 향하거나 떨어진다. 어떤 의미에서는 사물이 움직이는 방식은 그 사물들의 타고난 경향이나 목적 때문이라고 할 수 있다.

우리가 만들어진
목적은 무엇인가?

사물의 존재 목적은 무엇일까? 사물이 생겨난 원인은 무엇일까? 이에 대해서는 아리스토텔레스가 말하는 네 가지 '원인', 다시 말해 하나의 사물에 대한 네 가지 설명을 고찰해 보면 조금 분명해질 것이다. 아리스토텔레스에 따르면, 사물을 이해하기 위해 우리는 네 가지 질문을 던질 수 있다. 예를 들어, '조각상'의 경우 다음과 같은 질문을 던질 수 있다.

여기서 ①은 조각상의 물질적인 원인을 묻는 것이다. 이것을 '질료인

質料因'이라 한다. ②는 조각상의 형식적인 원인을 묻는 것으로 '형상인形
相因'이라 한다. ③은 조각상이라는 결과를 낳은 원인을 묻는 것으로 '작
용인作用因'이라 한다. ④는 조각상의 최종적인 원인을 묻는 것으로 '목
적인目的因'이라 한다(여기서 서로 충돌하는 듯이 보이는 '최종'적인 '원인'이
라는 표현과 관련해서는 잠시 뒤에 설명하겠다).

　현대의 사상가라면 어떤 사물이 어떻게 구성되어 있는지에 대해 그
사물의 물리적인 사실을 파악하는 것으로 만족했을 것이다. 즉 앞의 질
문 중 ①, ②번을 고려했을 것이다. 그러나 아리스토텔레스는 나머지 두
가지 원인인 작용인과 목적인까지 고찰한다. 이 두 원인을 생각해 보면
어떤 사물의 목적과 그 목적을 달성하는 데 무엇이 유용한지를 알 수 있
다. 이는 현대에서 물리적 구성 요소라고 생각하는 종류와는 다르다. 사
실, 찰스 다윈Charles Darwin, 1809~1882이 진화론을 발표한 뒤로 현대의 지
성계는 이 세계와 사물이 어떤 목적이나 일정한 목표를 가졌다고 보는
견해를 배제하고자 했다. 그러나 아리스토텔레스에게는 우리가 중요시
하는 물리적인 사실만큼이나 목적에 대한 사실들 또한 중요했고 어쩌면
그 이상이었을 수도 있다. 따라서 사물의 목적과 관련된 사실들도 물리
적 사실과 마찬가지로 이 세계에서 우리에게 발견되기 위해 존재한다.

　조각상이나 길가의 돌멩이뿐 아니라 식물, 동물 그리고 인간 역시 목
표 지향적인 존재다. 물론 그렇다고 아리스토텔레스가 식물에게 어떤 목
적이나 개별적인 목표, 의도가 있다고 생각하는 것은 아니다. 식물은 벽
을 타고 올라가면 재미있겠다며 의식적으로 생각하지 않는다. 예를 들어
도토리에게는 나중에 참나무가 되겠다는 '의도'가 있는 것은 아니다. 다
만 참나무가 된다는 목표나 결말이 도토리에 '내재'하고 있을 뿐이다.
바로 이런 의미에서 인간도 존재하는 이유가 있고 그 목적이나 목표가

있다. 『니코마코스 윤리학』에서는 그런 의미의 목적을 다루고 있다.

책의 처음 몇 줄에 이에 대한 언급이 나오는데, 여기에서 아리스토텔레스는 모든 예술이나 탐구, 행동, 직업에서 우리는 어떤 이익을 목표로 한다고 주장한다. 아리스토텔레스는 우리의 목표가 단순히 서로에게 지향되어 있는 것이라면, 다시 말해 특별히 중요하지 않은 결말로 향하고 있다면, 그 목표는 순환적인 것이며 궁극적으로는 아무 의미가 없는 것이라고 주장한다. 만일 이 일의 목적은 저것이고 저것은 다른 일을 목적으로 하고 그 다른 일은 또 다른 일을 위해서 하는데 그 일이 최상의 목표나 보편적인 목표가 아닌 바로 원래의 목표라고 드러난다면 우리는 그저 작은 원을 도는 것밖에는 되지 않기 때문이다. 따라서 우리에게 있는 작은 목표들은 전부 그 안에 하나의 최상의 목표를 가져야 한다. 이 최상의 목표를 아리스토텔레스는 '선'이라고 했다. 만일 이런 목표가 없다면 우리에게는 별로 중요하지 않은 목표만 무한대로 계속되고, 우리의 행동에도 궁극적인 목적이란 있을 수가 없다. 우리에게는 돈을 위해 하는 일도 있고 건강을 위해 하는 일, 그리고 사회적 지위 때문에 하는 일도 있다. 그러나 이런 하나하나의 작은 목표가 그 자체로 바람직한 무엇인가를 목표로 하지 않는 한 우리는 사실상 아무것도 추구하지 않는 것이 된다. 아리스토텔레스는 멈추는 지점이 없이 목표만 무한히 계속된다면 아무런 의미가 없다고 말한다.

'행복'이란 말로
모두 표현할 수 없는 행복

아리스토텔레스는 궁극적인 목표란 '사람에게 선인 것', 즉 '사람에게 좋은 것'이라고 했다. 이것을 '에우다이모니아^eudaimonia'라고 하는데, 이는 흔히 '행복'이라고 번역된다. 아리스토텔레스는 행복을 '완벽한 미덕에 부합하는 영혼의 활동'이라고 정의하고 이 정의를 해설하는 데만 두꺼운 책 한 권을 할애했다. 아리스토텔레스가 '영혼'과 '미덕'이라는 말을 우리가 보통 사용하는 뜻으로 사용했다면 해석하는 데 아무런 어려움이 없을 것이다. 하지만 그렇지 않았기에 번역하는 사람들은 열심히 책의 머리말에 '영혼'과 '미덕'으로 번역되는 그리스어 '프시케^psyche'와 '아레테^arete'는 다른 언어로 쉽게 번역할 수 있는 말이 아니라고 경고하는 구절을 써 넣는다.

현재 우리가 이해하는 영혼의 개념은 2천 년에 걸쳐 기독교 신학의 영향을 받아왔다. 그러나 아리스토텔레스가 말하는 '프시케'의 개념은 그렇지 않다. 그에게 영혼이 있다는 의미는 육체를 움직이며 생기를 주는, 형체가 없고 죽지 않는 영혼이 있다는 것이 아니다. 그것은 단지 살아 있다는 사실, 즉 일정한 특징이 있는 활동을 수행할 수 있다는 뜻이다. 식물의 영혼은 생장하는 힘을 가지고 있다. 즉 살아 있는 식물은 성장하고 양분을 취할 수 있다는 말이다. 동물의 영혼에는 여러 가지 특징이 있지만 특히 지각력이 있다. 즉 동물의 특징은 감각 기관으로 세계를 지각하는 능력이 있다는 점이다. 인간의 영혼은 부분적일지라도 이성적이라는 점에서 다른 영혼과 구별된다. 따라서 인간의 특징적인 활동은 추론 및 사고와 관련이 있다.

아리스토텔레스가 말하는 미덕의 개념, 즉 '아레테'는 '덕망이 높음'보다는 '탁월함'의 뜻이다. 즉 미덕이란 특별히 '선하다'라는 것보다는 고유한 능력을 '잘 수행할 수 있다'는 것을 말한다. 따라서 어떤 칼이 날이 좋아서 칼의 고유한 역할을 잘해 낸다면, 아리스토텔레스는 그 칼은

:: 아리스토텔레스의 **흉상**. 기원전 **330년**에
그리스에서 만든 청동상을 로마에서 복제
한 것이다.

미덕이 있다고 말할 것이다. 말이 미덕을 갖추고 있다고 한다면, 말의 고유한 역할을 아주 잘 수행할 것이다. 예를 들어, 다른 말보다 훨씬 더 높이 점프할 수 있을 것이다. 그렇다면 당연히 덕이 있는 사람이란 추론과 사고와 같은 인간의 일을 탁월하게 수행하는 사람이다. 곧 미덕이 있는 사람은 훌륭한 사상가인 셈이다.

따라서 아리스토텔레스가 영혼의 활동이 완벽하게 미덕에 부합함을 일컬어 '에우다이모니아'라고 했을 때, 에우다이모니아는 '행복'이라는 번역어가 암시하는 뜻보다 훨씬 넓은 개념이다. 그는 단지 도덕적 미덕을 말하는 것이 아니라 일반적으로 말하는 인간의 탁월함을 말하는 것이다. 아리스토텔레스의 목표는 인간의 삶을 잘 사는 것이란 어떤 것인가를 설명하는 일이다. 그리고 이는 도덕적으로 선하게 사는 것 이상을 의미하는 것이다.

그렇다고 물론 도덕성이 행복한 인간의 삶과 무관하다는 말은 아니다. 아리스토텔레스가 말하는 미덕에는 두 가지가 있다. 바로 윤리적 미덕과 지적 미덕이다. 풍족한 삶을 살려면 이 둘이 모두 필요하다. 인간을 다른 존재와 구별 짓는 것이 합리성이라고 한다면, '행복한 사람'에는 합리적으로 생각한다는 점도 포함될 것이다. 이는 행동과 생각 모두에서 드러난다. 따라서 행복한 사람은 이성에 따라 행동하는 사람이고 그런 행동이 무엇인가를 살펴보면 도덕성, 또는 도덕적 미덕이란 무엇인지 알게 된다. 또한 행복한 사람은 늘 정제된 생각을 하는 사람이며

정신을 잘 사용하는 사람이다. 이런 활동을 살펴보면 지적 미덕에 대해
알 수 있다. 그러면 아리스토텔레스가 도덕적 미덕과 지적 미덕을 어떻
게 설명했는지 살펴보자.

올바로 행동하고자 한다면
중용을 택하라

그 전에 한 가지 우려되는 점이 있다. 이 이야기부터 하고 넘어가자. 보
통 도덕철학 책을 읽는 사람들은 어떤 행동이 도덕적으로 옳은가를 결
정하는 데 유용한 충고 같은 것, 즉 의사 결정의 절차나 방법 등을 추구
한다. 무엇보다도 도덕적으로 선한 삶을 사는 최선의 길이 무엇인지 말
하는 것이 도덕철학의 취지라고 말한다. 그렇다면 아리스토텔레스의 철
학에도 우리에게 유용한 도덕적인 충고라고 할 만한 것이 있을까? 그렇
지 않다면 『니코마코스 윤리학』은 일종의 실패작이라고 봐야 할까?

아리스토텔레스는 도덕적으로 올바른 행위는 양극단의 중도에 있다
는 '중용론'을 지지한다.

> '미덕은…… 선택과 관련된 특징의 상태이며, 중간에 놓여 있다. ……
> 지나치거나 모자라는 두 악덕 사이에 있는 중용mesotēs을 말한다.

대개 도덕적 충고를 얻고자 하는 사람은 아리스토텔레스의 말을 '올
바른 행동을 하고 싶다면 중도를 택하라'라는 뜻으로 해석한다. 몇 가지
예를 보면 그 점을 분명히 알 수 있다.

덕이 있는 사람은 죽음을 어떻게 대면해야 마땅할까? 죽음을 향한 태

도에는 두 가지 극단이 있다. 지나친 쪽의 극단은 '경솔함'이며 부족한 쪽의 극단은 '비겁함'이다. 그러나 그 중도는 '용기'라는 미덕이다. 대담하더라도 어리석게 적진에 뛰어드는 경솔함은 나무 뒤에 숨는 비겁함만큼이나 부도덕한 것이다. 우리가 해야 하는 행동은 이런 양극단의 중도에 있다. 덕이 있는 사람은 자신에 대해 어떻게 말해야 할까? 여기에도 역시 두 가지 극단이 있다. 하나는 '자만심'이고 하나는 '지나친 겸손'이다. 아리스토텔레스는 그 중도로서 '적절한 자존심'을 든다. 이것은 자신과 자신의 성과에 솔직하게 대응하는 태도다.

아리스토텔레스의 중용을 이해할 때 알아야 할 것이 두 가지 있다. 우선 아리스토텔레스의 중용은 산술적인 평균값이 아니다. 즉 와인 10병이 나왔을 때 그 중간 값인 다섯 병을 마셔야 한다는 것은 아니라는 뜻이다. 그보다 중용은 사람에 따라 다르고 그때그때의 상황에 따라 다르다. 즉 아리스토텔레스에 따르면 중용은 우리에게 상대적이다.

> 해야 할 때에, 해야 할 상황과 사람에 대해 그리고 결과를 위해 마땅히 해야 할 방식으로 느끼고 행하는 것이 중용이고 최선의 길이다.

다음으로, 아리스토텔레스는 일부 행동에는 중용이 없다고 주장한다. 예를 들어 살인이나 강간에는 중용이 없다.

'중용지도中庸之道: Golden Mean'라고도 불리는 아리스토텔레스의 중용론은 도덕적 충고로서 가치가 있을까? 많은 사람들이 그렇다고 생각했다. 일부 기독교 사상가들도 이 이론을 받아들였고, 이들은 후에 중용론을 절제에 대한 보편적인 주장의 일종으로 인용하기도 했다. 그러나 이 이론이 현실적으로 유용할까? 다음과 같은 상황을 가정해 보자. 내 친구

:: 이탈리아 르네상스 화가 라파엘로 산치오Raffaello Sanzio, 1483~1520의 〈아테네 학당La scuola di Atene〉1509~1511. 중앙
의 두 인물 중에서 왼쪽이 플라톤, 오른쪽이 아리스토텔레스다. 플라톤은 「티마이오스」를, 아리스토텔레스는 「니코마코스
윤리학」을 각각 손에 들고 있다.

가 여윳돈으로 여름 휴가를 갈지, 아니면 아프리카의 굶주리는 아이들
을 위해 기부해야 할지 결정을 내리지 못하고 있다고 해보자. 즉 친구는
'도덕적인 잘못'을 저지를까 봐 걱정하고 있다. 나는 한동안 숙고해 본
뒤 이렇게 말한다. "중용을 지켜라. 해야 할 때 해야 할 바를 하라. 그리
고 해야 할 상황에서 해야 할 사람에게 마땅한 목적을 위해 올바른 방식
으로 말하고 행하라. 그것이 중용이고 최선의 길이다." 이 말을 들은 친
구는 명확한 결정을 내릴 수 있을까? 여기서 중용은 행동 지침으로서의
역할을 수행할 수 없는 공허한 이론이다.

그래서 일부 사상가들은 아리스토텔레스는 '충고'하는 것이 아니고
미덕의 본질을 '분석'할 뿐이라고 주장했다. 즉 설명이지 처방은 아니
라는 주장이다. 또 덕성은 습관에 따라, 즉 자주 덕을 행함으로써 얻어

진다는 아리스토텔레스의 견해에 도덕적 충고가 담겨 있다고 말하는 사상가들도 있다. 즉 미덕을 얻고자 하면 덕이 있는 사람을 모방하고 덕행을 행해야 하며 그러다 보면 마침내 덕성을 얻게 될 것이라는 게 아리스토텔레스의 충고라는 것이다. 그러나 미덕이 무엇인지 모른다면 애초에 어떻게 덕이 있는 사람을 알아볼 수 있을까? 이것은 또 하나의 막다른 골목일 것이다. 아리스토텔레스의 도덕적 미덕을 도덕의 충고로 고찰하는 일이 가치가 있느냐의 문제는 아직 해결되지 않았다.

관조하는 삶이
최고의 행복이다

이제 지적 미덕을 살펴보자. 아리스토텔레스는 정신의 이성 부분을 계산적인 부분과 관조‼적인 부분으로 구별했다. 계산적인 부분이란 행동, 특히 건전한 생각에 기초를 둔 행동에 관한 것이다. 관조적인 부분은 순수한 명상이나 이미 알려진 진리를 성찰하는 것에 가깝다. 지적 미덕을 갖춘 사람은 명료한 사고에 따라 행동하며 이론을 성찰하는 데 전념한다. 앞에서 얘기한 중용을 선택하는 데는 어느 정도의 계산이 필요하므로, 적어도 계산적인 부분에 있어서는 도덕적 미덕과 지적 미덕 사이에 중복되는 부분이 있다는 점은 분명하다. 그러나 아리스토텔레스가 설명하는 관조는 행복한 삶과는 조금 충돌하는 부분이 있는 것 같다. 아리스토텔레스의 말은 이미 알려진 과학적 사실이나 이론적 사실을 고찰하면서 시간을 보내지 않는 사람은 진정으로 행복하지 않다는 뜻일까? 그는 실제로 그 점을 말하고 있다. 아니, 그 이상을 말한다.

아리스토텔레스의 관심사를 다시 한 번 떠올려보자. 그는 인간에게 내재돼 있는 목적이라든지, 인간 고유의 활동에 관심을 둔다. 인간은 이성적인 존재라는 점에서 다른 존재와 구별된다. 아리스토텔레스가 일컫는 행복이란 인간의 특징적 미덕인 합리성에 부합하는 활동이다. 미덕은 우리에게 내재한 최상의 것과 연관이 있다. 즉 최고의 미덕은 최고의 행복, 완전한 행복을 가져다준다. 아리스토텔레스에게 이 최고의 미덕이 바로 관조다. 관조의 부분이야말로 우리 인간에게 최상의 것이기 때문이다. 따라서 최상의 선, 최고의 삶, 최고로 행복한 삶은 바로 관조하는 삶, '테오리아theoria' 다.

아리스토텔레스의 이런 결론을 받아들이는 데는 찬반의 입장이 있을 것이다. 우선, 여러 가지 반대 근거를 생각해 볼 수 있다. 이를테면, 관조에 전혀 시간을 보내지 않으면서도 행복하게 사는 사람을 예로 드는 쉬운 방법이 있다. '행복한 바보'라든지, 아니면 최소한 과학적인 진리에는 전혀 관심이 없거나 그런 것을 접해 본 적이 없음에도 행복한 사람을 생각하면 된다. 또 아리스토텔레스가 인간의 특징으로 '합리성'을 들었다는 점에 반기를 들 수도 있다. 우리에게 최상 또는 최선의 것이 반드시 이성이어야 한다는 법은 없기 때문이다. 또 행복에는 생각만이 유일하게 내재돼 있는 게 아니라 다른 유익한 것들도 있을지도 모른다. 그리고 육체적 쾌락이 지적 쾌락보다 더 낫다고 주장할 수도 있다. 그런데 아리스토텔레스의 글에는 이런 반대 의견에 관한 답변이 전부 준비돼 있다. 물론, 이런 답변에 대한 또 다른 대답들까지 준비돼 있다.

아니면 아리스토텔레스가 제시하는 가장 행복한 삶의 개념이 만족스럽게 느껴질 수도 있을 것이다. 정신적 삶이 가장 고귀한 삶이라는 견해에는 우리를

> **관조**
> 인간의 영혼이 모든 편견을 없앤 순수한 상태에서 대상을 있는 그대로 바라보는 것으로, 그리스어 '테오리아'를 번역한 말이다. 테오리아는 피타고라스Pythagoras, BC 582?~497?가 관조 정신을 지칭하기 위하여 사용한 것이다.

고상하게 만드는 무언가가 있다고 생각하는 사람들이 많다. 다만 '가장 고귀한' 삶이란 과연 어떤 삶인가를 찾아내야 하는 어려움이 있다.

아리스토텔레스가 스스로 자신의 생각이 정답이라고 믿었다고는 보기 어렵다. 어떤 대상에 대한 자신의 생각에 만족하는 것은 아리스토텔레스의 성격이 아니다. 또 관조하는 삶을 주장했음에도, 연구하지 않고 계속 쉬면서 단순히 관조하고 명상만 하는 아리스토텔레스를 상상하기란 거의 불가능하다. 그 당시 윤리에 대한 가장 위대하고 가장 완전한 해설이었던 『니코마코스 윤리학』의 맨 끝에 그는 이렇게 썼다.

자, 와서 연구를 시작하자.

그 책을 내려놓고, 그보다 못한 다른 일을 하기란 힘들 것이다.

아리스토텔레스의 다른 책

📖 에우데모스 윤리학

아리스토텔레스의 제자 에우데모스Eudemos ho Ródhos가 아리스토텔레스의 윤리학 저서들을 묶어 편집한 책이다. 8권으로 된 『에우데모스 윤리학』의 5, 6, 7장은 『니코마코스 윤리학』의 4, 5, 6장과 동일한 내용을 담고 있는데, 학자들은 『에우데모스 윤리학』의 글들이 시기적으로 더 앞서 있다고 본다.

📖 형이상학

아리스토텔레스의 글들을 모은 편집자들은 이 14권을 하나로 묶으면서 이름에 대해 고민했다. 이 글들은 아리스토텔레스가 때로는 '신학'으로, 때로는 '제1철학'으로, 또 다른 때에는 '지혜'로 부른 글들이다. 편집자들은 이 글들을 '자연학physika 뒤에meta 읽어야 하는 글'이란 의미로 'ta meta ta physika'라고 이름을 붙였고, 여기서 오늘날 형이상학을 뜻하는 말인 'metaphysics'가 나왔다.

📖 시학

아름다움을 강론한 아리스토텔레스의 미학이 담겨 있는 책. 시와 역사를 비교하면서, 역사는 특정적이고 개별적인 반면 시는 보편적이고 철학적이기 때문에 시가 역사보다 더 가치 있다고 주장했다. 희극론과 비극론을 두루 다뤘지만 희극 부분은 분실되어 전하지 않는다. 비극론에서는 '연민과 공포로써 감정이 정화되는 것'이 비극의 목적이라 하면서, 유명한 '카타르시스kátharsis' 개념을 설명한다.

📖 오르가논

『범주론Kategoriai』, 『분석론 전서Analytika protera』 등 아리스토텔레스가 쓴 논리학 관련 저술 6권을 일컫는다. '오르가논'은 '도구' 또는 '기관'이라는 뜻으로, 논리학을 지식이 아닌 과정이나 절차로 여겼던 아리스토텔레스의 뜻이 반영돼 있다. 전통 논리학의 기초를 확립하고 훗날 형식논리학의 기원이 되었다.

The 20 Greatest Philosophy Books

03

아퀴나스

신학대전

Summa
Theologiae

1265~1274

토마스 아퀴나스

Thomas Aquinas, 1225?~1274

서구 기독교 교육의 초석을 마련한 기독교 철학자. 스콜라철학의 대표자로, 이성과 신앙의 조화를 추구해 방대한 신학 이론의 체계를 수립했다. 그의 가르침과 저작 들은 성직자가 되려는 이들이 익혀야 할 훈련의 기본 양식이 되었다.

1225?	출생 (프로시노네Frosinone 로카세카Roccasecca)
1230	몬테카시노 베네딕토 사원에서 교육받음
1239	나폴리 대학 입학
1244	쾰른의 도미니크 수도회에 들어감
	알베르투스 마그누스Albertus Magnus, 1200?~1280의 제자가 됨
1245	스승과 함께 파리 대학으로 감
1248	스승과 쾰른에 감
1252	『존재자와 본질에 대하여De ente et essentia』 저술(~1256)
1256	파리 대학과 합병한 도미니크 수도회에서 강의 시작
	『진리에 대하여De veritate』 저술(~1259)
1258	『대이교도대전Summa Contra Gentiles』 저술(~1260)
1259	이탈리아로 돌아와 교황청 부속 대학에서 강의
1265	『신학대전Summa Theologiae』 저술(~1274) 📖
1266	『군주들의 통치에 대하여De regimine principum』 저술
1268	교황청 파견으로 다시 파리로 감
1272	이탈리아로 돌아와 나폴리에 대학 설립
1274	사망 (포사노바Fossanova 수도원)
1323	요한 22세에 의해 성인으로 추증됨

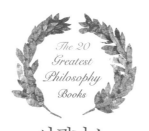

아퀴나스

신학대전

토 마스 아퀴나스Thomas Aquinas, 1225?~1274의 저작은 양에 있어서나 범위에 있어서나 엄청나다. 아퀴나스는 50세도 채 안 돼 세상을 떠났지만 800만 자가 넘는 저작을 유산으로 남겼다. 거기에는 복음과 아리스토텔레스의 저작에 대한 주석, 페트루스 롬바르두스Petrus Lombardus, 1100~1160의 『명제집Sententiarum libri quatuor』1148~1151♣ 연구, 진리 와 영혼 및 악의 본질에 대한 논쟁 등 여러 가지가 있지만, 그중 가장 탁 월한 것은 가톨릭 신학에 대한 논문집인 두 개의 총론 『대이교도대전 Summa Contra Gentiles』1258~1260과 『신학대전Summa Theologiae』1265~1274이다.

『대이교도대전』은 믿음을 갖지 않은 사람과의 담화에서도 자신의 종 교적 신념을 방어할 준비를 갖추고 있어야 한다는 도미니크 수도회♣의 견지에서 쓰였다. 아퀴나스는 아리스토텔레스의 저서와, 아랍의 철학자 들이 쓴 아리스토텔레스에 대한 주석을 읽고 집필 동기를 얻었다. 당시는 아리스토텔레스와 같이 신앙이 없이도 글을 쓰고 생각하는 데 명백히 뛰어난 능력을 자랑하는 사상가들을 어떻게 바라봐야 할지 잘 모르던 중세시대였다. 아퀴나스는 합당한 이유 없이 그런 이들을 거부하지는 않겠다고 생각했다. 그는 그런 사상가들의 글에서 진리를 발견했으며 그들을 성서의 도움 없이도 계속 활동하는 이성의 본보기로까지 생각했다.

아퀴나스는 타고난 이성으로 성취한 진리와 성서의 진리를 확실히 구별했다. 그가 이성으로 성취한 진리를 매우 진지하게 받아들이고 그런 과정에서 비기독교인의 합리성을 기독교 신학 안에 조화시키려고 시도한 점은 그 시대에서는 보기 힘든 일이다. 아퀴나스는 계시된 진리가 이성에 모순되지는 않으며, 이성은 기독교 이론의 일부를 증명할 수 있다고 주장했다. 따라서 그는 이성이 신의 실재와 영혼의 불멸성을 신을 믿지 않는 자들에게 증명할 수 있다는 사실을 보여주려고 노력한다. 그러나 성경은 그 이상의 주장, 예를 들면 '신은 삼위일체다'라든가 '예수는 육신을 가진 신이다'와 같은 주장을 확고히 해야 할 필요가 있다.

『신학대전』은 가톨릭 신앙을 가진 사람들을 위한 일종의 백과사전이다. 『신학대전』에 있는 일부 논증은 애초에 『대이교도대전』에서도 다루어졌지만 여기서는 개종자들을 대상으로 해서 실렸다. 원전은 여러 권으로 구성되어 있는데 현재는 요약본이 전한다. 오히려 책의 규모보다도 그 구성 때문에 독자가 읽을 의욕을 잃어버릴 수도 있다. 『신학대전』은 수백 개의 '항'으

: **명제집**

명제집은 교부敎父와 같은 신학자들의 명제를 체계적으로 편집한 교의서를 말하는데, 롬바르두스가 지은 명제집은 이 분야의 최고 권위서로 인정받아 중세 유럽의 대학에서 신학 교재로 채택되었으며, 당시 신학 학위를 취득하기 위해서는 이 명제집을 주해하는 일이 반드시 필요했다.

: **도미니크 수도회**

1215년 도미니쿠스Dominicus, 1170?~1221가 세운 수도회로 청빈한 생활의 실천과 세계적으로 복음을 전파하는 것을 목적으로 한다. 정통 신앙을 옹호하고 학문으로서의 신학의 중요성을 인식했으며 설교와 복음을 중시한다.

『신학대전』의 한 페이지. 왼쪽은 제1부와 제11부 부분이고, 오른쪽(베네치아, 1482)은 책의 시작 부분이다.

로 이루어져 있는데, 각 항에는 질문과 그에 따르는 다른 철학자와 이론가의 반응 및 견해가 수십 쪽에 걸쳐 상세히 요약되어 있다. 다양한 견해와 반론이 길게 인용되다 보니, 정작 아퀴나스의 견해를 찾아내기가 만만찮다. 그런데 독자가 겁먹을 만한 일은 이게 다가 아니다. 아퀴나스가 그 방대한 양의 저술로도 문제를 완결하지 못했기 때문이다. 그의 작업은 끝내 미완성으로 남았다. 1273년 겨울, 아퀴나스는 미사에 참석해어떤 종교적 체험을 하고 난 뒤, "내가 쓴 모든 글은 지금 내가 계시받은 것에 비하면 지푸라기에 지나지 않는다"라고 말한 후 더 이상 아무것도 쓰지 않았다. 그 후 몇 달이 지난 어느 날, 리옹Lyon 공의회에 가는 길에 늘어진 가지에 머리를 부딪치고 얼마 뒤 사망했다.

『신학대전』에서 다루는 주제는 그 양이 어마어마하다. 아퀴나스는 기독교적 형이상학과 인식론을 얼마간 다루면서 신의 실재, 신의 본질, 신의 지식, 창조된 질서의 본질, 그 안에서의 천사와 인간의 위치, 영혼과 인간 의지의 자유, 인간의 본성 등을 전반적으로 담았으며 신성한 주권에 대한 생각도 다루었다. 비교적 덜 중요하다고 할 수 있는 그 외의 다른 논의는 윤리학에 집중되어 있는데, 미덕뿐 아니라 관습과 습관, 법에 대한 견해가 기독교 이론의 고유한 문제에 관한 상세한 해설과 함께 기술되어 있다. 따라서 이 지면에서는 그 얼개를 대강 훑어볼 수밖에 없을 것이다.

아퀴나스는 우선 신학을 정의하고 그것을 철학과 구별 짓는다. 그는 철학이란 진리를 발견하기 위해 스스로 활동하는 인간의 이성이지만 신학은 신성한 계시의 빛 안에서 활동하는 인간의 이성이라고 한다. 특히 신학은 구원에 필요한 지식을 다룬다고 한다. 철학이 신의 실재에 관한 지식을 포함한 천지만물에 대한 지식을 확고히 한다면, 신학은 단지 자연현상뿐 아니라 가능한 한에서의 초자연적인 존재를 성서의 권위로 뒷받침되는 성찰을 통해 이해하는 일이다. 그 당시 사상가들은 대부분 계시된 지식은 철학적 지식보다 우월하다는 것을 당연하게 생각했다. 그러나 아퀴나스는 그 두 가지 지식 사이의 관계를 주의 깊게 고찰하고 그 둘이 전반적으로 양립할 수 있다고 주장한다. 계시는 철학을 훼손하지 않으며 철학을 완전하게 하거나 완성한다. 또 인간 이성의 한계 밖에 있는 영적인 공백을 일부 채우기도 한다.

신의 존재를 증명하는
다섯 가지의 길

아퀴나스는 '신은 존재한다'라는 명제가 우리에게 자명하지 않다는 점에 주목했다. 따라서 신의 존재를 논리적으로 증명하려고 시도했다. 아퀴나스의 증명, 그 유명한 '다섯 가지 길'에는 아리스토텔레스의 생각이 꽤 많이 감지된다. 아리스토텔레스는 이론화 작업을 시작하기 전에 가정되어야 하는 것과 증명되어야 하는 것 사이의 차이를 인식해야 한다고 말한 바 있다. 지식은 지식 위에 쌓인다. 이렇게 지식의 체계가 이루어지면 그 체계상의 어느 학문 분야는 그 아래에 있는 진리에 의존하게 된다. 즉 그 학문 분야의 외부에 기초를 둔 가정에서 출발하는 것이다. 여기에서 그 기초에 가까이 있는 진리는 이성적인 사람이라면 누구나가, 즉 자신이 이성적이기를 원하는 사람이라면 누구나가 인정해야만 하는 진리다. 예를 들어 한 명제의 긍정과 부정만이 있으며 그 중간에는 아무것도 없다는 배중률(즉 '명제 P가 참이냐?'라는 형식의 질문에 대해서는 '예' 또는 '아니요'라는 답밖에 없는 것)을 인정하지 않으면 이성에 근거한 논쟁에 참여할 수 없다. 이 말은 곧, 합리성에 필요한 최소한의 조건을 인정할 때만이 이성적으로 생각하는 것이라고 말할 수 있다는 얘기다. 일부 법칙과 사실을 인정하는 것은 합리적인 행동의 본질에 속한다.

아퀴나스의 '다섯 가지 길'은 각각 모든 사람이 인정해야 하는 진리나 사실에서부터 시작한다. 그리고 그 진리가 신의 능력 또는 신의 행위라는 것에서부터 '신은 존재한다'라는 방향으로 논증이 진행되는 것이다. 아퀴나스가 아리스토텔레스와 생각이 비슷함에도 이런 식으로 거꾸로 논증해야 하는 다른 이유가 있다. 잠시 후에 알게 되겠지만, 아퀴나스는 우리가 신에 대해 지극히 제한된 지식만을 갖고 있다고 보기 때문이다. 즉 우리가 관찰할 수 있는 결과의 원인으로서 신이 실재함을 증명하고자 하는데, 우리가 신의 본질을 꿰뚫을 수 없는 상황에서 그 증명이 신에서부터 시작된다면 논증이 불가능하기 때문이다. 이런 이유 때문에 우리는 역으로 신의 결과물로부터 신의 실재성을 연구해야 한다.

아퀴나스가 신의 존재를 증명하는 '다섯 가지 길' 중 첫째로 내세운 것은 흔히 '부동^{不動}의 동자^{動者}' 논증이라 일컫는다. 이것은 사물들이 움직인다는 사실로부터 신의 존재를 이끌어내는 것이다. 사물들이 움직인다는 사실, 예를 들어 공이 굴러 간다는 것은 그 공을 굴러 가게 만든 원동력(원동자)이 존재함을 뜻한다. 즉 움직이는 것은 모두 다른 어떤 것에 의해 움직이며, 스스로 움직이는 것은 없다. 그렇지만 움직임을 낳는 '다른 어떤 것'이 무한정 계속해서 존재할 수는 없다. 만약 그렇다면 실제로 움직이는 것은 존재하지 않는다는 뜻이기 때문이다. 따라서 분명히 이러한 움직임을 발생시킨 최초의 원동자가 있어야 한다. 그리고 이 최초의 원동자는 다른 아무것에도 움직이지 않아야 할 것이다. 아퀴나스는 스스로는 움직이지 않으면서 다른 것들을 움직이게 하는, 즉 부동이면서 동자인 이 존재가 바로 신이라는 결론을 내린다.

신의 존재를 증명하는 두 번째의 길은 바로 '원인'에 대한 것이다. 이것은 결과를 가져오는 원인, 다시 말해 변화를 시작하거나 무언가를 낳는 사건 혹은 매개자라는 아리스토텔레스의 개념과 관련된다. 스스로의 동인^{動因}이 되는 것은 없다. 만일 스스로 동인이 되는 사물이 있다면 그 사물은 자신 이전에 존재해야 하는데 그것은 불가능하다. 즉 자신이 자신을 낳을 수는 없다. 그런데 또 최초의 동인이 없다면 당연히 중간의 원인도 없을 것이다. 이는 결국 아무것도 변화하거나 생겨날 수 없다는 뜻인데, 이 세상에는 변화하는 것과 생겨나는 것은 분명히 있다. 따라서 최초의 동인이 틀림없이 존재한다. 아퀴나스는 이 존재가 바로 신이라고 말한다.

세 번째, 아퀴나스는 우리가 보는 것은 모두 우연적이라고 말한다. 즉 우리 주위의 모든 것은 필연적인 존재가 아니다. 수많은 사물은 단순히 가능성이 있을 뿐, 그것은 존재하다가도 더 이상 존재하지 않기도 하는 것이다. 우연적인 것은 이미 존재하는 것을 통해서만 존재하기 시작한다. 달걀은 닭에서 나오고 병아리는 달걀에서 나온다. 이렇게 모든 것이 우연적이라면, 모든 것이 존재할 수도 존재하지 않을 수도 있다면, 이는 어느 순간 아무것도 존재하지 않는 시점이 올 수도 있다는 얘기다. 그런데 어떤 시점에서인가 아무것도 존재하지 않는다면, 사실상 우리 주위에는 우연적 존재란 없게 될 것이다. 이미 말했듯, 우연적인 존재는 이미 존재하는 것을 통해서만 생겨나기 때문이다. 따라서 단지 우연적인 것이거나 우발적인 것이 아닌 필연적인 무언가가 있어야만 한다. 오직 하나만이 스스로 자신의 필연성을 가지는데 역시 아퀴나스는 이 존재를 '신'이라고 말한다.

네 번째, 우리는 이 세계에 있는 사물의 질에 등급이 있음을 안다. 즉 모든 사물은 선함과 고귀함과 진실함에서 서로 다르다. 이것이 저것보다 더 선하거나 덜 선하다고 말하는 것은 최대의 기준, 완벽한 선이 있다는 가정에서만 가능하다. 어떤 하나가 뜨거움에 있어서 가장 뜨거운 것에 더 가깝다면 그것은 다른 것보다 더 뜨거운 것이다. 이것이 저것보다 더 좋다고 판단하는 것은 어딘가 존재하는 '좋음의 표본'을 기준으로 삼는다. 다른 이상적인 상태에 있어서도 마찬가지다. 이 최대로 완벽한 무엇, 아퀴나스는 그것이 신이라고 주장한다.

다섯 번째 논증에서, 아퀴나스는 또다시 아리스토텔레스의 영향을 받는다. 아퀴나스는 자연계의 사물은 의식하고 있지는 않지만 특정한 목표에 도달하기 위해 행동한다고 주장한다. 사물은 일정한 결말로 향해 있다는 것이다. 참나무 묘목은 별다른 문제가 없으면 참나무로 자란다. 심지어 생명이 없는 것조차도 목적이 있는 것 같다. 아퀴나스에 따르면, 이렇게 세계에 대한 전체의 목적과 계획을 설계하는 어떤 지성이 존재한다. 그 지성이 없었다면 무력했을 자연도, 그 지성에 의해 목표로 이끌려 우리 주위에서 현실로 드러나게 된다고 말한다. 역시, 아퀴나스는 그 지성이 곧 신이라고 말한다.

지금까지 신의 존재에 대한 아퀴나스의 논증을 살펴보았다. 철학자들은 아퀴나스의 논증을 어떻게 받아들였을까? 철학자들은 '다섯 가지의 길' 모두를 공격했다. 그중에서 가장 심한 반대 의견을 두 가지 형태로 볼 수 있다.

우선, 아퀴나스의 논증에서 실재성을 증명한 것이 있다고 하더라도

:: 카를로 크리벨리Carlo Crivelli, 1430?~1495의 그림 〈데미도프 제단The Demidoff Altarpiece〉1476의 아퀴나스 묘사 부분

그것이 반드시 신의 실재성일 수는 없다는 견해다. 즉 신이 존재한다는 것을 증명하려는 취지에서 시작됐지만 그 논거는 어떤 '존재'의 증명에는 유효하다고 하더라도 '그 존재가 신'임을 증명하는 데까지는 미치지 못한다는 것이다. 처음 세 개의 논의는 원동자, 최초의 동인, 필연적인 존재가 존재한다는 결론에 이른다. 아퀴나스는 최고로 완벽한 존재 또는 하나의 지성에 다가가고 있지만 아직 논증의 결말 부분, 즉 '그 존재가 신이다'라는 결론은 비약으로 보인다. 외부의 원인 없이 스스로 원인이 되는 원인이 꼭 하나의 신이어야 할까? 그런 원인이 여러 개 존재할 수는 없을까? 단지 하나만 있다면 왜 그 최초의 원인이 기독교에서 말하는 신의 수많은 속성을 가졌다고 생각해야 할까? 왜 그것이 전지전능

하고 전선^{至善}이라고 생각해야 할까? 그 최초의 근원이 합리적이지 못하고 악의가 있는 존재일 수도 있지 않을까? 단지 사물들을 움직이게 할 정도로 강한 힘을 가졌을 뿐인 존재……

다음으로, 아퀴나스의 논증들이 무한한 순환은 생각할 수 없다거나 불합리하다는 주장에 전적으로 의존한다는 비판이 있다. 분명 우주는 언제나 존재한다든지 우주의 부분들은 무한한 시간을 지나 되돌아온다고 생각할 수 있다. 아퀴나스는 스스로 움직이는 것은 없고 스스로의 원인이 되는 것은 없다고 주장하지만, 그러면서도 그의 신은 스스로 움직이며 스스로의 원인이 됨에 틀림없다고 결론짓는다. 아무것도 스스로를 움직이지 않으며 스스로의 원인이 되지 않는다는 전제와, 다른 것에 의해 움직이지 않는 원동자가 존재하고 원인이 없는 원인도 존재한다는 결론은 서로 모순되는 것이다.

언덕 위의 신이
우리를 내려다보고 있다

그럼에도 아퀴나스는 신의 존재 증명을 일단락 짓고 신의 본성에 대한 고찰로 넘어간다. 그는 신은 단순성의 특징이 있는데, 이는 신이 형체가 없고 따라서 부분이 없다는 사실에서 생겨난다고 말한다. 어떤 것은 그것이 존재할 때만, 또는 결여된 것이 없을 때에만 선이라는 특성이 있다고 말할 수 있다. 신은 온전히 현존한다. 따라서 신은 지고^{至高}의 선이다. 신의 무한성은 양으로써가 아니라 형상으로써 이해된다. 여기서 아퀴나스는 신의 형상은 무한하다고 주장한다. 또한 신은 사물의 근원으로서 어디에나 존재한다. 즉 모든 사물 안에 존재한다는 뜻이다. 그러나 불변의 속성이 있는 신은 그럼에도 시간과 공간 밖에 있다. 끝으로, 아퀴나스는 신은 단일체라서 오직 하나의 신만이 있을 수 있다고 주장한다. 이렇게 신에 대해 상세히 설명하고도, 아퀴나스는 신이 은총을 받은 사람들에게 스스로를 드러내지 않는 한 우리의 유한한 지적 능력으로는 여전히 신의 핵심을 완전히 파악할 수 없다고 말한다.

학자들과 성경이 말하는 신의 여러 가지 고유한 특징이라고 하는 것은 때로는 부정적으로 이해될 수도 있다. 예를 들어, 신은 어디에나 늘 있다고 한다면, 신은 어디에도 없다거나 언제나 없다는 것과 마찬가지다. 그렇다고 신에 대해 긍정적으로 할 수 있는 말은 하나도 없다고 결론짓는 것은 잘못이다. 우리가 신이 완전한 선이라는 의미를 정확하게 파악하지 못한다는 점은 맞을지도 모른다. 그러나 우리가 신에게 속한 완벽함은 가장 고귀한, 가장 완전한 의미에서 신 안에 있다는 점을 인정한다면, 유추적으로 신에 대해 긍정적인 주장을 펼 수 있다.

다시 말하지만, 아퀴나스는 신이 알고 있는 지식의 본성에 대해 우리는 유추를 통해서만 파악할 수 있다고 주장하면서도 정작 자신은 그 지식의 본성을 상당히 '상세히' 다루고 있다. 신은 모든 것을 안다. 그러나 신은 그 관념을 명제로 표현하지 않는다. 아퀴나스는 신이 모든 것을 알고 있다는 것은 건축가가 건물에 대해 모두 알고 있는 것과 같다고 말한다. 건축가의 지식이 건물의 존재를 만든다. 건축가가 건물을 먼저 만든 다음 그것을 연구해서 건물에 대한 지식을 얻는 것이 아니다. 마찬가지로, 신의 지식이 세상의 존재를 만든다. 신의 지식은 선행적으로 실재하는 존재에 의존하는 것이 아니다. 그러나 어떤 건물에 살고 있는 사람은 그 건물이 실재한 후에야 그 구조에 대해 알 수 있다. 신의 지식이 모든 존재를 낳는 것이며, 존재하는 모든 것들의 원인이다.

신이 모든 것을 안다고 쳐보자. 그러면 신은 인간이 행하기 전에 인간이 무엇을 할지 알고 있다. 그렇다면 우리는 과연 인간이 신 앞에서 자유롭다는 게 가능한지 의문이 들 것이다. 신의 지식이 인간의 행동을 정한다는 것이 사실이라면 신의 상벌이 과연 합리적일까? 신의 지식이 우리의 운명을 미리 정해 놓는다면 우리가 어떻게 정당하게 평가받을 수 있을까? 아퀴나스는 인간 행동에 대한 신의 지식은 언덕 꼭대기에서 서서 그 꼭대기까지 이르는 구불구불한 길을 따라 걷고 있는 사람들을 내려다보는 사람의 시각과 같다고 말한다. 보행자들은 서로를 볼 수 없지만 높은 지점에 있는 사람은 보행자들을 모두 볼 수 있다. 우리는 현재만을 볼 수 있지만 신은 언덕 꼭대기에 있는 사람처럼 전체 상황, 즉 과거와 현재, 미래의 행동 모두를 한눈에 볼 수 있다. 언덕 위에 있는 사람이 현재 걷는 행동을 다 본다고 해서 그 사실이 보행자들의 행동들을 결정하는 것은 아니다. 마찬가지로 단지 신이 과거와 현재, 미래를 '본다고' 해서 우리의 행동을 결정하는 것은 아니다. 그런데 아퀴나스의 이런 설명이 과연 유효한가?

일부 철학자들은 아퀴나스를 거의 연구하지 않았다. 교황 레오 13세Leo XIII, 재위 1878~1903가 19세기 말 신학자들을 움직여 아퀴나스 연구에 관심을 유도할 때까지 아퀴나스의 명성은 보잘것없었다. 신앙을 가지지 않은 사람들은 『신학대전』이 철학이 아니라고 생각할 정도였다. 그런 사람들은 철학이란 사욕이 없는 진리 탐구이며 그러기 위해서는 이성적으로 면밀하게 검사하는 것이 전제돼야 한다고 생각했기 때문이다. 그런데 아퀴나스는 이미 성서에서 가정된 진리에서 출발한 것이기에, 그 후에 착수한 철학은 애초에 전혀 의심할 여지가 없는 진리를 지지하는 역할밖에 하지 못한다.

물론 아퀴나스의 글에서 논의를 추려내 신앙 자체를 언급하지 않고 고찰해 볼 수도 있다. 일단 그렇게 하면 아퀴나스가 아리스토텔레스를 명쾌하게 이해하고 있다는 사실을 알아차리게 된다. 또한 아퀴나스가 인간 본성과 주권에 대해 설명하고 있는 부분에서는 기독교 안팎에서 집필된 어떤 글에도 뒤지지 않는 철학적인 엄정함이 있다는 점도 발견하게 될 것이다.

그렇지만 아퀴나스에게서 신앙 자체를 떼어놓는 일은 그에게 일종의 폭력을 행사하는 것과 같다. 차라리 그보다 철학이 정말로 진리를 향한 사심 없는 탐구인지 아닌지를 생각하는 게 훨씬 나을지도 모른다. 아퀴나스가 성서에서 이미 가정된 진리로써 사유하는 것은 분명하다. 하지만 우리 또한 우리 자신이 비종교적인 가정들에 대해 무지한 사실을 마치 사심이 없는 것인 양 오해할 수도 있다. 아퀴나스의 태도가 이보다 더 나쁘다고 말할 수 있을까? 물론 이는 꽤 언짢은 말이고, 철학이 정말로 모든 전제를 면밀히 조사하고자 한다는 사실을 간과하는 말일 수 있다. 신앙 및 성서를 배제하는 사고에 아퀴나스가 동참하는 모습이란 상상하기 힘들다.

아퀴나스의 다른 책

📖 존재자와 본질에 대하여

아퀴나스가 플라톤 및 아리스토텔레스의 형이상학을 기반으로 자신의 '존재의 형이상학'을 제시한 책. 아리스토텔레스의 질료·형상의 개념과 플라톤의 이데아론도 일부 수용하고 있지만 아퀴나스는 본질의 개념을 넘어서, 본질의 실존은 존재에 있음을 제시한다. "존재는 본질에 앞선다"는 명제는 유명하다.

📖 대이교도 대전

기독교인이 아닌 한 사상가(이슬람교를 신봉하는 무슬림으로 추정된다)와 논쟁을 벌여 기독교의 진리를 확립하는 형식의 책. 총4권으로 돼 있으며, 1~3권은 이성을 통해서도 얻을 수 있는 신에 관한 진리를, 4권은 계시를 통해서만 얻을 수 있는 신에 관한 진리를 다루고 있다. 『신학대전』과 함께 아퀴나스의 2대 대작으로 꼽힌다.

The 20 Greatest Philosophy Books

04

데카르트

제1철학에
관한 성찰

Meditationes
de Prima
Philosophia

1641

르네 데카르트
René Descartes, 1596~1650

근대 철학은 데카르트에서 시작한다고 봐도 무방할 것이다. 중세를 지배한 아리스토텔레스주의를 인정하지 않고, 오직 이성의 힘으로 철학을 처음부터 완전히 새롭게 변혁하고자 시도했기 때문이다. 그는 존재론이 아닌 인식론에 관심을 가졌으며, 직관과 연역이야말로 지식을 습득하는 가장 확실한 길이라고 주장했다.

1596   출생 (프랑스 라에La Haye)

1604   예수회가 운영하는 라 플레슈La Flèche 콜레주에서 수학(~1612)

1614?   군인 겸 철학자로 생활(~1626?)

1626?   파리에서 생활

1628   네덜란드로 이주(~1633)

1632   『세계와 빛에 관하여Le traité du monde et de la lumière』 저술

1637   『방법서설Le Discours de la méthode』 출간

          『굴절광학La Dioptrique』, 『기상학Les Météores』, 『기하학La Géométrie』 출간

1641   **『제1철학에 관한 성찰**Meditationes de Prima Philosophia**』 출간** 📖

1644   『철학의 원리Les Principes de la philosophie』 출간

1649   『정념론Les Passions de l'âme』 출간

1649   스웨덴으로 가 크리스티나 여왕의 철학 교사로 활동

1650   사망 (스웨덴 스톡홀름)

데카르트
제1철학에 관한 성찰

우리의 스승이 모르는 것이 없을 뿐 아니라 신성한 권위를 갖춘 예수회 ♀의 일원이었다고 생각해 보자. 예수회에서는 창조된 질서의 중심에 바로 지구가 있으며 태양과 행성, 천체 들은 지구의 주위를 완벽한 원형의 궤도로 돈다고 가르쳤다. 해돋이를 보면 실제로 태양이 올라오면서 지평선에서 점점 멀어진다. 별자리들이 밤하늘을 가로질러 가는 것을 바라보면 별들은 정말로 우리 주위를 움직이고 있다. 지구가 창조의 중심점이자 정지되어 있는 것이다.

그런데 우리가 자라서 갈릴레오 갈릴레이Galileo Galilei, 1564~1642의 논문을 읽고 천체들이 완전한 구가 아니라는 사실(천체는 사실 약간 찌그러져 있고 울퉁불퉁하다) 그리고 그 궤도는 완전한 원형이 아니며 지구는 태양 주위를 도는 다른 행성과 다름없는 하나의 행성일 뿐이고 태양이 바로 중심이라는 사실을 알게 되면 어떻겠는가? 우리의 눈은 해돋이 광경을

보거나 별들의 분명한 움직임을 볼 때
마다 우리를 속인다. 우주 안에서 차지
하는 위치에 대해 우리가 알고 있던 모
든 것이 완전히 거짓이었다는 사실을
알게 되었을 때 기분이 과연 어떨지 상상할 수 있겠는가?

: 예수회
1534년에 스페인의 이그나티우스 데 로욜라Ignatius de
Loyola, 1491~1556가 세운 가톨릭 남자 수도회. 1540년
에 교황의 승인을 받았다. 세계 100여 나라에 진출해
대학을 세우고 포교에 힘쓰고 있다.

그게 가능하다는 사람들은 르네 데카르트René Descartes, 1596~1650를 조
금은 이해하고 있다고 볼 수 있으며, 데카르트가 『제1철학에 관한 성찰
Meditationes de Prima Philosophia』1641 ('성찰'로 줄임)을 쓰게 된 동기를 조금이
나마 알고 있는 것이다. 이 책은 근대에서 가장 중요한 책이라고 해도
과언이 아니다. 많은 학자들이 근대 철학은 이 책의 출판과 함께 시작했
다고 본다. 인류는 『성찰』을 통해 조금 성장하고 고대와 중세 사상가들
의 방법론과 선입관에서 독립한다. 데카르트는 인간 지식의 체계가 천
문학이라는 새로운 학문으로 뒤흔들리는 것을 보았다. 그는 이런 일이
다시는 일어나지 않게 하기 위해 『성찰』을 썼다.

의심하고
또 의심하라

데카르트가 깨달음을 얻고자 할 때 일반적으로 적용할 수 있는 본보기
로 삼았던 것은 수학이었다. 아마도 그가 수학의 귀재였다는 점이 그런
이유를 어느 정도 설명한다고 하겠다. 데카르트는 『방법서설Le Discours
de la méthode』1637에서 올바른 추론의 단계를 제시했는데 거기에서도 수
학적 증명의 단계가 그대로 반복된 것을 볼 수 있다. 그 규칙은 다음과
같다.

① 의심할 이유가 없을 정도로 아주 명석판명†하게 정신에 제시되지 않는 것은 참으로 인정하지 않는다.

② 문제를 가능한 한 여러 개의 작은 문제로 나눈다.

③ 가장 단순하고 쉽게 이해되는 것에서 시작해 그 위에 조금씩 더 크고 더 복잡한 문제를 쌓는다.

④ 사고의 연속물 전체를 검토하고 또 검토해서 빠진 것이 없는지 확인한다.

『성찰』은 데카르트가 이런 규칙을 따르고 그 규칙을 사용함으로써 "확고하고 지속적인 무언가를 학문 안에 정립하려는" 시도다. 이 책에는 총 여섯 가지의 '성찰'이 나오는데, 데카르트는 마치 그 모두를 난생처음 대하듯이 써 내려간다. 침상 일기 형식의 일인칭으로 된 문체 덕에 이 책을 읽는 사람들은 자신도 모르게 몰입하게 된다. 데카르트가 무언가를 진정으로 알고 있는 것인지 아닌지 고민할 때면 독자들도 함께 애가 타는 것을 느낀다. 이 책과 관심사가 일치하고 열의 또한 갖춘 사람이라면 『성찰』은 책장이 술술 넘어가는 흥미로운 책일 것이다.

『성찰』은 "의심할 이유가 없을 정도로 아주 명석판명하게 정신에 제시되지 않는 것은 참으로 인정하지 않는다"라는 첫 번째 규칙을 분명하게 긍정하는 것에서 시작된다. 여기서 데카르트가 말하는 것은 '이유 있는 회의'만이 아니다. 데카르트는 이 책에서 상당히 위험한 모험을 하고 있으며, 그의 목표는 과학의 전 체계의 토대가 될 수 있는 '완전한

확실성'을 찾는 일이다. 아무리 기상천외한 이유라 해도 의심할 이유가
있다면 그 신념을 의심해 봐야 한다. 따라서 데카르트의 방법은 의심의
방법이다. 만약 데카르트의 시험을 통과하는 신념이 있다면, 그 신념
은 의심의 여지가 전혀 없는 것임에 틀림없다. 모든 신념을 하나씩 걸러
내기란 끝이 없는 일이기 때문에 데카르트는 신념 전체를 의심해서 확
실성을 찾고자 했다.

지금 내 눈앞에 있는 것, 믿을 수 있는가?

데카르트는 감각 지각에 기초한 신념에서 시작한다. 우리가 안다고 생
각하는 것 대부분은 감각 기관을 통해서 얻은 신념이다. 그러나 감각은
종종 우리를 기만한다. 물에 반쯤 잠긴 노를 한번 보자. 그 노는 구부러
진 것처럼 보인다. 빛이 '속임수'를 쓰는 사막의 신기루나 뜨겁게 달구
어진 아스팔트 위로 물이 끓고 있는 것처럼 보이는 환각을 떠올려보자.
감각이 이렇게 종종 우리를 기만한다면 감각을 온전히 믿지 않는 것이
신중한 태도이지 않을까? 그렇다면 감각적 증거에 기초를 둔 우리의 신
념에는 확실한 것이 없다고 결론 내려
야 하는가? 그러면 우리가 손으로 이
책을 들고 있다는 사실도 의심해야 한
다는 말인가?

착시가 항상 시각적인 조건에만 달
려 있는 것은 아니다. 빛이 충분하고
대상이 바로 정면에 있다면, 빛이 속임

명석판명 明晳判明
데카르트가 진리 인식의 기준으로 내세운 조건. 한 개념
의 내용이 명료한 사태를 명석하다clare고 하고, 명석하
면서 동시에 다른 개념과의 구별이 충분한 것을 판명하
다distincte고 한다.

방법적 회의
데카르트는 의심할 수 있는 모든 것을 의심하고자 했다.
이것은 진리에 대한 회의이거나 의심이 아니라 확실한
진리에 이르기 위한 '방법으로서' 행하는 회의이자 의
심이었다. 그래서 이것을 '방법적 회의'라고 부른다.

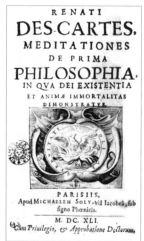

:: 프란스 할스Frans Hals, 1581?~1666가 그린 데카르트의 초상1648과 『제1철학에 관한 성찰』의 표지

수를 쓰고 있다고 생각하기는 어렵다. 착각을 알아차릴 수 있는 것은 오히려 우리가 감각을 신뢰하기 때문임을 알게 된다. 우리는 물에 잠긴 노가 구부러진 것처럼 보여도 실상은 그렇지 않다는 사실을 알고 있다. 노를 만져보거나 물에서 꺼내 좀더 주의 깊게 조사해 보면 되는 것이다. 그것이 착각임을 정확히 알 수 있는 것은 때때로 우리가 감각을 신뢰하기 때문에 가능한 것이다. 따라서 착각에서 얻어진 주장으로 모든 감각에 회의를 품을 수는 없다. 그것은 최초의 감각 지각의 진실성에 따라 다르다.

데카르트는 자신이 불빛 옆에서 『성찰』을 검토하면서 종이를 들고 있는 것이 자신의 손이 아니라고 생각한다면 약간 정신이 나가지 않았겠냐고 말하기까지 한다. 이 글을 읽는 독자도 여기서 한번 슬며시 미소를 지을지도 모르겠다. 지금 책을 들고 있는 손을 눈으로 확인해 보고는 말이다(그러나 그 미소는 곧 사라질 수도 있다).

데카르트는 스스로에게 묻는다. 자신이 난롯가에 앉아 글을 쓰거나 독서를 하면서 책을 들고 있는 것이 자신의 손이라고 순진하게 바라보는 꿈을 얼마나 여러 번 꾸었던가! 실제로는 깊은 잠에 빠져 아무것도 보고 있지 않는 상황에서 말이다. 꿈은 그 꿈을 꾸는 사람에게는 깨어 있을 때와 마찬가지로 아주 생생하게 느껴질 수 있다. 독자는 지금 이 책을 들고 있는 것이 자신의 손이라고 확신할 수 있는가? 아니면 손은 베개 밑에 괴고 있을지도 모른다는 생각이 드는가? 어쩌면 손이 아예 없는지도 모른다. 조건이 참이면 감각은 믿을 만하다는 생각은 이제 별로 도움이 되지 못한다. 참이 되는 조건 자체를 꿈꾼 것일 수도 있기 때문이다. 생시와 꿈을 구별할 수 있는 방법을 생각해 내지 못하면 그 상황은 훨씬 더 나빠진다. 그 방법이 없다면, 다시 말해 두 상태의 차이점을 말하는 데 적용할 수 있는 기준이 없다면 어떤 신념이라도 사실은 단지 그것을 꿈꾸었을 뿐인지도 모른다.

생시를 총체적으로 표시해 주는 것은 무엇인지 깊이 파고들기 전에, 미리 알아둘 게 있다. 이미 모든 대답을 준비해 놓고 있는 사람들이 있다는 것이다. 바로 회의론자들이다. 회의론자는 방금 우리가 생시의 표시라고 본 것이 꿈일 수도 있다고 말한다. 깨어 있는 시간은 질서가 있고 분명하고 생생하지 않으냐고 한다면, 회의론자는 꿈도 질서정연하고 분명하고 생생한 경우가 있다고 말할 것이다. 꿈을 꾸고 나면 언제나 깨어나서 꿈과 생시의 차이를 말할 수 있기 때문에 꿈과 생시의 차이점을 말하는 게 가능하지 않으냐고 이의를 제기한다면, 회의론자는 거짓 생시, 즉 어떤 사람이 방금 깨어났다는 것 자체를 꿈으로 꾸는 순간을 지적할 수도 있다. 생시인지 꿈인지 팔을 꼬집는 것도 실은 꿈일 수 있다는 점은 두말할 나위도 없다.

데카르트는 꿈의 논증이 여러 가지를 증명한다고 본다. 그러나 그는 꿈꾸는 동안 경험하는 영상은 실제로 존재하는 것에서만 생겨날 수 있는 그림과 같다고 생각한다. 예를 들어 전설상의 동물인 유니콘을 그리는 화가는 말과 뿔이라는 실재하는 사물을 생각하고 그 둘을 결합한다. 꿈의 경험도 역시 실재하는 사물에서 온다. 그러나 여기서 데카르트는 의심의 방법을 신중하게 적용한다. 손이나 불 같은 일반적인 사물은 아마도 실제로 존재하지 않을 것이다. 하지만 좀더 단순하고 보편적인 실체는 있을 것이다. 그는 형태, 양, 크기, 수, 시간과 장소와 같이 유형적인 성질들은 정말로 존재하지만, 우리가 특정 사물에 대해 갖는 신념은 의심스럽다고 결론을 내린다. 그러므로 데카르트는 물리학과 천문학, 의학에 수반되는 신념은 거부한다. 한마디로 복합적인 실체에 의존하는 신념은 모두 거부하는 것이다. 반면에 특정 사물의 실재성에 의존하지 않는 신념, 즉 수학과 논리학에 관한 신념만 수용한다.

데카르트는 자신이 수용한 신념에 의문을 던지기 위해 자신의 근원을 살펴본다. 자신은 전능한 신에 의해 창조되었을 수 있다. 그게 아니라면 신보다 못한 메커니즘, 즉 우연히 발생한 일련의 사건에서 생겨난 것이다. 신이 자신을 창조했다면 그런 존재는 수학이나 논리학에 대한 신념조차도 거짓이 되도록 하는 방식으로 자신을 만들었을 수 있다. 예를 들어, 자신은 삼각형의 변이 네 개라고 생각하도록 만들어졌는지도 모른다. 신보다 못한 존재가 자신의 근원이라면, 다시 말해 우연적인 원천에서 생겨났다면 자신에게 결함이 있을 확률은 더욱 크다. 어느 쪽이든 데카르트는 가장 단순하고 보편적인 것에 대해서도 참인 신념을 만들 수 있는 능력이 있는지 의심해 볼 이유가 있다. 이 논증의 결론에서 데카르트는 이렇게 적었다.

그런 추론에 대한 답변으로는 할 말이 전혀 없다. 그러나 나는 부득이하게 인정할 수밖에 없다. 내가 전에 참으로 인정했던 모든 의견 중에서 지금 정당한 의심을 피해 갈 수 있는 것은 단 하나도 없다는 것을.

이런 단호한 결론의 범위 안에서 데카르트는 심리적인 방책을 하나 택하기로 한다. 바로 '사악한 악마'라는 존재를 설정한 것이다. 데카르트는 신이 자신을 속인다고 생각하기는 조금 어려웠다고 말한다. 그래서 대신 악의에 찬 악마를 설정하고, 그 악마가 강력하고 교활하게 자신을 속이는 일에 전념하고 있는 것을 상상한다. 그렇지만 이는 앞의 논의들과 연관해서 볼 때, 데카르트를 모든 신념에 대한 회의 속에 그대로 남겨둘 뿐이다.

나는 생각한다
그러므로 나는 존재한다

그러나 그런 데카르트마저 절대 의심할 길이 없는 하나의 신념, 하나의 확고한 명제가 있다. 그의 감각이 그를 기만한대도, 그가 꿈속에서 헤맨다고 해도, 그를 탄생시킨 근원으로 인해 그가 결함 있는 사상가로 밝혀지더라도, 심지어 사악한 악마가 그를 혼동시키려고 온갖 수를 쓰고 있다고 해도, 그가 존재한다는 사실 하나만은 의심의 여지가 없다. 데카르트는 다음과 같이 표현했다.

나는 존재한다. 이 사실은 내가 그것을 표현하거나 마음속에 그릴 때나 언제나 필연적으로 참이다.

이 문장은 아마도 철학 경구 중에 가장 유명할 것이다. 이 문장은 데카르트가 방법적 회의를 거쳐 자신의 지식 체계를 다시 세우는 데 기초가 되는 첫 번째 진리다. 이 첫 번째 진리는 '코기토Cogito'라고 짧게 부르기도 하는데 '나는 생각한다. 그러므로 나는 존재한다'라는 뜻의 라틴어인 '코기토 에르고 숨Cogito, ergo sum'을 줄인 말이다.

데카르트 이후로 이 코기토를 무엇으로 볼 것인가에 대한 문제가 철학자들의 마음을 줄곧 사로잡았다. 코기토를 처음 접하기만 해도 수많은 물음이 거의 즉각적으로 생겨난다. 코기토는 논거의 결론일까? 그 점은 분명하지 않다. 데카르트가 자신에게는 논거를 세울 수 있는 신념도 전제도 없다고 했기 때문이다. 어쨌든 그는 논거를 세울 자신의 능력을 믿을 수 없고 논리학을 신뢰할 수 없다고 말했다. 그래서 코기토를 논거의 결론이 아니라 인식에 관한 일종의 발견으로 보는 사람들도 있다. 즉 데카르트가 우연히 알게 된 의심의 여지가 없는 진실이라는 것이다. 또 어떤 사람들은 데카르트가 '나는 존재한다'의 '나'가 될 자격이 있는지 없는지 고민한다. 즉 사유자가 데카르트 자신이라기보다는(다시 말해, 그가 능동적으로 생각해 냈다기보다는) 그저 단순히 생각이 떠오른 것은 아닐까? 데카르트에게 그런 자격이 없는 것은 아닐까?

정신과 물질은
다른 실체다

잠시 이 문제를 그대로 두고 데카르트를 좀더 따라가 보자. 그는 자신이 존재한다는 것을 알고 있다. 그런데도 자신이 어떤 존재인지 묻는다. 앞의 세 가지 회의적 논거를 고찰하기 전에는 자신이 살과 뼈와 생각하는

:: 데카르트는 근대 철학을 배우고 싶어 했던 스웨덴 크리스티나 여왕Drottning Kristina, 재위 1632~1654의 초청으로 스웨덴 궁을 방문했다. 아침 늦게까지 침대에 누워 사색에 잠기곤 했던 데카르트에게 여왕은 새벽 5시에 수업을 받길 원했고, 여기에 스웨덴의 매서운 겨울 날씨까지 더해 데카르트는 감기로 고생하게 됐는데, 이것이 폐렴으로 이어져 결국 스웨덴에 온 지 다섯 달 만에 사망했다. 그림은 프랑스 화가 피에르 루이 뒤메닐Pierre Louis Dumesnil, 1698~1781이 크리스티나 여왕의 궁정을 그린 것으로, 오른쪽 테이블의 가운데 인물이 크리스티나 여왕이며 그 오른쪽에 서 있는 이가 데카르트다.

정신이 있는 한 남자라고 생각했다. 그러나 이제는 엄밀하게 말해서 자신이 확신할 수 있는 것은 단지 자신이 생각하는 존재라는 사실, 즉 의심하고 긍정하고 의도하고 본다고 생각되는 존재라는 사실이다. 그는 자신에게 손이 있다고, 아니 아예 몸이라는 게 있다고 더 이상 확신할 수 없다. 그러나 정신이 있다고는 확신하는데 육체가 있는지에 대해서는 의심할 수 있다면 정신(마음)과 육체는 별개의 존재가 아니겠는가?

이것이 정신과 물질(육체)은 다른 실체라는 데카르트적 이원론Cartesian Dualism의 핵심이다. 이렇게 데카르트적 이원론으로 이끄는 사고의 흐름을 상상 가능성 논증the conceivability argument이라 일컫기도 한다. 나는 내 정신과 육체가 별개로 존재하고 있는 것을 '상상해 볼 수 있다'. 데카르트는 바로 이것을 첫 번째 성찰에서 생각했다. 정신과 육체가 별개라는 상상이 가능하다면 실제로도 둘은 다른 것일 가능성이 있다. 이것이 가능하다면 정신과 육체는 동일하지 않다는 얘기다. 이 견해가 옳다고 생각되는 예를 한번 들어보자. 이를테면, H_2O가 존재하지 않는데 물이 존재하는 것을 상상할 수 있겠는가? 아마 불가능할 것이다. 왜냐하면 그 둘은 바로 같은 것이기 때문이다. 데카르트의 요점은 만일 정신과 육체가 동일하다면 우리는 정신과 육체를 분리해서 생각할 수 없다는 것이다. 그런데 우리는 확실히 정신과 육체가 분리되는 것, 한쪽이 없이도 다른 한쪽이 존재하는 것을 그려볼 수 있기 때문에, 정신과 육체는 별개의 실체라는 것이다.

이에 대해 이런 지적도 나올 수 있다(실제로 이렇게 생각하는 사람들이 많았다). 상상할 수 있다고 해서 형이상학적으로 가능하게 되지는 않는다는 것이다. 상상 가능성은 세상에 대해 생각할 때 사용하는 개념에 대한 것이지, 이 세계가 정말로 어떤지를 말해 주는 것은 아니다.

따라서 데카르트적 이원론은 우주 안에는 두 가지 종류의 다른 것이 있다는 생각이다. 우주에는 정신과 육체(물질)가 있다. 정신이란 사고하는 것으로, 공간적으로는 위치를 찾을 수 없다. 반면 육체는 공간을 차지하고 있다. 이런 이원론에 최대의 장애가 되는 것은 상호작용의 문제다. 우리는 정신과 육체가 인과 관계에 있는 것처럼 보인다는 것을 안다. 발가락을 찧으면 정신은 고통을 감지한다. 정신에서 주먹을 쥘 생각을 하면 육체는 근육을 조절할 능력이 있어야 한다. 그러나 데카르트의 견해처럼 정신과 육체가 별개의 존재라면 우리는 어떻게 정신과 육체의 그런 매일 매일의 상호작용을 이해할 수 있는가? 어떻게 공간에 존재하지 않는 정신이 공간을 차지하는 육체와 인과 관계에 있을 수 있는가? 정신과 육체의 상호작용은 이원론자에게는 풀 수 없는 신비한 일이다.

현대 심리철학은 이런 불가사의에서 빠져나와 우리 자신을 생각해 보려는 시도라고 볼 수 있다. 우리가 얼마나 진전했는지는 확실하지 않다.

신은 완전하므로
반드시 존재한다

그럼에도 데카르트는 정신의 내용 안에서 그 이상의 진리를 찾아봄으로써 앞으로 나아가려고 노력했다. 그는 의심의 본질이 무엇인가 생각해본 뒤, 앎과 비교했을 때 의심은 일종의 불완전성이라고 추론한다. 그럼 완전성이란 또 무엇인가? 바로 이 개념에 대한 고찰로부터 데카르트는 신의 실재성 증명으로 나아간다. 그는 자신이 가진 다양한 의심의 본질을 생각해 볼 때 자신은 완전한 존재가 아니라는 사실을 알고 있다. 그럼에도 그는 완전성의 개념을 가지고 있으므로 그런 개념은 자신이나 다른 불완전한 존재로부터 왔을 수는 없다. 그것은 신이라는 완전한 존재에서만 올 수 있다. 데카르트에게 신은 모든 완전성을 가진 존재다. 존재성은 일종의 완전성이다. 완전한데도 존재하지 않는다는 것은 모순이다. 따라서 신은 분명히 존재한다. 신을 존재하지 않는다고 생각하는 것은 세 변이 없는 삼각형을 생각하려고 하는 것과 같다. 세 변을 가졌다는 사실이 삼각형의 개념 자체에 있듯이 실재성은 신이라는 개념 안에 있다. 신의 개념을 진정으로 이해한다면 신이 존재한다는 것을 인정해야만 한다. 데카르트의 이런 사고의 흐름은 안셀무스Anselmus, 1033~1109의 존재론적 증명❢의 한 변형에 이르는 셈이다.

데카르트에게 속임은 일종의 불완전성이다. 따라서 그는 완전한 존재인 신이 불완전한 성질인 속임수를 쓰지 않음이 틀림없다고 추론한다.

: 안셀무스의 존재론적 증명

영국의 스콜라철학자 안셀무스는 신은 "사람들이 그보다 더 위대한 존재를 생각해 낼 수 없는 존재이기 때문에 반드시 존재한다"라고 했다. 신은 "그보다 더 위대한 존재를 생각해 낼 수 없는 존재"인데 여기서 그 존재를 부정하게 되면 자기모순에 빠진다는 것이다. 신의 완전성에는 존재라는 성질도 반드시 포함돼야 한다는 이 증명을 '존재론적 증명'이라 한다. 아퀴나스는 안셀무스의 존재론적 증명은 선험적(아프리오리) 지식을 가정한다는 이유로 반대했다.

그러므로 우리는 우리의 명석판명한 지각에 자신감을 가질 수 있다는 것이다. 다시 말해 우리는 구조적으로 오도되지 않는다. 우리는 진리를 발견할 수 있는 장비를 틀림없이 갖추고 있는 것이다. 명석판명한 지각에 근거를 둔 신념의 체계를 재구축하는 일은 성찰의 나머지 과정에서 할 일이다.

많은 사람들이 신에 대한 데카르트의 논증에서 깨기 어려운 순환을 발견했다. 그러고는 이를 '데카르트의 순환Cartesian circle'이라고 불렀다. 다음을 보자.

> 우리는 단지 명석판명한 지각에만 따름으로써 신이 존재하고 신이 기만자가 아니라는 사실을 알게 된다. 그런데 우리의 명석판명한 지각이 믿을 만한 이유는 신이 존재하며 신이 기만자가 아니라는 사실을 우리가 알기 때문이다.

이 논증에서 명석판명한 지각에 대한 신뢰는 신이 기만자가 아니라는 증명에 의존하고 있는데, 그 증거는 우리의 명석판명한 지각의 진실성을 전제로 하고 있다. 증명의 대상이 증명의 전제로 순환하는 것이다.

비단 이 논증뿐 아니라 『성찰』의 전반에 나타나는 문제는 지식이 쉽게 무너질 수 있는 대상으로 보인다는 점이다. 데카르트는 확실히 『성찰』의 1부에서 회의론적인 논증으로 지식의 기초들을 완전히 무너뜨리는 작업에는 성공한 것 같다. 반면, 무너뜨리고 난 다음의 무無로부터 모든 것을 세우려는 노력은 실패했다고 봐야 할 것이다. 그러나 이 세계를 과학적으로 해석할 수 있다는 것을 보여주려는 데카르트의 전반적인 목표는 현대인인 우리로서는 쉽게 받아들일 수 있는 일이다. 데카르트 당시의 지적 대격변으로부터 현대에 이르기까지의 과정들을 곰곰이 생각해 본다면 그 이유에 대해 설명할 수 있을 것이다. 설명이 어떤 식으로 이루어지든, 그 설명에 데카르트에 대한 언급이 없다면 완전한 설명은 되지 못할 것이다.

데카르트의 다른 책

📖 세계와 빛에 관하여

데카르트의 우주론을 담은 책. 태양계와 지구의 운동을 소용돌이의 흐름으로 설명한 이 책은 명백히 코페르니쿠스Nicolaus Copernicus, 1473~1543의 지동설 관점을 반영하고 있다. 그러나 갈릴레이가 1632년 출판한 『두 가지 주된 우주 체계에 관한 대화Dialogo sopra i due massimi sistemi del mondo』에서 지동설의 천체 관측 사실을 발표해 종교재판에서 유죄 판결을 받자 데카르트는 출판을 포기해 버렸다. 결국 데카르트 사후인 1664년에 가서야 출판되었다.

📖 방법서설

원래의 제목은 '이성을 바르게 이끌고 여러 학문의 진리를 탐구하기 위한 방법의 서설'이다. 이 책은 데카르트가 『굴절광학』과 『기상학』, 『기하학』을 함께 출간하면서 그 서설 격으로 쓴 글이다. 자서전 형식으로 자신의 학문 연구 방법과 형이상학, 자연학의 개요를 논술했으며, 이성을 기초로 학문의 진리에 도달하기 위해서는 방법적 회의가 필요함을 말하고 있다. 라틴어로 쓰지 않은 최초의 근대 철학서다.

📖 정념론

인간의 정념을 심리학적·생리학적으로 고찰한 책으로 데카르트의 최후 저작이다. 데카르트는 정념에는 놀람·사랑·미움·욕망·기쁨·슬픔의 여섯 가지가 있으며 그 밖의 정념은 이 기본 정념이 복합된 것이라고 설명했다. 정념의 발생 구조를 생리학적으로 기술하면서, 정념은 자유의지의 수단이기 때문에 자유의지를 올바르게 사용하면 최고의 덕에 이를 수 있다고 주장했다.

05

홉스

리바이어던

Leviathan

1651

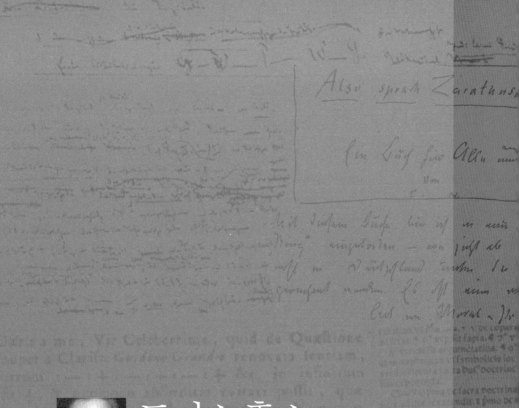

토머스 홉스

Thomas Hobbes, 1588~1679

스콜라철학 전공(그리고 비판), 형이상학의 대가, 투키디데스와 호메로스 등의 저서 영어 번역, 근대 논리 분석의 선구자 등등 홉스를 설명하는 수식어들은 많지만, 오늘날 우리는 그를 위대한 정치사상가로 기억하는 것이 압도적이다. "만인에 대한 만인의 투쟁"이라는 그의 표현은 사회계약론과 관계없는 분야에서도 자주 인용되곤 한다.

1588 출생 (영국 윌트셔Wiltshire)

1603 옥스퍼드 모들린 홀Magdalen Hall(하트퍼드Hertford 칼리지) 입학

1608 윌리엄 캐번디시William Cavendish 백작가의 가정교사가 됨

1610 첫 유럽 여행

1622 프랜시스 베이컨Francis Bacon, 1561~1626의 비서로 근무, 라틴어로 그의 논문집 번역

1629 『펠로폰네소스 전쟁사History of the Peloponnesian War』 번역 출간. 2차 유럽 여행

1634 3차 유럽 여행

1640 크롬웰의 의회파 세력을 피해 프랑스로 망명

1642 『시민론De Cive』 출간

1650 『법의 원리The Elements of Law, Natural and Political』 출간

1651 **『리바이어던Leviathan』 출간.** 📖 영국으로 돌아옴

1655 『물체론De Corpore』 출간

1658 『인간론De Homine』 출간

1668 『비히모스Behemoth』 완성

1675 호메로스Homeros, BC 800?~750의 『일리아스Ilias』와 『오디세이아Odysseia』 번역 출간

1679 사망 (영국 더비셔Derbyshire)

홉스
리바이어던

토 머스 홉스Thomas Hobbes, 1588~1679의 출생과 관련해 전해지는 유
명한 에피소드가 있다. 홉스의 어머니가 영국을 침공하기 위해
스페인 함대가 접근하고 있다는 소식을 듣고 놀라는 바람에 예정일보다
일찍 태어났다는 내용이다. 이 이야기를 좀 지나칠 정도로 의미심장하
게 받아들이는 사람들이 많다. 홉스 자신은 "공포와 나는 쌍둥이로 태어
났다"라고 말했다. 확실히 공포가 홉스의 위대한 저서 『리바이어던
Leviathan』1651에서 핵심적인 역할을 하는 것은 사실이다. 하지만 그것이
전반적으로 홉스의 심리나 인간의 심리에서 오는지는 별개의 문제다.
그 문제는 전기 작가들의 몫일 것이다.

분명한 것은 당대의 『리바이어던』이 종교적 동기에 의존했던 기존의
모든 정치관들과 실질적으로 결별한다는 점이다. 어떤 사람은 홉스가
드러나지만 않았을 뿐 사실은 무신론자라고 주장한다. 실제로 영국 의

회는 런던 대화재[1666]가 홉스의 "불경스러운" 책 『리바이어던』에 대해 신이 벌을 내린 것이 아닐까 하는 가능성을 조사하기도 했다. 홉스가 신을 화나게 했을지도 모른다고 생각한 의회는 안전한 쪽을 택해 홉스더러 출판을 중지하라고까지 주장했다. 『리바이어던』에서 종교가 무시된다고는 말할 수 없다. 홉스가 자신의 결론을 신학적으로 정당화하는 부분이 책에서 상당히 많은 비중을 차지하기 때문이다. 그러나 어쨌든 정치적 의무에 대한 홉스의 생각은 신의 의지가 아닌 이성에서 나온 것이었다. 『리바이어던』에서 성서적인 권위는 이성에 밀려나고, 대신에 그 안에서 인정할 만한 정치철학이 태어나게 된다.

홉스도 수학의 영향을 많이 받았다는 점에서 데카르트와 비슷하다. 그러나 데카르트처럼 수학의 증명에 적용하는 형식상의 규칙을 사고에 일반적으로 적용시키는 방법은 쓰지 않았다. 그 대신, 홉스는 기하학에서 '정의定義'가 하는 역할에 주목했다. '감각'과 '상상', '소망', '권리', '법'과 같은 단어를 올바로 규정함으로써 그 개념들에 대한 진정한 최종 결론에 도달하고자 했다. 홉스는 우리가 가진 견해에 이름을 붙이며 고찰하는 것은 일종의 정신적인 산술로, 면밀하게 정의된 용어를 통해 견해를 더하고 빼는 과정이라고 했다. 올바른 정의에서 출발해 결론들을 따라가며 진리에 이르는 것, 이것이 홉스의 방법이다.

홉스는 갈릴레이에게서 영향을 받았다는 점, 그리고 우주를 기본적으로 기계론적인 시각으로 바라보는 보편적 견해에 영향을 받았다는 점에서도 데카르트와 비슷하다. 그럼에도 홉스에게는 영적인 실체를 생각할 시간이 거

: 홉스의 프랑스 망명

왕당파와 의회파의 대립이 극에 달했던 당대에 홉스는 가정교사로 들어갔던 윌리엄 캐번디시의 가문과의 연줄로 왕당파 쪽에 서게 되었다. 크롬웰Oliver Cromwell, 1599~1658의 등장으로 권력의 추가 의회파로 넘어가게 되자 홉스는 파리로 건너가 11년간의 망명 생활을 하게 된다. 그러나 망명 생활 도중 출간한 『리바이어던』이 신성모독의 혐의를 받으면서 왕당파로부터도 배척당한다. 홉스가 영국으로 돌아온 때는 크롬웰의 공화정이 선포된 이후인 1651년이었다.

의 없었다. 그는 우주 자체를 공간 안에서 움직이고 있는 일종의 정밀한 엔진과 같은 물체로 보았다. 동물이나 사람 같은 우주의 구성 요소들도 움직이는 기계라고 말할 수 있다. 욕망은 단순히 어떤 대상으로 향하는 움직임으로, 혐오나 공포심은 어떤 대상에서 멀어지는 움직임으로 표현할 수 있다. 이렇게 홉스의 사고 중심에는 인간 존재에 대한 기계론적 견해가 있음을 『리바이어던』의 서문은 보여준다. 『리바이어던』은 생명이란 사지의 기계적인 움직임이라는 주장으로 시작한다. 심장은 용수철이고 신경은 끈, 관절은 바퀴라는 식이다. 국가는 가상의 인간으로 볼 수 있으며, 본질적으로 보자면 보통 사람만큼이나 기계적이다. 사법부는 국가의 관절이며, 상벌 제도는 국가의 신경이다. 그리고 국가 전체를 움직이는 것은 바로 주권자다.

갈릴레이가 증명했듯이 우리는 우주 안에 있는 물체의 움직임을 보편적으로 체계화해 진술할 수 있다. 따라서 인간과 인간이 만든 정치 단체를 이렇게 기계론적으로 바라본다면 인간 심리의 '자연법칙'(자연법)을 발견하리라는 약속, 그리고 보다 큰 규모인 국가의 근원도 발견하리라는 일종의 전망을 제시할 수 있는 것이다. 『리바이어던』의 목표는 정치적 의무의 근거가 되는 이 자연법을 발견하는 일이다. 홉스는 자연상태를 고찰함으로써, 즉 통제되지 않은 인간의 상태를 고찰함으로써 이러한 자연법에는 상세하게 접근하고, 정치적 의무에는 대략적으로 접근하고 있다. 그런데 홉스가 발견한 사실은 별로 고무적이지 않다. 그 사실은 어두운 인간 본성 개념에 의존하고 있기 때문이다.

국가가 없는 상태를
상상해 본다면?

자연상태를 어떻게 이해하는 것이 최선일까? '자연상태'나 '사회계약 social contract' 등의 문자 표현에 얽매이는 일부 사람들은 홉스의 이론을 다음과 같이 이해한다. 즉 한때는 인간이 통제되지 않은 상태로 살면서 미친 듯이 날뛰는 '자연상태'가 존재했었고, 그때 어느 똑똑한 사람이 나타나 사회적인 계약서를 작성해 서명을 받아냈다는 것이다. 홉스가 인간의 선사시대를 추측한 끝에 이런 결론을 내놓은 것이라면 지나치게 단순화한 우를 범했다는 것이다. 물론 옳은 지적이다. 그러나 이런 말에 홉스가 자신의 입장을 밝힐 필요는 없다. 그가 이야기한 자연상태는 개념적인 것이지 역사적인 것이 아닐 테니 말이다. 홉스가 자연상태를 말한 것은 '정치적 의무가 없는 인간의 삶'이 어떠한지를 고찰하려는 것으로, 정치적 의무의 정당성을 증명하기 위한 방편이었다. 그러므로 자연상태가 정말 존재했느냐 아니냐는 여기서 다룰 문제가 아니다.

홉스에 따르면, 자연상태에서는 인간에게 평등의 척도가 모호했다. 홉스는 마치 기하학적 증명의 단계를 밟아가듯, 인간 심리에 대한 세 가지 사실을 이어서 제시한다.

우선, 사람들이 가진 신체적 힘과 정신 능력은 서로 비슷하다. 홉스는 이것이 불안한 평등과 마찬가지라고 말한다. 사람은 혼자서든 다른 사람과 일시적으로 연합해서든 누구나가 다른 누군가를 죽일 능력이 있다. '통치 체제'를 가지지 못한 사람은 모두 동일한 위험에 처하며 생명에 대해 같은 종류의 공포심을 공유한다. 따라서 자연상태에 사는 인간 심리의 첫째 구성 요소는 자신 없음, 다시 말하면 공포심이다.

두 번째 구성 요소는 결핍과 경쟁과 관계있다. 홉스는 물자가 부족하지는 않다고 해도 한계가 있으며 인간은 모두 같은 종류의 물건을 필요로 하는 경향이 있다고 말한다. 자연상태에 있는 모든 사람의 자연적인 평등을 가정할 때, 사람은 모두 자신이 원하는 것에 동등한 권리가 있으며 그 문제로 논쟁이 일어났을 경우 이를 확실히 잠재울 방법이 힘 외에는 없다. 홉스에게 인간이란 태어나면서부터 이 세상의 물건을 얻기 위한 일종의 전면 투쟁을 하지 않을 수 없는 존재다.

끝으로, 인간은 명예에 대한 욕망을 타고났다. 이 점은 자연상태의 인간은 나면서부터 평등하다는 점과도 한 맥락이다. 더 잘나거나 더 못난 사람이 없다는데 누군가가 과소평가된다면 그것은 일종의 모욕이 되며, 사람들은 모욕을 감지하는 데는 빠른 법이어서 즉각 화를 내게 되는 결과를 낳는다. 물론 우리 안에는 동료에게 승인을 받고자 하는 욕구나, 아니면 단지 우리를 반대하는 사람들에게 두려움을 일으키고자 하는 욕구도 있다. 그러나 우리는 명예에 대한 욕망이야말로 자연상태에서의 더한 고통의 원인이라고 규정한다.

홉스는 자연상태를 전면적인 전쟁 상황으로 묘사하고 있다. 그러나 그 투쟁은 국가와 국가 사이가 아니라 개인과 개인 사이에서 일어난다. "만인에 대한 만인의 투쟁"이다. 이런 상황에서는 산업이라든지 문화, 항해술, 건축, 학문, 예술, 사회 같은 것은 있을 수 없다. 이런 문명의 만족감이 없다면 인간에게는 공포만이 있을 뿐이다. 또 통치 체제가 없다면 법이 없으므로 법을 어길 일도 없다. 따라서 정의나 옳고 그름, 재산 같은 것도 있을 수 없다. 모든 사람이 모든 물건에 대한 동등한 권리를 지니고 자신을 지키고 보존하는 데 필요한 모든 조치를 취할 동등한 권리를 가진다. 자연상태에서는 삶이 즐겁지 않을 것이다. 그러나 삶이 길지 않을 테니 어느 정도 위안이 되지 않을까? 홉스의 유명한 표현대로라면 자연상태의 삶은 "고독하고 가난하고 불결하고 잔인하며 짧다".

이성이 있는 자라면
자연법에 복종할 것이다

인간의 속성에 대한 홉스의 규정은 이렇게 암울하다. 그러나 한 줄기 희망이 있다면, 그것은 인간이 자연상태를 즐기지 않았으리라는 점이다. 우리 자신의 의지에 맡겨진다면 우리는 끔찍한 존재로 타락할 것이 뻔하다. 그러나 인간이 거기에서 스스로 빠져나오기를 원한다는 점 또한 사실이다. 홉스는 두 가지의 힘, 즉 '정념'과 '이성'이야말로 인간을 자연상태에서 벗어나게 해주었다고 본다. 죽음과 위험에 대한 전면적인 공포, 제대로 갖추어진 모습으로 살고자 하는 욕구, 그리고 마음속 깊이 자리 잡은 삶에 대한 희망이 우리를 평화의 길로 밀어 넣는다. 이는 정념의 작용이다. 이 평화로 향하는 길을 더욱 확고하게 만드는 것이 이성이다. 홉스는 이성의 법칙 또는 명령인 '자연법laws of nature'의 대목록을 작성한다. 이성이 있는 사람이라면 마땅히 이 목록이 구속력이 있다고 생각할 것이다. 첫 번째 법칙은 우리의 본성과 홉스가 묘사한 자연상태의 전반적인 모진 속성 둘 다에서 나온다고 생각된다. 나머지는 우리가 첫째 법칙에 따르는 결과, 즉 첫째 법칙을 인정한다면 반드시 받아들여야만 하는 이성의 명령으로 볼 수 있겠다.

자연의 제1법칙은 다음과 같다.

모든 사람은 평화를 얻으리라는 희망이 있는 한 그것을 갈구해야 한다.

그리고 평화를 얻을 수 없을 때는 전쟁의 모든 유용성과 이점을 찾아내서 이용해도 좋다.

모든 사람은 평화를 갈구해야 한다는 이 법칙의 첫 부분은 사람이 자연상태에 머무르면 위험하고 해를 입는다는 사실에서 비롯된다. 그러므로 이성이 있는 사람이라면 그로부터 벗어나기를 원한다는 말이다. 두 번째 부분은 홉스가 말하는 '자연권natural rights♀의 개요'가 설명되어 있다. 자연권은 모든 개인이 스스로를 방어해야 한다는 보편적 권리다. 그렇다면 평화에 대한 갈구야말로 자연상태에 있는 사람에게 제시된 가장 이성적인 자기 방어 방법이다.

제2법칙은 제1법칙에 필연적으로 따르는 결과다.

모든 사람이 기꺼이 평화와 자기 방어를 위해 필요하다고 생각하는 정도까지 모든 것에 대한 이 권리를 포기하고, 자신에게 반대할 자유를 타인에게 허용하는 만큼 자신도 다른 이에게 반대할 수 있는 자유를 갖는데 만족하고자 한다.

사람들이 서로 투쟁하는 자연상태의 전반적인 상황은 모든 사람에게 보편적 자유, 즉 모든 것에 대한 권리가 있다는 사실을 전제로 한다. 평화를 갈망하는 것이 합리적으로 요구된다고 한다면 이 보편적 권리는 몰수되어야 할 것이다. 그러나 합리성은 우리에게 다른 사람들이 포기하는 만큼만 자신도 포기하면 된다고 한다. 그렇지 않다면 우리는 자연상태에 있을 때 못지않은 희생자가 된다는 것이다.

홉스는 이렇게 사람들이 자신의 권리를 자발적으로 상호 양도하기로 한 것을 일컬어 '계약contract'이라고 했다. 이것이 사회계약이다. 한 사람이 어떤 것을 포기한 채 다른 계약자를 믿고 그 사람의 자유의사로 똑같이 하도록 한다면 그 계약은 '서약covenant'이 된다. 자연법의 제3법칙은 우리는 우리가 맺은 계약과 서약을 준수해야 하며 그렇지 않으면 우리는 자연상태에서 벗어날 수 없을 것이라고 말한다. 뒤따르는 그 외의 자연법들도 우리에게 정의롭고 공정하고 겸손하고 자비롭고, 성서의 가르침과 같이 다른 사람이 우리에게 해주었으면 하는 그대로 다른 사람에게 하라고 가르친다.

마침내 우리가 '원하는' 리바이어던이 탄생하다

지금까지의 홉스의 주장을 읽고서 어떤 생각이 드는가? 자연상태의 투쟁 국면으로부터 우리를 독립시킨 힘이 바로 인간의 이성이었다는 말이 위안이 될 수도 있다. 일단 이성에 통제권이 주어진다는 점에서 불쾌감이 싹 가시니 말이다. 즉 한번 자연법이 우리 앞에 놓이기만 하면 우리는 모든 것에 대해 타고난 권리를 포기하는 데 기꺼이 동의하고 다른 사람들과의 계약을 지키며 행복하고 문명화된 삶을 살아갈 것이라고 생각할 수 있다. 하지만 정작 홉스에게는 그렇지 않다. 우리의 타고난 욕망(예를 들어 편파성이라든지 긍지, 복수심 등등)은 결국에 가서는 정의롭고 겸손하며 황금률을 따르라는 이성의 명령을 앞서기 때문이다. 그러한 욕망을 여전히 지닌 채로 사회계약을 유지할 수 있을까? 우리는 믿어서는 안 되는 존재

자연권
자연법에 의해 인간이 태어나면서부터 가지고 있는 천부인권, 자기보존권, 자기방위권, 자유권, 행복추구권 따위를 말한다. 실정법상의 권리와 대립되는 것으로, 법실증주의자들은 실정법이 바뀌면 인권의 보장 범위도 바뀔 수 있으므로 자연권은 존재하지 않는다고 주장한다.

97

다. 계약이란 그것을 지키지 않았을 때 치러야 하는 대가에 대한 공포심이 있어야 효력을 발휘하는 것이다. 홉스는 이렇게 표현했다.

> 칼이 보장하지 않는 서약은 단순한 말에 불과하다.

홉스는 모든 이들이 자신의 이익을 위해 투쟁하는 자연상태에서 사회계약이 구속력을 발휘하기 위해서는 '칼'의 역할을 하는 '공동의 힘'이 필요하다고 보았다. 이 공동의 힘은 모든 사람이 자신 이외의 다른 사람도 전부 모든 것을 포기한다는 조건하에 자유와 권력과 힘을 한 사람이나 한 집단에 양도한 결과다. 사회계약은 개인적인 권리와 힘을 국가의 원수나 의회 같은 단일한 실체에 자발적으로 서로서로가 양도해야 한다. 홉스의 규정은 무제한적이다.

> 이것이 위대한 '리바이어던Leviathan'의 탄생, 아니 좀더 경건하게 말해서 유한한 생명을 가진 신의 탄생이다. 우리는 이 불멸의 신 아래서 평화와 보호의 은혜를 입고 있다.

홉스의 리바이어던은 이렇게 모든 사람의 권리를 양도받은 강력한 힘이다. 이 리바이어던이 바로 '국가'의 기원이다.

홉스는 이로부터 수많은 이론을 전개한다. 우선, 백성들이 주권자(리바이어던)에게 자신의 권력을 주겠다고 백성들끼리 서로 계약하기 때문에 주권자는 그 계약의 당사자가 아니다. 그렇다면 주권자가 계약을 깨뜨릴 수 있다는 말이 성립되지 않으며 계약상으로 어떤 일을 해야 할 의무가 있다는 말도 성립되지 않는다. 마치 '대가 없는 선물'과도 같다. 주

리바이어던은 『구약성경』 「욥기」와 「시편」, 「이사야서」에 나오는 죽지 않고 영원히 산다는 거대 괴동물이다. 홉스는 국가 유기체를 설명하기 위해 국가를 리바이어던에 비유했다. 아브라함 보스Abraham Bosse, 1602?~1676가 제작한 『리바이이던』의 표지(왼쪽)와 성서에 나오는 '리바이어던의 파괴'를 그린 귀스타브 도레Gustave Doré, 1832~1883의 판화1865.

권자는 백성을 계약에서 해방시킬 일을 할 리가 없다. 왕의 권력은 무조건적이다. 물론 홉스는 이성이 왕에게 배은망덕하게 굴지 말 것을 요구하고 있음을 시사하기도 하며, 백성들에게는 왕에게 권좌를 넘겨주는 게 낫다고 생각할 하등의 이유가 없음을 시사하기도 한다. 하지만 정부의 권력에 대해서는 이런 제약을 거의 두지 않는다.

홉스는 이제 그 계약에 반대하고자 하는 사람은 두 가지 이유로 대중과 함께해야 한다고 말한다. 첫째, 반대자들이 자신이 원했던 대로 일이 잘되지 않을 때 계약을 해지한다고 해도, 뒤늦게 계약에서 이탈한다는 사실은 애초에 이미 그 계약에 암묵적으로 동의했음을 나타낸다. 암묵적 동의의 개념은 소크라테스 때부터 있었다. 소크라테스는 사람들에게 지키기 편한 법뿐 아니라 국가의 모든 법에 복종할 의무가 있다고 했다.

국가의 보호 안에 있음으로써 국가의 통치를 받겠다고 암묵적으로 동의하는 것이기 때문이다. 두 번째, 계약에서 제외되기를 고집하는 반대자들은 자연상태로 돌아가게 될 것이고, 타깃을 찾는 데 혈안이 된 사람들의 아주 확실한 표적이 되어버릴 것이다. 합리적인 사람이라면 반드시 계약에 동의할 수밖에 없다는 것이다.

홉스는 왕이 불공평하거나 자신의 백성에게 해를 끼치는 일은 절대 있을 수 없다고 주장한다. 엄밀하게 말해, 함께 계약을 한 사람들 모두가 같이 그 국가를 만들며 따라서 국가가 행하는 모든 행동은 궁극적으로 '계약'이라고 하는 최초의 행위에 기초를 둔다. 왕은 백성들이 자의에 따라 수락한 계약의 결과로 행동하는 것이기에, 백성은 왕의 행동에 대해 불평할 정당한 이유가 없다.

절대 권력,
과연 타당한가?

이쯤 되면, 홉스가 말하는 정치적 의무는 뭔가 잘못되었다는 생각이 들 것이다. 아마도 홉스에 대한 반론은 홉스가 상정한 리바이어던의 절대적인 속성에 대해서일 것이다. 홉스에 따르면 정부는 부당한 법을 제정하거나 도덕적으로 옳지 않은 일을 '할 리가 없다'. 공정함과 부당함, 옳고 그름은 오직 국가만이 부여할 수 있으며, 리바이어던이 탄생할 때만 실재하기 때문이다. 하지만 우리는 부당한 법률과 도덕적으로 옳지 않은 정부의 관례들을 통해 홉스의 주장과 반대되는 예를 생각할 수 있다. 홉스가 정말로 미국의 시민권 운동은 그 자체로 그르고 부당하다거나, 시민의 불복종은 보편적으로 언제나 옳지 않다거나, 아니면 정부의 전

복은 도덕적으로 절대로 용납될 수 없다거나 하는 견해를 지지했는지 의문이 들 것이다. 정의나 도덕성에는 단순히 국가의 명령보다 한 단계 높은 개념이 존재한다는 입장에서 반대 의견을 개진해 볼 수도 있다.

인간이 자연상태에서 가지는 공포로 인해 우리가 평화를 확보할 수 있고 우리로 하여금 무제한적인 최상의 권위를 가진 리바이어던에게 권한을 주게 만드는 것도 바로 그 공포라는 주장에도 무언가 이상한 점이 있다. 자연상태의 위험보다도 군주의 절대 권력이 더 위험할 수도 있지 않을까? 존 로크John Locke, 1632~1704는 이에 대해 믿을 수 없다는 듯이 다음과 같은 물음을 던졌다.

> 사람들이 족제비나 여우한테 해를 입는 일을 두려워하면서도 사자에게 잡아먹히는 일은 기꺼이 받아들일 정도로, 아니 그것이 안전하다고 생각할 정도로 그렇게 어리석다는 말인가?

문제는 더 근원적인 부분에 있을지 모른다. 바로 홉스의 인간 본성 개념 말이다. 인간은 서로에게 그렇게까지 무시무시한 존재가 아닐 수도 있다. 적어도 서로를 죽이지 못하게 하려고 절대적인 힘이 필요한 정도까지는 아닐 것이다. 홉스가 인간 본성에 대해 잘못 규정한 것이라면, 절대 지배 권력에 대한 그의 요구는 힘을 잃을 수밖에 없다. 홉스는 인간의 본성 중에서도 최악의 것을 강조한 셈인데, 이는 어쩌면 당대의 역사적 사건들이 그의 사고에 지나칠 정도로 악영향을 끼친 것과도 관계 있을 것이다. 홉스는 내란의 공포를 몸소 겪었기에 절대군주제를 포함한 어떤 것도 그 끔찍한 일보다는 낫다고 생각했을 것이다.

홉스의 전제주의적인 결론에 반대하는 입장은 매우 다양하다. 그러나 홉스, 로크, 루소의 자연권 사상은 17~18세기에 일어난 각국의 시민혁명의 사상적 지도 이념이 되었다. 1689년 영국의 권리장전, 1776년 미국 독립선언, 1789년 프랑스 인권선언 등에서 자연권을 천명했으며 이후 모든 입헌국가의 헌법에서 실정법상으로 기본 인권을 보장하는 원동력이 되었다. 예를 들어, 프랑스 인권선언문에는 "누구라도 침범할 수 없는 자연적인 인권", "사람은 나면서부터 자유로우며 평등한 권리를 가진다" 등으로 자연권을 표현하고 있다.

정치적 의무에 대한 오늘날의 담론마저도 홉스의 사회계약 개념 덕을 상당히 보고 있는 상황이다. 어찌 되었든 홉스는 국가의 권위가 신성한 권위에 의존한다는 기존의 견해를 깨뜨렸다. 그 이래로 철학자들은 물론, 실질적으로 한 나라의 의사 결정권을 가진 사람들도 그런 견해를 따랐다. 조금만 생각해 보면 홉스의 정치사상이 미국과 프랑스 혁명 그리고 그 외의 다른 나라의 혁명과 같은 선상에 있다는 것을 알 수 있을 것이다.

철학책 읽기 홉스의 다른 책

📖 철학의 원리

거듭되는 유럽 여행을 통해 갈릴레이를 비롯한 새로운 사상을 가진 이들과 교류하며 과학에 관심을 갖게 된 홉스가 구상하게 된 철학 3부작. 1642년, 1655년, 1658년에 각각 발표된 『시민론』, 『물체론』, 『인간론』이 각각 제3부, 제1부, 제2부에 해당한다. 홉스는 '운동하는 물질이야말로 근본적인 실재'라는 원리로부터 만물의 본질을 연역해 내려 했고, 모든 실재를 물체와 운동만으로 설명하는 유물론적인 입장을 취했다. 홉스의 이런 연역적이고 선험적인 입장은 경험적 귀납법을 옹호하는 이들과의 오랜 논쟁을 불러일으켰다.

📖 비히모스

청교도 혁명을 전후한1640-1660 영국의 내란사를 대화체로 기록한 작품. 장로파와 교황 절대주의자, 도시 상인 등 내란의 7대 세력을 규정한 이 작품은 1666년 완성되었음에도 찰스 2세로부터 출판을 금지당해 홉스 생전에는 빛을 보지 못하고, 사후인 1681년 출간됐다.

The 20 Greatest Philosophy Books

06

로크

인간오성론

An Essay
Concerning
Human
Understanding

1690

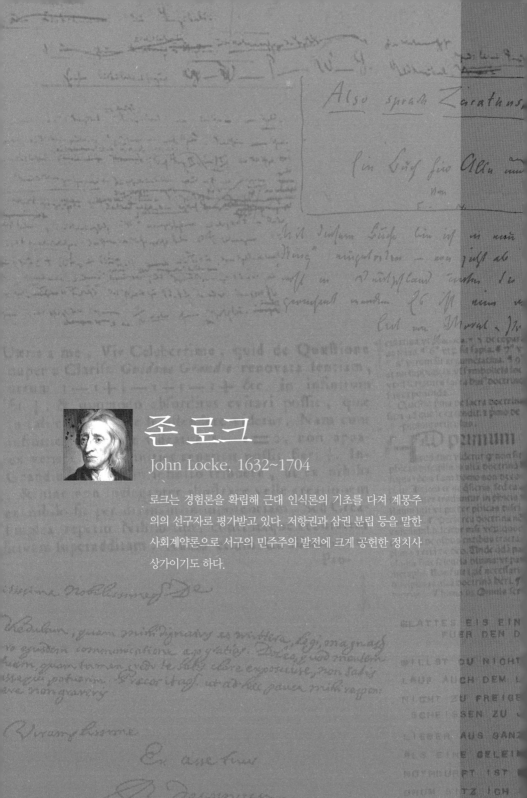

존 로크
John Locke, 1632~1704

로크는 경험론을 확립해 근대 인식론의 기초를 다져 계몽주
의의 선구자로 평가받고 있다. 저항권과 삼권 분립 등을 말한
사회계약론으로 서구의 민주주의 발전에 크게 공헌한 정치사
상가이기도 하다.

1632	출생 (영국 링턴Wrington)
1642	청교도 혁명 발발
1649	찰스 1세 사형, 크롬웰이 영국 통치
1652	옥스퍼드 대학 입학
1658	크롬웰 사망
1660	왕정복고, 찰스 2세 즉위
1665	국외에서 외교관으로 근무
1667	섀프츠베리 백작1st Earl of Shaftesbury, 1621~1683의 가문 주치의가 됨
1675	건강상의 이유로 프랑스에 체류(~1680)
1681	찰스 2세가 의회를 소집하지 않고 통치
1683	네덜란드로 정치 망명
1685	찰스 2세 사망, 가톨릭 신자인 제임스 2세 즉위
1688	명예 혁명 발발
1689	귀국.『관용에 관한 편지A Letter Concerning Toleration』,『통치론Two Treatises of Government』출간
1690	**『인간오성론An Essay Concerning Human Understanding』출간** 📖
1693	『미래를 위한 자녀교육Some Thoughts Concerning Education』출간
1695	『기독교의 합리성The Reasonableness of Christianity』출간
1704	사망 (영국 하이레이버High Laver)
1705	『사도 바울의 서한에 대한 주해A Paraphrase and Notes on the Epistles of St. Paul』(전6권) 출간

로크

인간오성론

몇 사람이 늦게까지 자지 않고 술 한두 잔 하면서 정치와 윤리, 종교의 진리에 대해 논쟁한다. 그러다 보면 다툼이 일어날 수도 있고, 때로는 그 논쟁이 부분적으로는 우리가 알 수 있는 범위가 어디까지인가에 대한 견해가 서로 다르기 때문이라는 사실을 깨닫게 되면서 해소되기도 한다. 보통 사람이라면 그러지 않겠지만, 존 로크는 다른 사람과는 달리 그런 대화를 나눈 뒤로 장장 20년간을 우리의 지식의 근원이 무엇이고, 지식의 범위가 어디까지이고, 지식의 조건이 무엇인지를 기술하는 데 보냈다. 그 결과로 나온 것이 바로 『인간오성론An Essay Concerning Human Understanding』1690이다. 이 책의 출간은 철학을 바꾸어놓았다.

철학을 어떻게 변화시켰을까? 합리론에서는 인간의 지식이 감각 경험에 대조되는 이성이나 이성의 통찰력에 근거한다고 보는데, 『인간오

106

성론』을 계기로 철학이 합리론과 결별 수순을 밟게 된 것이다. 로크 이전의 사상가들에게 가장 큰 영향력을 끼친 철학으로는 이성적 통찰을 강조한 플라톤의 철학을 들 수 있다(물론 합리론의 전통은 소크라테스 이전까지 거슬러 올라갈 수 있다). 플라톤에게 지식은 영구불변하는 것이다. 오늘 참이라고 밝혀진 것은 내일 거짓이 될 수 없는 것이다. 그러나 감각은 변화하는 경험의 세계에 대해 우리에게 '일시적으로 참인' 견해만을 줄 뿐이다. 감각은 우리에게 "비가 오고 있다"라고 가르쳐줄 수 있지만 나중에 비가 오지 않으면 그 문장은 거짓이 될 것이다. 그러나 지식은 영구불변이다. 2 더하기 2는 4라는 것은 날씨 변화와 상관없이 계속 참이다.

플라톤은 만약 우리가 진정으로 안다고 한다면, 그 역할을 하는 것은 이성일 것이라고 주장한다. 우리가 알고자 노력할 때 우리의 감각이 어떠한 역할도 하지 못한다면? 그렇다면 우리가 지금 알고 있는 것을 아는 데 필요한 모든 것을 이미 태어날 때부터 가지고 있었다는 말이 된다. 그런데 아이들은 어른보다 아는 것이 적다. 그럼 아이들은 지식을 많이 갖지 않은 채로 태어난 것일까? 그렇다면 어른은 어떻게 지식을 얻은 것일까? 물론 플라톤도 모든 사람이 동등한 지식을 가지고 있지 않다는 사실을 알았다. 그에 따르면 우리는 태어나기 전에 '개념적 실재의 불변하는 세상을 방문해서' 지식을 얻는다. 예를 들어 우리는 아름다움이 무엇인지 알고 있는데 그것은 우리가 아름다움 그 자체를 이미 보았기 때문이다. 다만 우리는 태어나면서 이런 모든 일을 잊어버릴 뿐이다. 우리는 철학적 탐구를 통해 그 일을, 즉 그 지식을 다시 '상기'해 낸다는 것이다.

'인간은 어떻게 아는가?' 라는 어려운 문제의 해결책으로는 플라톤의

주장이 터무니없어 보일지도 모른다. 하지만 플라톤의 논지를 그대로 적용할 수 있는 면도 있다. 예를 들어, 우리는 살인은 옳지 않다거나, 신은 존재한다거나, 전체는 부분보다 더 크다거나, 자기모순은 참이 아니라거나 하는 사실 등을 어떤 특정한 감각 경험으로 알 수 있을까? 모든 사람이 이런 사실 모두를 혹은 일부라도 알고 있다고 한다면, 그리고 감각은 이것들을 아는 데 전혀 도움이 못 된다고 한다면, 우리는 그런 진리들을 마음에 이미 새겨진 채로 태어난다고 추측할 수 있지 않을까?

그런데 로크는 『인간오성론』을 통해 바로 이런 합리론과 결별하고자 한 것이다. 로크가 합리론에 대해 제일 먼저 공격한 것은 일부 개념은 선천적이라는 주장이다. 로크는 『인간오성론』 제2권에서 이 물음에 답하면서, 그 대안인 경험론의 개념과 근원, 속성을 고찰해 정립한다. 제3권은 단어와 언어에 대한 연구로, 특히 로크의 '실체substance'와 '본질essence'에 대한 연구가 중요하다. 제4권은 지식의 영역과 확실성의 본성을 다룬다.

로크의 사상을 이해하려면 마음을 단단히 먹어야 한다. 감각과 반성의 개념 사이의 구별, 단순한 개념과 복합적인 개념의 차이, 일차적인 성질과 이차적인 성질, 확실성을 등급에 따라 나눴을 때 그 등급들 간의 차이 등등 '구별'이 상당히 많이 나오기 때문이다. 이런 많은 구별은 로크의 글과 사고에서만 볼 수 있는 특징이다. 하지만 이런 구별을 파악하는 일은 충분한 가치가 있다. 철학의 큰 덩어리를 이해하는 길에 들어서는 일이기 때문이다.

로크의 작업에는 전반적인 목표가 두 가지 있다. 우선, 로크는 우리가 윤리나 정치에 대해 논하느라 밤을 새우기 전에 먼저 "우리 자신의 능력을 살펴보고 우리의 이해력이 어떤 대상을 다루기에 적합한지를 알아야" 한다고 말한다. 로크는 데카르트가 말하는 '제1철학'을 하고 있다. 바로 인식론을 철학적 탐구의 중심에 놓는 일이다. 우리가 무엇을 알 수 있는 능력이 있는지 판정하는 일은 우리의 관심을 적절하게 통제하게 해준다. 즉 우리의 능력이 유용하게 쓰일 수 있는 곳에는 집중할 수 있게 하고, 우리가 이해할 만한 여지가 없을 때는 조용히 쉴 수 있게 한다. 두 번째로, 로크는 아이작 뉴턴Isaac Newton, 1642~1727과 로버트 보일Robert Boyle, 1627~1691과 같은 동시대인들의 경험론적 방법이라는 철학적 토대를 지지한다. 수사학적인 미사여구를 동원해 로크는 "지식으로 가는 길에, 바닥을 조금 청소하고 쓰레기를 치워버리겠다"라고 공언한다.

관념은 본유가 아니라
경험에서 온다

철학을 정리하겠다는 로크에게 있어, 제일 먼저 치워야 할 것은 본유관념本有觀念 ♀ 이론이다. 로크에 의하면, 본유관념 이론의 옹호자들이 보편적으로 승인하는 하나의 논거가 있다. 합리론자들은 모든 인식은 생득적이라고 주장하는 대표적인 본유관념 옹호자들로, 모든 사람이 동의하는 원칙이 존재함을 언급한다. 예를 들어, "있는 것은 있다"라든지 "하나의 존재가

: 본유관념

감각이나 경험에 의한 관념(습득관념)이 아니라 태어나면서부터 인간의 마음속에 가지고 있는 선천적 관념을 말한다. '생득관념'이라고도 한다. 이러한 관념의 존재를 주장한 철학자로는 데카르트가 대표적이다.

있으면서 동시에 있지 않을 수는 없다"와 같은 원칙에는 모든 사람이 보편적으로 동의한다. 합리론자들은 이렇게 보편적으로 승인받는다는 것은 그런 원칙이나 생각이 본유적이라는 사실을 설명해 준다고 주장한다.

로크는 이에 대해 두 부분에 걸쳐 단호하게 대응한다. 우선 보편적인 동의가 있다고 해서 문제의 그 관념들이 본유적이라는 사실을 입증할 순 없다고 주장한다. 모든 사람 아니 거의 모든 사람이 인정하는 원칙이 있다고 해도 본유관념이 실재한다는 설명이 아닌 다른 설명이 있을 수도 있다는 것이다(로크는 『인간오성론』의 다른 부분에서 보편적인 동의를 경험론적인 시각에서 설명할 수도 있다고 말한다). 두 번째 대응이 더 중요할 수도 있는데, 로크는 모든 사람이 동의하는 그런 원칙이란 실제로 없다고 주장한다. 예를 들어, "아이들과 바보들"은 문제의 그런 원칙에 동의하기는커녕 이해조차 하지 못한다는 것이다.

로크의 말이 설득력이 있다고 생각되든 안 되든, 어쨌든 합리론에 반대하는 본격적인 작업은 『인간오성론』의 제2권에서 시작된다. 여기서 로크는 자신이 생각하는 합리론의 대안을 개괄적으로 기술한다. 로크는 '관념idea'을 "사람이 생각할 때 그 오성悟性♣의 '대상'이 되는 모든 것"이라고 정의하면서 경험론적인 견해를 전개하기 시작한다. 본유관념이란 없다는 로크의 주장이 옳다고 가정해 보자. 즉 인간의 정신은 태어날 때 백지 상태(타불라 라사tabula rāsa♣)라고 해보자. 그렇다면 우리의 관념은 어디에서 오는가? 로크에 따르면 관념은 '경험'에서 온다.

로크는 경험에는 두 가지 종류가 있다고 한다. 우리의 눈과 귀, 코, 손가락, 혀가 물리적인 대상에 영향을 받을 때 우리의 정신은 감각 대상의 관념들을 갖추게 된다. 우리의 정신이 감각에서 얻은 관념을 깊이 반성reflection할 때, 즉 생각하고 의심하고 믿고 추론하고 알고 의도하는 등의

110

활동을 할 때, 우리가 이런 활동을 경험할 때, 우리의 정신은 반성의 관념을 가지게 된다. 모든 관념은 예외 없이 이 두 가지 경험에서 온다는 것이다. 감지할 수 있는 대상과의 만남은 오성에 감각의 관념을 제공하며 정신 작용의 고찰은 오성에 반성의 관념을 제공한다.

로크는 관념의 근원에 대한 주장을 뒷받침하는 증거는 제시하지 않고 있다. 그래도 몇 가지 생각해 볼 점을 던져준다. 우선 로크는 우리 자신에게 축적된 관념을 분석해 보라고 제안한다. 그 과정에서 감각이나 반성에서 나오지 않은 관념이 있는지 지적해 보라는 것이다. 또한 '아이들 문제'를 다시 언급하면서, 아이들이 학습하는 방식을 보면 본유관념 이론보다는 경험적 이론이 훨씬 더 잘 맞는다고 주장한다. 아이들은 이해력이라고는 거의 없이 태어나는데도, 결국에 가서는 이해하게 되는 것은 바로 경험의 효과라는 것이다.

로크는 사람들이 서로 다른 관념을 가지고 있으며, 이것은 각자가 겪는 대상에 따라 다른 것 같다고 말한다. 우리가 시계에 관심을 크게 가져본 적이 없고 그 부품을 검사해 본 적이 없다면 시계에 대해 많이 알지 못할 것이다. 우리 머릿속의 관념은 경험이 풍부한 시계 수리공 머릿속의 관념과는 많은 차이가 있을 것이 분명하다. 이런 모든 것이 우리를 경험론 쪽으로 민다는 것, 로크는 이를 확신하고 있다.

: **오성**
인간의 인식 능력, 사고 능력을 말한다. 감성에 대비되는 인간의 정신 활동이라는 점에서 이성과 같은 의미로 사용되지만, 오성은 직관적인 인식 능력이 아닌 추리적 사고에 의한 인식 능력이다. 서구의 시대적 철학 경향에 따라, 오성과 이성의 지위에 변동이 있었는데, 이마누엘 칸트Immanuel Kant, 1724~1804 이전에는 오성이 이성보다 고차원적인 인식 능력으로 여겨졌으나, 칸트 이후로는 이성의 하위에 위치하는 판단 능력으로 고정되었다. 칸트는 오성은 주관이 선천적으로 가지고 있는 형식인 데 반해, 이성은 우주나 영혼, 신과 같이 초경험적인 대상을 사유하는 능력으로 보았다. 이런 이유로, 칸트 이전에 나온 로크의 『인간오성론』을 『인간지성론』으로 번역하는 경향도 있다.

: **타불라 라사**
'비어 있는 서판'이라는 뜻의 라틴어로, 흔히 '아무것도 쓰여 있지 않은 흰 종이'를 뜻하는 표현으로 쓴다. 일체의 경험이 있기 전의 인간의 마음은 백지와 같다는 뜻에서 사용되었다.

111

대상의 속성에 대한 관념이
우리에게 인식을 제공한다

로크는 일단 관념이 경험에서 온다는 명제가 정립되고 나면 그다음 할 일은 관념 자체의 본성을 자세히 살펴보는 것이라고 말한다. 로크는 모든 관념은 일반적으로 두 가지 종류라고 말한다. 바로 단순 관념과 복합 관념이다. 단순 관념은 정신 안에 있는 하나의 일정불변한 모양이나 개념이며 다른 관념으로 분류할 수 없다. 복합 관념은 이러한 단순 관념들이 복합적으로 구성된 것이다. 따라서 단순 관념은 더 이상 나눌 수 없으므로 '부분'을 가지지 않지만, 복합 관념은 단순 관념으로 구성된 각 부분들로 이루어진다. 예를 들어 우리가 장미를 느끼는 것은 복합적이다(장미를 관찰할 때 우리는 복합적인 여러 개의 감각적 관념을 경험한다). 붉음, 특유의 향, 꽃잎의 느낌 등등의 단순 관념을 분리해 낼 수 있다. 그리고 이런 단순 관념 하나하나는 더 이상의 단순 관념으로 나눌 수 없다(장미의 향기는 전체를 이루는 부분이라는 것이 없다).

단순 관념에는 중요한 속성이 하나 더 있다. 정신에 의해 만들어지거나 파괴될 수 없다는 점이다. 한번 단순 관념이 정신에 새겨지고 나면, 정신은 단순 관념을 재창조하거나 상상 속으로 불러내 비교하는 능력을 갖게 되며, 심지어는 여러 단순 관념을 새로운 방법으로 결합해 새로운 복합 관념을 만들어내기도 한다. 정신은 단순 관념을 일으킨 대상을 경험하지 않고 그 단순 관념을 만들어내는 일은 할 수 없다. 술에 취한 상태의 고유한 성질을 경험한 적이 없으면 술 취한 상태의 관념을 알 수 없다. 그 정도가 되도록 술을 마셔보는 수밖에 없는 것이다.

그렇다면 우리의 관념과 이 세계 안에 있는 대상의 고유한 성질 사이에는 어떤 관계가 있는가? 로크는 하나의 대상이 우리에게 인식을 제공하는 힘을 그 대상의 '속성quality'이라고 했다. 그리고 이 속성을 일차적인 것과 이차적인 것으로 구분했다. 일차적인 속성은 문제가 된 대상에게 어떤 일이 일어나든 대상 그 자체와 "절대 분리될 수 없다". 종이를 예를 들어보자. 종이의 성질에는 굳기와 모양, 공간을 차지하는 성질, 이동성과 수가 있다. 종이를 반으로 찢거나 수천 조각을 내도 조각들 그 자체는 아

:: 『인간오성론』의 제4판 표지

직도 처음과 동일한 속성을 가진다. 따라서 우리가 일차적인 속성을 가진 관념을 가질 때 그 관념은 우리가 경험하고 있는 대상의 고유한 성질과 아주 비슷하다.

그런데 이차적인 속성은 "대상 그 자체에 있지는 않지만, 대상의 일차 속성에 의해 우리 안에 다양한 감각을 제공하는 동력"이다. 로크가 이차적인 속성으로 드는 것은 색과 소리, 맛 등이다. 우리 집 창문으로 벽돌담을 볼 수 있다고 해보자. 벽돌담은 실제로 견고함의 속성이 있다. 그러나 그 얼룩덜룩한 색은 담 안에 실제로 존재하는 것이 아니다. 이차적인 모든 속성과 마찬가지로 색깔은 우리의 감각 기관에 의존한다. 반면 견고성은 그렇지 않다. 로크는 세상에서 지각이 가능한 사람을 모두 없애 버리면 이차적인 속성도 같이 사라지지만 (즉 모든 사람에게 시력이 없다면 색이라는 속성은 사라지지만) 일차적인 속성은 여전히 존속한다고 주장한다.

인간의 지식은
관념의 한계 안에 있다

로크가 이 관념의 본성에 대한 고찰만을 근거로 해서 도달한 결론은 수 없이 많다. 로크는 관념은 물질세계에 기초를 두고 있을 때 실재한다고 주장한다. 관념에 대한 로크의 단순한 설명을 참이라고 가정한다면, 모든 단순 관념이 실재한다는 것이 옳은 말이 된다. 관념은 정신에 의해 만들어지지 못하므로 관념은 이 세상 자체에서만 와야 하는 것이다. 이를 일부라도 증명해 볼 수 있을까? 지금까지 존재하지 않았던, 완전히 새로운 원색을 한번 상상해 보자. 상상할 수 있는가?

그러나 어떤 관념이 실재한다고 말하는 것은 그 관념이 대상의 속성을 적절히 표현하고 있다는 뜻은 아니다. 일부 개념, 즉 이차적 속성의 관념은 로크의 의미로는 진실일지 몰라도 그 관념을 만들어내는 대상 안에 실제로 존재하는 것이 아니다. 그러므로 그 관념들은 세상의 어떤 것도 표현하지 못한다. 그러나 일차적인 속성을 가진 단순 관념은 실제로 대상 안에 있는 속성을 표현한다. 이것이 바로 로크가 주장하는 것이다.

하지만 로크의 이런 생각은 여러 사람을 고민에 빠뜨렸다. 조지 버클리George Berkeley, 1685~1753와 데이비드 흄David Hume, 1711~1776이 대표적이다. 버클리와 흄은 일차적인 속성을 가진 관념이 이 세상 사물의 고유한 성질을 표현하는지를 로크가 어떻게 알 수 있느냐 하는 문제로 고민했다. 로크가 인간 오성의 대상은 '관념'이지 물리적인 대상이 아니라고 주장했다는 사실에 주목해야 한다. 로크의 시각에서 볼 때, 우리는 단지 관념을 직접 인식함으로써 물리적 대상에 대해 간접적으로 알 뿐이다. 그렇다면 대상의 '속성에 대한 관념'을 대상 '자체의 속성'과 비교할 수 있는 방법이 없는 것 같다. 이렇게 되면 우리는 관념이라고 하는 정신적인 감옥에 갇혀버리는 셈이다. 경험론의 이런 점을 정말로 심각하게 받아들이게 되면 끝내 회의론으로 빠져들 수도 있다(이 문제는 로크 이후의 경험론 철학자들을 살피면서 다뤄볼 것이다). 그렇지만 로크는 회의론에 굴복하지 않는다. 적어도 일반적인 회의론에는 말이다. 로크는 우리가 알 수 있는 지식의 양은 삶이라는 우리의 본업을 수행하는 데는 충분하다고 주장한다. 로크에 따르면, 관념이 인간 오성의 유일한 대상이기 때문에 지식은 "바로 우리 관념들의 관계와 일치성을 인지하는 것 또는 불일치와 부조화를 인지하는 것"이다. 이런 일치나 불일치에는 그림과 같은 네 가지 면이 있다.

우리는 ①관념이 같은지 다른지, ②관념이 관계가 있는지, ③언제나 함께 존재하는지, 아니면 ④정신 외부에 존재하는 것에 부합하는지를 알고 있다.

동질성과 이질성을 생각해 보자. 로크는 우리가 어떤 관념을 인지할 때, 문제의 관념은 그 관념 자체라는 일종의 날지식(가공하지 않은 있는 그대로의 지식)과, 또한 그 관념은 그 외의 다른 것이 아니라는 (앞의 지식에 대응하는 다른 날지식)이 있다고 주장한다. 우리는 흰색은 흰색이며(동질성) 흰색은 검정색이 아니라는(이질성) 것을 알고 있다. 이런 분명한 인식이 없다면 우리는 다른 관념들 간의 차이점을 말할 수 없으며, 한 관념이 또다시 등장해도 그 관념이 우리가 알던 관념인지 알아차릴 수 없을 것이다. 그렇다면 이는 로크가 본유관념을 인정하는 합리론의 손을 들어주었다는 뜻일까? 절대 그렇지 않다. 로크는 우리가 보편적 본유 원칙에 의지하지 않고 개별 관념 안에서 동질성과 이질성을 인식한다고 주장하고 있다. 로크에 따르면, 동질성과 이질성은 그 자체로 확실한 있는 그대로의 사실이므로, 그보다 더 확실하게 해줄 수 있는 원칙은 따로 없다. 본유적인 원칙이 필요하지 않다는 것이다.

로크는 지식의 본성은 일치 또는 불일치라는 자신의 주장을 전제로, 지식에는 직관적 지식, 논증적 지식, 감각적 지식 이렇게 세 가지가 있다고 주장한다. 직관적 지식(예를 들어, '흰색은 흰색'이라는 지식)은 지식 중에서 가장 확실한 종류다. 논증적 지식(수학적인 증명의 맨 마지막에 오는 지식처럼 논증을 거쳐 결과로서 나온 지식)은 그보다는 덜 확실하다. 우리의 마음은 직관적 지식의 경우와는 다르게, 두 관념 사이의 일치를 즉각 파악하지 못할 수도 있다. 이럴 때, 우리는 직관을 중재하는 논증을 통해 관념 사이의 관계를 볼 수 있게 된다. 그보다는 덜 확실하지만 지식의 한 종류로 감각적 지식이 있다(예를 들어, '이 연필은 존재한다'와 같은 지식). 해가 지는 것을 보는 것과 마음속에 그것을 단지 그려보는 것, 그리고 불 속에 있는 것과 불 속에 있는 것을 생각하는 일과는 차이가 있다. 로크는 일부 대상의 실재성을 의심할 수 없게 하는 일종의 감각적 증거가 있다고 한다. 거기에는 직관이나 논증에 있는 확실성은 없지만 그래도 여전히 감각은 단순한 개연성 이상을 제공한다.

이 모든 것은 일련의 결론으로 모아진다. 바로 인간 인식의 영역과 제한에 대한 것이다. 그리고 우리는 이 세계에 있는 사물을 단지 희미하게밖에 파악할 수 없는 존재가 된다. 우리 오성의 직접적인 대상은 관념이기 때문에 지식은 관념의 한계 안에 있는 것이다. 사실상 우리가 관념들끼리 서로 갖는 상호 관계를 전부 알 수는 없기 때문에 우리의 지식은 우리 관념의 한계까지도 갈 수 없는 실정이다. 어쨌든 로크에게 우리의 관념은 이 세계를 바라보는 불완전한 창이다. 관념은 대상의 일차적 속성의 표상이지만 이차적 속성을 가진 관념은 대상 자체에 있지 않다. 대상이 이차적인 속성을 일으키는 원인 역시 우리는 알 수 없다. 더 나아가 우리가 관념들이 언제나 공존한다거나 필연적인 관계를 가진다는 사실을 파악할 수 있음에도 그렇게 되는 이유는 우리에게 결코 드러나지 않을 것이다. 로크에 따르면, 우리는 실재하는 존재와 사물의 본질을 이해할 수 없게 단절되어 있으며, 이는 물리적인 대상을 탐구하는 과학의 발전을 저해하는 요소다. 우리는 자신의 실재성에 대한 직관적 지식, '신은 존재한다'와 같은 논증적 지식 그리고 이 세계에는 사물이 있다는 감각에 의한 지식이 있다. 그러나 그런 사물에 대한 지식을 완전히 분명하게 만드는 일은 우리 지식의 범위를 넘어선다.

감각에 의한 경험이 일종의 지식을 만들어낸다는 로크의 주장이 불완전하다고 느낄 수 있다. 예컨대 우리 모두가 해넘이와 불의 관념을 가지고 있다고 하자. 그런데 우리는 어떻게 해가 지는 것이나 불이 정말로 있는지 알 수 있는가? 또한 고트프리트 라이프니츠Gottfried W. Leibniz, 1646~1716처럼 본유관념 없이도 이런 것들을 정말 알 수 있는지 의심할 수도 있다. 경험이 우리에게 제시하는 예들은 기껏해야 개별적인 진리일 뿐인데, 우리는 마치 보편적인 진리를 알고 있는 것처럼 여기지 않는가! 우리의 감각은 우리가 본 달팽이가 모두 양상추를 먹는다는 사실을 알려준다. 그러나 모든 달팽이가 양상추를 먹는다는 결론을 알려주는 것은 무엇인가? 개별적인 진리에서 보편적인 진

: 라이프니츠의 로크 반박

독일의 철학자이자 수학자, 자연과학자였던 라이프니츠는 『인간오성론』을 조목조목 비판한 『신인간오성론 Nouveaux essais sur l'entendement humain』1764을 낼 정도로 로크의 경험론을 비판하면서 본유관념을 역설했다. '타불라 라사'라는 표현도 『신인간오성론』에서 라이프니츠가 로크를 비판하는 과정에서 쓴 말이다.

리로 나아가게 해주는 본유관념이라는 것이 있어야 하지 않을까? 로크의 『인간오성론』은 이런 문제 제기를 받았고, 로크 뒤의 철학자들도 이런 의문에 사로잡히게 된다. 그럼에도 철학은 이의 없이 로크의 경험론을 채택했다. 그 의문점까지 모두 말이다.

로크의 다른 책

📖 통치론

로크의 유명한 사회계약론을 담고 있는 책. 두 개의 논문으로 구성되어 있다. 첫 논문은 왕권신수설을 옹호한 로버트 필머Robert Filmer, 1589?~1653의 『가부장론 Patriarcha』1680을 반박한 것이며, 사회계약론은 두 번째 논문에서 다루고 있다. 홉스와 대비해 보건대, 로크의 사회계약론의 특징은 '재산권'과 '저항권'에 있다. 즉 사회계약하에서 정부는 개인의 생명뿐 아니라 사유재산도 보호해야 하며, 정부가 이런 전제 조건을 무시하게 될 경우 국민은 정부에 저항할 수 있는 권리가 있다는 것이다. 로크는 또한 입법권과 집행권, 연합권의 삼권 분립을 주장했는데, 집행권과 연합권의 경계가 다소 불분명해 실질적으로는 이권 분립에 해당하며, 여러 면에서 오늘날의 삼권 분립과는 많은 차이가 있다.

📖 미래를 위한 자녀교육

로크의 교육론이 담긴 책. 귀족이었던 한 친구로부터 자녀 양육에 대한 충고를 해달라는 부탁을 받아 쓰게 된 편지들에서 비롯되었으나, 여성이나 하층민들에게도 교육을 허용하는 로크의 원칙에 힘입어 사회적으로 폭넓은 지지를 받게 되었다. 로크는 좋은 정신 교육이란 건강한 육체로부터 나온다고 했다. 그러기 위해서는 운동과 놀이 또한 장려해야 하고 수면도 충분히 취할 수 있게 해야 한다고 주장했으며, 교육자는 아이들에게 지식을 주입시키기 이전에 덕성을 불어넣어야 한다고 했다.

The 20 Greatest Philosophy Books

07

버클리

인간 지식의
원리론

A Treatise
Concerning
the Principles of
Human Knowledge

1709

조지 버클리
George Berkeley, 1685~1753

17~18세기 영국·아일랜드의 고전경험론을 대표하는 철학자
이자 성직자인 버클리는 정신적인 것을 제외한 모든 것은 감
각에 의해 지각되는 경우에만 존재한다는 극단적인 관념론을
주장했다. 종국에는 당대의 유물론, 무신론, 이신론 등에 대
응해 기독교를 변호하는 방향으로 나아갔다.

1685	출생 (아일랜드 킬케니Kilkenny)
1704	더블린의 트리니티 칼리지Trinity College 졸업
1709	『인간 지식의 원리론』 📖 『신시각론An Essay towards a New Theory of Vision』 출간
1710	사제 서품
1712	『절대복종A Discource on Passive Obedience』 출간
1713	『하일라스와 필로누스가 나눈 대화 세 마당Three Dialogues between Hylas and Philonous』 출간
	시칠리아에 교회 사절로 파견(~1714)
1716	이탈리아 체류(~1720)
1721	『운동에 관하여De motu』 출간
1728	결혼 후 영국령 아메리카의 로드아일랜드 뉴포트에 정착
1731	런던으로 돌아옴
1732	『알키프론, 세심한 철학자Alciphron; or, The Minute Philosopher』 출간
1733	아일랜드 클로인의 주교로 임명됨
1734	『해석학자The Analyst』 출간
1735	『질문자The Querist』 출간 시작(~1737)
1744	『사이리스Siris』 출간
1753	사망 (영국 옥스퍼드)

버클리

인간 지식의
원리론

철학은 과학적 실험에 근거하지 않고 안락의자에 편안히 앉아 하는 학문이라고 말하는 자 누구인가? 지금 당장 집에서 해볼 수 있는 철학 실험을 하나 제시하겠다. 이것은 외양과 실체는 다르다는 철학적 명제를 증명해 보이는 실험이다. 우선, 물건 하나를 정해 시선을 고정시키자. 그런 다음 자신의 한쪽 눈꺼풀을 손가락으로 쑥 밀어 넣어 사물이 두 개로 보이게 해본다. 여기서, 정확하게 무엇이 사물을 두 개로 만든 것인가? 손가락으로 눈꺼풀을 밀어 넣은 행동이 물리적인 대상을 두 개로 만든 것이라고 대답하겠는가? 아니면 그 대상이 실제로는 두 개가 되지는 않았다고 말할 수도 있다. 두 개가 된 것은 정신적인 이미지, 즉 그 대상의 표상^{representation}이다. 우리 머릿속에 있는 관념이 두 개가 되었지 실제로 있는 것은 변화하지 않았다.

이 말에 공감한다면 이제 심적 표상과 이 세상에 있는 사물 사이의 괸계가 궁금해지기 시작할 것이다(그런가?). 우리가 직접 접촉하는 것은 정신적 표상이다(물론 로크라면 이것을 인간 오성의 대상이라고 했을 것이다). 우리가 이 세상의 사물을 인식할 때는 이 정신적 표상을 통해 간접적으로만 인식할 뿐이다. 군이 회의론자가 아니라도, 우리의 심적 표상이 이 세상의 사물을 실제로 표현하는 것인지 어떻게 알 수 있나에 대해 의문이 생길 것이다. 눈앞에 양배추가 하나 있다. 그것을 바라볼 때 우리는 직접 정신적 표상을 인식한다. 하지만 우리의 정신적 표상이 정말로 실재하고 있는 양배추의 존재를 그대로 표현하고 있는지 어떻게 알 수 있을까? 우린 우리 머릿속에서 나와서 표상과 양배추 자체를 비교해 볼 수 없다. 우리가 연구할 수 있는 대상은 우리 머릿속의 표상뿐이다. 좀더 나아가, 어떻게 나의 존재 밖에 양배추가 실제 존재하는지 알 수 있을까?

회의론에 바탕을 둔 이런 답변은 상당히 많다. 하지만 그중 가장 놀라운 답변은 바로 조지 버클리의 『인간 지식의 원리론A Treatise Concerning the Principles of Human Knowledge』1710에 있다. 버클리의 세계에는 회의론이 들어설 자리가 없다. 우리 머리 밖에 있는 물리적 사물과 관계된 정신적 표상에는 의문의 여지가 없기 때문이다. 그 점을 강조하고자 버클리는 우리 정신과 그 안에 있는 관념만이 존재한다고 주장한다.

버클리는 두 가지 방법으로 이 주장을 옹호한다. 우선 회의론을 논박하고 상식을 방어하는 방법이다. 버클리는 외부의 대상에 회의가 생기는 것은 우리가 경험한 사물의 고유한 성질과, 경험과는 별개인 그 대상 자체 사이의 차이점을 인정할 때라고 주장한다. 버클리는 철학자들이 우리의 경험에 힘을 실어주는 어떤 물질적 실체가 존재한다는 견해에 동의할 때(물론 그 실체가 무엇인지는 모르지만) 거기서 비롯되는 혼란에서 결국 회의론이 생겨난다고 주장한다. 버클리의 표현을 빌리자면, "우리가 처음 먼지를 일으켜놓고는 앞이 보이지 않는다고 불평"한다는 것이다. 버클리는 그 먼지를, 즉 물리적 실체 또는 물질에 대한 생각을 부분적으로나마 제거하는 방식으로 우리를 명료한 사고로 이끌고자 한다. 두 번째, 버클리는 물질주의에 반대한다. 그는 물질주의 안에는 무신론이 내재한다고 생각한다. 이것은 여러 사물의 중심에 신을 놓음으로써 어떤 의미에서는 종교와 윤리가 다시 설 수 있는 기초를 제공하려는 버클리의 노력으로 볼 수도 있다.

이 책은 버클리가 살아 있는 동안에는 세상에서 거의 무시됐다. 그나마 읽어본 사람 중에도, 이 책을 철학적 연구가 자신의 영역을 넘어서는 월권을 저지른 하나의 어리석은 예로 보는 경우가 많았다.

버클리는 『하일라스와 필로누스가 나눈 대화 세 마당Three Dialogues Between Hylas and Philonous』1713♀에서 다시 한 번 자신의 주장을 펼친다. 제목에서 보듯 대화 형식을 띤 이 책에서 버클리는 자신에 대한 반론 중 가장 명백한 견해를 다루면서 독자를 논의의 처음부터 끝까지 참을성 있게 안내한다. 이 책도 역시 당대에는 중요하게 여겨지지 않았다. 그러나 버클리의 이 저서 두 권에는 여러 가지 장점이 있다. 무엇보다도, 명쾌하고 매력적인 문체는 『인간 지식의 원리론』을 훌륭하게 구성해 읽기 쉽게 만들었다.

존재하는 것은
지각되는 것이다

버클리는 추상적인 관념을 고찰하기 시작해 관념과 정신에 대한 명료한 주장을 세 가지 제시한다.

① 인간 지식의 대상은 관념들이다.

② 관념을 지각하는 능동적인 존재는 마음, 정신, 영혼 또는 바로 우리
  자신이다.

③ 관념의 실재성은 지각됨에 있다.

첫 번째 주장을 살펴보자. 버클리는 관념을 세 가지 종류로 나눌 수 있다고 한다. 감각적 경험을 통해서 정신에 각인되는 관념, 자기 성찰적으로 정신의 활동과 열정을 알아차림으로써 형성되는 관념, 기억력이나 상상력으로 상기되는 관념이다.

두 번째 주장은, 관념이 있으면 "그 관념을 알고 있거나 지각하며 관념을 의도하고 상상하고 기억하는" 존재가 있음을 말하고 있다.

세 번째 주장은 잠시 생각해 볼 만하다. 관념은 그것을 인지하는 정신 안에서만 존재할 수 있다. 지금 내 앞에 커피가 놓여 있다. 커피에는 특유의 냄새와 쓴맛, 밤색, 점차 식어가는 온기 등등이 있다. 냄새는 누군가 맡지 않고는 존재할 수 없다. 맛도 누군가 맛을 보지 않고는 존재할 수 없고 색은 누군가 봐야만 존재하며 온기는 느껴질 때만 존재한다고 말할 수 있다. 냄새와 맛 같은 것은 냄새를 맡고 맛을 보는 사람, 즉 그것을 지각할 정신이 필요하다. 버클리의 주관적 관념론을 나타내는 명제가 있다. "에세 에스트 페르키피esse est percipi ✿", 즉 관념에 대해서도 버클리에겐 "있다는 것은 지각되는 것"인 것이다. 관념의 실재성은 온전히 지각자에게 달려 있는 것이다.

색과 모양, 소리 같은 감각적 관념은 "지각되어 공존" 한다. 빨간색, 단맛, 고유한 냄새, 둥근 모양, 사각거리는 소

∷「하일라스와 필로누스가 나눈 대화 세 마당」
「인간 지식의 원리론」의 주요 논증을 보강한 책. 대화 형식을 취하고 전문 용어를 피해 평이하게 쓰였다. 하일라스는 유물론자로, 필로누스는 비유물론자로 암시된다. 필로누스의 언변을 통해, 「인간 지식의 원리론」에 이어 비유물론을 외치는 버클리의 목소리를 들을 수 있다.

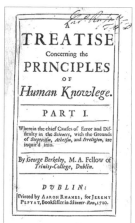

리는 우리가 '사과'라고 부르는 감각적 관념의 정규적인 집합 안에 공존하는 것이다. 정신은 쉽게 이런 집합을 하나의 사물로 생각한다. 그러나 철학자들은 한 발 더 나아가 그 사물은 지각하는 정신의 밖에 존재한다고 가정한다. 버클리는 이 마지막 한 걸음에 이의를 다는 것이다.

버클리는 사과가 지각되지 않아도 존재한다는 주장은 명백한 모순이라고 말한다. 우리가 감각으로 지각한 것 이외에 무엇이 물체란 말인가? 또한 우리는 '자신의 관념이나 감각을 제외한다면' 무엇을 지각할 수 있는가? 그러면 이 중 어떤 관념이나 어떤 감각이든, 아니 이들의 어떤 조합이든 지각되지 않아도 존재한다는 것은 명백한 모순이 아닌가? 사과, 커피, 책상, 벽, 카펫 등등 우리가 현재 인지하고 있는 모든 것은 맛과, 냄새, 모습, 소리, 느낌의 집합이다. 그런 사물들은 지각하는 정신 안에서만 존재할 수 있다. 누가 맛보지 않는 한 이 커피의 맛이 어떻게 존재할 수 있겠는가! 맛보지 않아도 맛이 존재할 수 있다고 가정하는 것은 스스로를 모순에 빠뜨리는 일이다. 그 말은 지각 대상이 지각되지 않고도 존재할 수 있다고 가정하는 것이다. 버클리가 보기에 이는 전혀 말이 되지 않는다.

로크의 구분은
잘못되었다

여기서 무언가 상당히 잘못되었다는 생각이 들 수도 있다. 물론 지각이란 지각되지 않으면 존재할 수가 없다. 그러나 지각이란 존재하는 실제 사물의 지각이며 그 사물은 우리가 인지하든 말든 존재한다. 우리의 지각은 분명 우리 머릿속에 있다. 그러나 우리의 지각이 표상하는 이 세계의 사물은 정신과는 별개로 존재할 수 있고 또한 존재한다. 지각이 지각되지 않아도 존재하는 사물을 표상한다는 사실을 가정하는 데는 명백한 모순이랄 게 없다. 당시 새뮤얼 존슨Samuel Johnson, 1696~1772♟은 재미 삼아 돌멩이를 차며 "나는 이렇게 그를 반박한다"라고 했다는 이야기도 있다.

　이런 반박은 표상적 실재론의 한 변형이다. 표상적 실재론에 따르면, 내적 표상은 어딘가 모르게 물리적 대상과 비슷하다. 머릿속에 '카메론'이라는 이름의 한 마리 말을 떠올린다고 치자. 그 말의 형상에는 말 냄새, 소리 등등의 고유한 성질이 있다. 정신의 바깥인

: **에세 에스트 페르키피**
"있다는 것은 지각되는 것이다"라는 라틴어. 버클리의 '주관적 관념론'을 한마디로 표현한 명제. 어떤 대상이 '존재한다'는 것은 그 대상이 '지각된다'는 것을 의미하는 것으로, 물질적인 실체는 전혀 존재하지 않고 그 존재를 인식하는 인간의 정신과 그 정신의 소유인 관념만이 존재한다는 것이다.

: **새뮤얼 존슨**
미국(당시 영국령 아메리카 식민지)의 성직자, 현 컬럼비아 대학의 전신인 킹스 칼리지의 초대 학장이었다. 비록 버클리의 주장을 반박하기는 했으나, 버클리와는 절친한 친구 사이였다. 시인이자 평론가인 영국의 새뮤얼 존슨Samuel Johnson, 1709~1784과는 다른 사람이다.

127

물질 영역에 실재하는 카메론은 이와 정확하게 동일한 성질을 가지지 않았을지도 모른다. 그래도 여전히 마음속에 있는 표상은 실재하는 말의 고유한 성질을 표현한다. 내가 마음속에 가지고 있는 말의 표상도 실제의 말과 비슷하다. 이는 사본이 원본과 비슷하고, 해넘이 사진이 실제 해넘이와 비슷한 것과 같은 정도일 것이다.

그런데 버클리는 이것은 전혀 말이 안 된다고 주장한다. 어떻게 하나의 관념이, 관념이 아닌 것과 비슷할 수 있느냐는 것이다. 냄새가 어떻게 냄새가 없는 것과 비슷할 수 있단 말인가? '어떠한 느낌이 나는 것'이 어떻게 우리에게 '전혀 느껴지지 않는 것'을 나타낼 수 있을까! 우리가 느끼는 것은 모두 느낌이지, 그런 느낌이 표상한다고 추정되는 성질이 아니다.

'이 세상의 말들'은 직접 지각할 수 있는 것인가? 그렇다면 그것은 우리 마음속에 존재하는 관념들의 집합일 것이다. 여기에 우리가 동의한다면 버클리는 만족해할 것이다. 그러나 우리가 세상의 말은 직접적으로 지각될 수 없다고 생각하고, 실재하는 말을 알아도 그것이 세상의 말을 표상하는 정신적 특질을 통해서만 알 수 있다고 생각한다면 설명이 좀 필요할 것이다. 우리의 지각은 정말 우리가 지각하지 않는 사물까지 표현할 수 있는가? 버클리는 약간 격앙되어 이렇게 말한다.

> 모두에게 묻겠다. 어떤 색이, 볼 수 없는 어떤 것과 비슷하고, 딱딱함이나 부드러움이, 만질 수 없는 어떤 것과 비슷하다고 주장하는 일이 사리에 맞는가?

우리는 일차적 속성과 이차적 속성을 구분한 로크를 통해 다시 한 번 버클리의 의견을 반박해 볼 수 있다. 로크는 넓이나 모양, 움직임, 견고함, 수와 같이 사물의 일차적인 속성에 대한 우리의 관념은 대상 그 자체와 "절대로 분리할 수 없다"고 말한다. 그러나 맛, 냄새, 소리, 촉감, 색과 같은 이차적 속성을 가진 관념은 대상 안에 있는 것이 아니며, 우리 안에 여러 가지 느낌을 만들어내는 힘이다. 이를 토대로, 버클리의 견해는 이차적 속성에 대해서만 해당한다고 주장할 수도 있다. 버클리의 주장은 사물의 고유한 성질은 바로 정신에 종속되어 있다는 것인데, 정작 그 자신이 언급하는 성질은 모두 이차적 속성들 아닌가? 우리는 이미 이차적 속성이 정신에 종속되어 있고 어떤 확고한 의미에서도 정신 밖에 실제로 있지는 않다는 것을 알고 있다. 그러나 사물은 우리가 인지하든 인지하지 않든 실제로 일차적 속성을 가지고 있다. 일차적 속성은 물체 안에 있으며 우리는 감각을 통해 그 속성의 관념을 실제 가질 수 있다.

버클리는 이 문제에도 역시 답변을 내놓는다. 그 또한 대상의 이차적 속성은 마음 안에만 존재한다는 점을 선뜻 인정한다(어쨌든 이것은 일차적 속성과 이차적 속성의 구분의 토대가 되는 것이다). 그러나 버클리는 일차적 속성을 이차적인 속성과는 별개로 상상할 수 있는가를 묻는다. 모양이 있고 움직이기도 하는데 색깔이 없는 사물을 상상할 수 있는가? 버클리는 그렇게 할 수 없다고 단언한다. 그러므로 우리가 이차적 속성과는 별개로 존재하는 일차적 속성을 상상할 수 없다면 그리고 이차적 속성은 정신에 종속된다는 점을 인정한다면 일차적 속성 역시 정신에 예속되어야 한다. 우리가 정신과는 별개라고 생각했던 어떤 것이 사실은 정신에 종속된 것 없이는 그려볼 수 없다면, 정신과는 별개라고 추정된 그것은 결국 정신과 떨어질 수 없는 것이다. 버클리는 일차적 속성과

129

:: 성직자 수업과 인디언을 대상으로 한 선교 등의 목적으로 아메리카의 뉴포트에 자리 잡았을 당시의 버클리 가족의 모습
으로, 맨 오른쪽 인물이 버클리다. 존 스마이버트 작품.

이차적 속성은 둘 다 정신 안에서만 존재할 수 있으므로 로크의 구분이
무너진다고 주장한다.

그럼, 이번에는 지각 자체를 설명하는 버클리의 견해를 꼬집어 보자.
크리스마스가 다가와 벽난로 옆에 조심스럽게 양말을 매단다고 가정하
자. 어머니가 갖고 싶어 하시던 골프공을 사서 하나하나 차례로 양말에
넣는다. 그러고는 뒤로 물러서서 흐뭇하게 바라본다. 그런데 이때 사물
은 지각자의 마음속에만 존재하는 감각적 관념의 집합일 뿐이라는 게
버클리의 주장이다. 어머니의 골프공은 지금 양말 속에 숨어 있기 때문
에 지금은 아무도 골프공을 지각하지 않는다. 그렇다면 골프공은 존재
하지 않는 것인가? 얼른 뛰어가서 양말 속의 공을 바닥에 다 비워보자.
당연히 골프공이 굴러 나온다. 그러면 버클리는 골프공이 지각되지 않
는 동안은 존재하기를 멈추었다는 그런 어리석은 소리를 하고 있다는
말인가? 설령 골프공이 그랬다 해도, 양말을 털었을 때 갑자기 다시 나

타난 일을 버클리는 어떻게 설명할 수 있을까?

유물론❗자는 이런 종류의 지각 현상에 관해 분명하게 설명한다. 골프공은 언제나 거기에 있었다. 골프공은 지각되지 않은 채 물질세계 안에 존재하면서 양말을 비울 때 금방 다시 볼 수 있는 것이다. 그러나 버클리는 물질에 의지하지 않는다. 그의 세계에는 오직 정신과 그 안의 관념만이 존재한다. 그렇다면 버클리는 대상의 지속성, 경험된 세계의 일상적이며 끊임없이 연결되는 속성은 어떻게 설명할 것인가? 이제 버클리의 대답을 들어보자.

그런데 해답이 '신'이라니!

버클리는 만일 그 골프공을 포함한 관념들이 우리가 보지 않을 때에도 계속 존재한다면, 우리가 보지 않는 동안 어떤 정신 하나가 분명히 계속 그것을 지각하고 있었을 것이라 주장한다. 우리가 눈을 깜빡이는 짧은 순간, 잠을 자고 있는 사이, 또는 다른 이유로 그것을 보지 않을 때도 골프공뿐 아니라 우주 전체가 아무 일 없이 돌아간다. 이런 것이 가능하려면, 이 모든 일을 해낼 능력이 있으려면 '무한한' 정신이 존재해야 한다. 바로 신의 정신이다. 버클리는 우리의 유한한 정신이 이 세계의 일부만 언뜻 보는 반면 신의 정신은 모든 것을 계속 실재하게 하며, 이 세계를 계속 지각하고 있다고 주장한다.

이런 버클리의 해답을 듣고 핏기가 가시는 사람들이 많다. 버클리가 확고하지 못한 자신의 철학을 구제하기 위

: 유물론
정신과 관념뿐 아니라 정신에 예속되지 않은 물질적 대상도 존재한다고 믿는 이론. 모든 정신 현상은 물질의 작용이거나 그 산물이라고 보기도 한다.

해 신을 끌어들여 '틈새(우리가 못 보거나 안 보는 사이)의 신'이 존재함을 단정하고 있다고 주장한다. 그러나 버클리로서는 상당히 양보한 것이다. 신은 가짜 형이상학의 버팀목이 아니다. 신의 실재성은 형이상학적인 시각으로 봤을 때야 증명된다. 버클리 또한 물질적 실체라는 개념이 모순되거나 의심스럽다는 주장을 옹호하며, 지각 현상의 불변성을 두고 설명이 필요하다는 비판자들의 말에 동의한다. 그런데 그는 사물이 우리가 지각하지 않을 때도 지속되는 것 같다면 분명 사물을 지각하는 일을 책임지고 있는 정신이 있다고 주장하는 것이다.

사물의 겉모습은 변하지 않아서 우리가 그것이 무엇인지 알고 이용할 수 있다. 이 점은 우리가 편안하게 살아가는 데 도움이 된다. 골프공은 우리가 놓아둔 곳에 그대로 머무는 것이다. 신의 정신은 이렇게 그 한계가 없을 뿐 아니라 자비심 또한 많은 듯하다. 버클리는 "우리가 보고 듣고 느끼거나 그 외의 감각으로 지각하는 모든 것은 신의 능력의 표지 또는 결과"라고 말한다. 그가 곤혹스러운 반론에서 벗어나려고 신을 이용하는 것은 아니다. 오히려 버클리에게는 신이 실재하는 증거가 우주 만물의 모든 양상에도 있고, 우리의 지각 모두에도 있다. 버클리는 그러한 세상의 모습에서 물질을 잘라내 버리고 신을 모든 것의 가장 중심에 놓는다. 홉스나 로크, 그리고 일반적인 경험론 세계관에서 상정하는 신이 없는 유물론은 이제 그만할 때도 됐다는 것이다.

그러나 버클리의 주장이 설득력이 있는지는 확실하지 않다. 무엇보다도 먼저 버클리의 논의는 거대하고 자비로운 정신 활동의 실재성부터 시작해 문제의 그 지성이 신이라는 전통적인 결론에까지 이르고 있다. 여기에는 최소한 한두 개의 전제가 필요하다. 그리고 이보다 더 치명적인 문제점도 있다. 바로, 버클리가 의심스러운 것(물질적 실체)을 다른 것(신)으로 대체하고 있다는 점이다. 물질의 개념이 다소 혼동되고 풀기 어려운 것으로 우리가 인정한다고 해도 물질적 수수께끼를 신적인 존재로 대체한다는 것은 진전이라고 볼 수 없다.

상식적인 시각을 복구하겠다는 버클리의 전반적인 목표가 성공을 거뒀는지도 확실하지 않다. 다음의 주장을 보자.

> 내가 눈으로 보고 손으로 만질 수 있다면 그 사물은 존재한다. 실제로 존재한다. 나는 사소한 질문은 하지 않는다. 내가 존재하지 않는다고 보는 유일한 것은 '철학자'들이 물질 또는 유형의 실체라고 말하는 것이다. 물론 이렇게 한다고 해서 다른 사람들에게 해가 되는 일은 없다. 감히 말하건대 사람들은 그런 게 없다고 해도 결코 아쉬워하지 않을 것이다.

우리 손으로 만지는 사물이 우리의 관념 외의 다른 것으로 만들어졌다는 것은 상식이 아닌가? 정신과 별개인 사물을 부인한다는 것은 상식의 표현이 아니라 일종의 회의론이 아닌가?

버클리의 논거들은 반박하기 힘들다. 흄도 버클리의 논거에는 응수할 수 없다고 말한 바 있다. 하지만 그의 논거는 설득력이 부족해 위와 같은 의문이 좀처럼 사라지지 않는다. 어떻게 이런 일이 있을 수 있을까? 어쩌면 우리는 지금 끝까지 결론을 낼 수 없는 믿음들 사이에서 방황하고 있는 것일지도 모른다. 특히 세상에는 정신이나 지각 이상의 것이 있다는 관점 같은 것 말이다. 그렇다고 해도 무관심으로만 대응하는 것은 능사가 아니다. 그것은 돌멩이를 걷어차는 행동보다 나을 게 없다. 버클리에게 적절하게 응수하고자 한다면 우리는 그 이상의 것을 해야 할 것이다.

철학책
읽기

버클리의 다른 책

📖 운동에 관하여

이탈리아에서 돌아온 버클리가 출간한 물리철학책. 이 책에서 버클리는 뉴턴의 절대 공간과 시간, 운동, 중력 등을 비판하면서, 뉴턴의 이론은 수학적 가설로서는 계산하기에 편리하고 유용하지만 '진리'에 대해서는 아무것도 말해주지 못한다고 말했다. '절대성' 대신 '상대성'을 상정한 이 책 덕분에 최근 버클리는 상대성 이론 과학자들인 에른스트 마흐Ernst Mach, 1838~1916와 알베르트 아인슈타인Albert Einstein, 1879~1955의 선구자라는 평을 받는다.

📖 해석학자

부제까지 포함한 완전한 제목은 '해석학자: 신을 믿지 않는 수학자에게 보내는 글'이다. 여기서 '신을 믿지 않는 수학자'로는 에드먼드 핼리핼리Edmund Halley, 1656~1742나 뉴턴일 것으로 추정된다. 버클리는 당시 뉴턴과 라이프니츠가 미적분 계산을 위해 도입한 '미분계수'를 직접적으로 공격해 "유한한 양도 아니고, 무한대로 작은 양도 아닌 아무것도 아닌 것"이라고 했다. 이런 공격은 당시 뉴턴 역학이 종교와 밀접하게 관련되는 것을 경계한 것으로, 합리적인 잣대로 종교를 바라보는 이신론理神論에 대항해 기독교의 정통 교리를 옹호하려는 것이었다. 이 책은 당시 수학계에 오랫동안 지속된 논쟁을 불러일으켰다.

📖 질문자

900개에 가까운 질문을 던지며 아일랜드의 문제들을 논하고 있는 책. 화폐와 산업, 금융, 무역 등 아일랜드 경제와 관련한 여러 문제를 다루고 있다. 버클리는 경제 발전 문제에 도덕적·신학적 개념을 접목시키는 독특한 방법을 썼는데, 아일랜드가 발전하려면 정부가 결정적으로 개입해야 하며 교회의 노력으로 도덕적·사회적으로 적절한 환경을 조성해야 한다고 주장했다. 이 책의 마지막 질문은 "가난한 아일랜드가 아직도 가난하다면 그것은 누구의 잘못인가?"이다.

The 20 Greatest Philosophy Books

08

흄

인간 오성의 탐구

An Enquiry
Concerning
Human
Understanding

1748

데이비드 흄
David Hume, 1711~1776

흄은 경험론적 인식론을 철저하게 밀어붙여 '실체'나 '인과' 등의 관념은 확실하지 않으며 증명될 수 없다고 결론지어, 인간의 믿음과 지식에 대한 회의를 불러일으켰다. 이타주의가 엿보이는 흄의 도덕철학이 19세기 영국의 공리주의에 영향을 끼쳤고, 인간의 이성에 대한 그의 회의에 대한 반발로서 칸트의 비판철학이 탄생했다는 점에서 그의 사상은 서양 철학사에서 매우 중요한 위치를 차지한다.

1711 출생 (영국 에든버러)

1739 『인성론 A Treatise of Human Nature』 출간(~1740)

1741 『도덕과 정치에 관한 평론 Essays Moral and Political』 출간(~1742)

1748 『인간 오성의 탐구 An Enquiry Concerning Human Understanding』 출간 📖

1751 『도덕 원리 탐구 An Enquiry Concerning the Principles of Morals』 출간

1752 『정치론 Political Discourses』 출간. 에든버러변호사협회 소속 사서가 됨

1754 『영국사 The History of England』 단계적으로 출간(~1762)

1763 파리 주재 영국 대사관에서 비서관으로 근무(~1766)

1767 국무차관(~1769)

1769 에든버러로 귀향

1776 사망 (영국 에든버러)

1779 『자연 종교에 관한 대화 Dialogues Concerning Natural Religion』 출간

흄

인간 오성의 탐구

살아생전의 데이비드 흄을 부르는 말은 매우 다양했다. 프랑스 살롱^{salon}🚩에서는 '착한 데이비드', 스코틀랜드에서는 '성자 데이비드'라고 불렸고, 유일신론을 따르는 자들은 '가공할 데이비드'라고 불렸다. 그러나 흄의 사후에 사상가들은 다른 평가를 내렸다. 가장 위대한 스코틀랜드인 철학자로 칭송한 것은 물론, 일부에서는 18세기의 가장 위대한 철학자로 평하기도 했다. 18세기가 버클리와 볼테르^{Voltaire, 1694~1778}, 루소^{Jean-Jacques Rousseau, 1712~1778}, 칸트^{Immanuel Kant, 1724~1804}, 벤담^{Jeremy Bentham, 1748~1832}, 리드^{Thomas Reid, 1710~1796}, 피히테^{Johann Fichte, 1762~1814}와 같은 쟁쟁한 철학자들이 활동한 시대라는 점을 떠올려보자. 많은 사람이 흄을 가장 위대한 경험론자로, 그게 아니면 최소한 가장 강경한 경험론자로 간주한다. 어떤 이들은 (아마도 가장 오래됐고 가장 가치 있는 전통인) 회의론의 전통을 이어간 최고의 철학자로 여기기도 한다.

흄을 어떻게 규정하든, 세상을 떠난 뒤에야 인정받은 철학의 거인임은 분명한 사실이다. 그의 책 『인성론A Treatise of Human Nature』1738~1740은 오성과 정념♀, 도덕성의 신선하고도 광범위한 분석을 제공한 기념비적인 책이었으나 읽은 사람이 거의 없었다. 그나마 읽어본 사람 중에서도 제대로 이해한 사람은 별로 많지 않았다. 흄 자신조차도 그 책은 "출판 당시부터 생명이 없이 태어나 광신도들 사이에서 속삭임조차 일으키지 못했다"라고 말했다. 같은 시대 사람 중에서는 오직 리드와 칸트 두 사람만이 흄을 이해할 수 있었다. 그런데 그 둘 모두 흄이 자신의 최고 저작을 쓰게 해준 촉매였다고 언급한다.

흄은 그 책을 다시 작업했다. 그리하여 더 잘 다듬어지고 간결해지고 핵심 사상에서 이해할 수 있는 부분이 더 많아진 책 두 권 『인간 오성의 탐구An Enquiry Concerning Human Understanding』1748와 『도덕 원리 탐구An Enquiry Concerning the Principles of Morals』1751를 써냈다. 『인간 오성의 탐구』는 『인성론』의 제1권을, 『도덕 원리 탐구』는 제3권을 개정한 책이다. 작품 길이가 짧다고 해서 이 책들을 『인성론』의 보급판 정도로 생각해서는 안 된다. 원래의 작품에서 흄은 대담한 목표를 세웠는데, 바로 '인간 본성의 과학'을 찾는 것이었다. 흄이 이런 목표를 세운 것은 뉴턴이 운동의 과학을 공식화한 것과 견줄 만했다. 처음에 흄은 인간의 오성과 정서, 합리성 등을 지지해 줄 만한 탄탄한 토대가 갖춰진 원리 혹은

: 살롱

17~18세기에 프랑스 상류사회에서 유행한 귀족 및 부르주아들의 사교 공간. 정치·사회 문제에 대한 토론이 이루어지고 궁정 문화가 전파되는 중심지였다. 주프랑스 영국 대사의 비서관으로 파리에 머물로 된 흄은 유려한 말솜씨와 폭넓은 지식과 유머로 살롱에서 많은 인기를 끌었다.

: 정념

보통, 정념은 통제하지 못하는 단순한 감정의 분출을 의미하지만, 흄은 정념을 일반적인 정서와 감정을 내포하는 용어로 사용했으며, 이는 당시의 철학계의 일반적인 경향이었다. 특히 흄은 인간 행위의 원천으로서 이성보다 정념을 우위에 두어, 인간이 어떤 행위를 하도록 이끄는 데는 오직 정념만이 동기를 제공한다고 했다. 예를 들어, 우리가 어떤 음식을 먹는 행위를 하는 것은, 그 음식을 먹으면 건강해진다는 지식 때문(이성의 작용)이 아니라 그 음식을 먹음으로써 건강해지고 싶다는 마음 때문(정념의 작용)이라는 것이다. 흄은 "이성은 정념의 노예이며, 노예여야 한다"라고 단언했다.

139

규칙을 밝힐 수 있기를 바랐다. 그런데 이런 바람이, 그리고 그에 수반되는 정신의 법률과 규칙이라는 장치가 나중의 두 책들에서는 소홀히 다뤄졌거나 아예 사라졌다. 앞의 주제들 전체를, 특히 '자아 self'에 대한 흄의 연구를 아예 들어냈기 때문에, 작품의 고유한 방법론 역시 『인성론』과 나중의 두 책이 서로 다르다.

여기서는 그 두 책 가운데 '탐구enquire'라는 이름을 처음 달고 나온 흄의 저서인 『인간 오성의 탐구』에 주목할 것이다. 물론 흄의 저서 중 이 책이 가장 중요하다거나 최고의 논문이라고 보기는 어렵다. 흄의 저서 전부가 중요성이나 영향력, 철학적 탁월성에서 동등하다고 볼 수 있기 때문이다. 그러나 이 책은 흄의 정립된 견해를 가장 잘 대변한다. 자신의 논문집을 광고하는 글에 흄 자신이 이렇게 쓸 정도였으니 말이다.

사람들이 이 단편들에 나의 철학적 정서와 원칙이 모두 담겨 있다고 생각해 주기를 바란다.

『인간 오성의 탐구』는 12권으로 나뉘어 있으니 이 책을 '단편들의 모음집'이라고 하는 것은 여러모로 적절하다. 그래서 처음 이 책을 접할 경우, 각 단편들이 단지 부분적으로만 연관이 있다고 여기기 쉽다. 중요한 것은, 이 책이 다양한 범위의 주제를 다루고 있는 것은 분명 맞지만, 전체적으로 표출되는 견해들은 일관성을 이루고 있다는 점이다.

『인간 오성의 탐구』는 처음 몇 쪽 안에 책이 의도한 바를 천명하고 있다. 흄은 철학의 다양한 종種을 두루 살펴본다. 흄의 글에서는 로크가 꽤 많이 보인다. 흄을 로크의 제자라고 확신할 정도는 아니지만 최소한 흄을 경험론자로 보는 데는 충분하다. 로크의 『인간오성론』의 목표는 인

간 정신이 정말로 어떤 주제를 생산적으로 생각할 능력이 있는지를 찾
아내는 것이었고, 로크는 자아에 대한 직관적 지식, 신에 대한 논증적
지식, 외부 대상에 대한 감각적 지식이 모두 있을 수 있다는 결론을 내
렸었다. 흄도 이와 매우 비슷한 목적으로 시작해 비슷한 방법론으로 나
아간다. 그러나 인간 오성의 범위가 어디까지인지에 대해서는 본질적으
로 회의적인 결론을 내린다. 흄에 따르면, 자아와 세계에 대한 우리의
확고한 믿음에는 이성적 근거가 없는 것으로 드러났다. ❢

관념은
인상의 복사본이다

흄은 로크처럼 마음의 내용과 인간 오성의 대상, 또는 (흄의 용어로 한다
면) 정신 또는 사고할 재료에 대한 지각을 고찰하는 것에서 시작한다.
그는 이것을 인상impression과 관념 두 가지로 나눈다. 로크가 이미 지적
한 대로 실제 아픔과 뜨거움, 분노를 느끼고 사이렌을 듣거나 찬 음료수
를 마시고 싶어 하는 것과, 나중에 이런 경험을 상기하거나 생각해 보는
일에는 명백한 차이가 있다. 흄은 '인상'을 "우리가 듣거나 보거나 느끼
거나 사랑하거나 미워하거나 갈망하거나 의도하거나 할 때의 아주 생생
한 지각"으로 정의한다. 관념은 이 인상을 기억력이나 상상력으로 불러
낸 것이다. 따라서 관념은 인상의 '사
본'이며 인상보다 덜 생생한, 즉 인상보
다 약하고 희미한 개념이다.

    흄은 관념과 인상을 어떤 관계로 보
았을까? 흄은 "우리의 모든 관념, 즉

: 흄의 회의에 대해

많은 사람들이 흄이 회의 대상을 잘못 짚어내 오해한
다. 예를 들어, 흄은 믿음의 '확실성'을 부정한 것이었는
데, 그가 '믿음' 자체를 부정한 것으로 보는 이들이 있
다. 또 흄이 도덕을 회의했다고 보는 것도 잘못이다. 도
덕이 아닌 도덕에 대한 '과장된 이론'을 회의한 것이기
때문이다.

조금 약하고 희미한 지각은 더욱 생생한 지각인 인상의 복사본"이라고 주장한다. 물론 흄도 일부 관념은 어떤 특정한 관념과 정확히 일치하지 않음을 알고 있다. '유니콘'과 같은 전설상의 동물에 대한 관념이 그런 예에 해당할 것이다. 그러나 '유니콘'에 관한 관념, 즉 '뿔이 있고 말과 비슷한 모습을 가진 동물'처럼, 유니콘이라는 관념을 구성하는 요소들도 사실은 우리가 이 세계에서 보았던 사물의 복사본이다. 이는 우리가 경험을 통해 얻은 관념들을 새롭게 결합시킨 것이다. 상상하거나 의아해하는 정신의 능력은 거의 무한한 듯이 보이지만 그런 활동의 원재료는 언제나 인상에서 비롯된다는 것이 흄의 요지다. 이것이 경험론의 핵심이다.

흄이 이를 옹호하기 위해 제시하는 논거들을 따라가 보자. 흄은 우리 각자에게 있는 관념들의 창고를 생각해 본 다음 최초의 인상에 의존하지 않는 관념이 과연 있는지 집어내 보라고 한다. 어떤 관념의 원천이 된 것을 거슬러 거슬러 올라가다 보면 최초의 인상이 반드시 나온다는 것이다. 흄은 여기서 멈추지 않고 합리론자들이 애호하는 본유관념인 신에 관한 관념으로까지 곧장 나아간다. 그 결과, 우리가 우리 자신의 정신의 속성을 생각해 보고 그 속성의 선하고 현명한 면을 무제한 확장시키면 그 본유관념조차 실제로 획득이 가능한 것임을 보여주는 것이다. 끝으로, 흄은 일부 감각 능력이 없는 사람들, 예를 들어 맹인을 고찰하고 맹인들은 색에 대한 아무런 관념도 없다고 지적한다. 이 사실은 곧 관념은 인상의 복사본임을 설명하는 것이며, 관련된 인상을 가져본 적이 없는 사람은 그에 대응하는 관념을 가질 수 없음을 뒷받침한다는 것이다.

인상과 관념에 관해서는 분명하고도 확실한 사실들이 있다. 흄의 견해에서는 그보다 훨씬 더 넓은 범위의 철학적 귀결을 가진다. 인상과 비교해서 관념은 애초부터 희미한 데다 명료하지도 않다. 그뿐 아니라 관념을 생각하다 보면 두 가지 실수를 저지르기 쉽다. 첫째, 우리는 하나의 관념을 다른 관념으로 착각할 수 있다. 실제로는 단지 비슷할 뿐인데 두 관념이 필연적인 연관이 있다고 생각하는 것이다. 둘째 실수는 첫째의 경우보다 더 나쁜 것으로, 어떤 하나의 관념과 그 관념을 나타내는 언어와는 필연적인 대응 관계가 없음에도, 우리는 관념을 나타내는 단어들을 별 탈 없이 사용하고 말로 표현한다는 것이다. 철학 논쟁을 하면서 매우 복잡하고 추상적인 관념에 관해 이야기를 나누고 있다고 해보자. 이때 우리는 서로 이해할 수 없는 말을 하기도 한다. 즉 우리는 같은 단어로 서로 다른 사물을 뜻하기도 한다. 어쩌면 우리는 아무것도 논의하고 있지 않을 수도 있다. 우리가 논쟁하고 있는 대상은 가공의 관념, 또는 경험을 토대로 하지 않은 단순한 공상인지도 모른다. 이러한 고찰은 '위조된' 관념을 제거하고 철학 논쟁을 통해 길을 찾아내는 과정에서, 심지어는 그 논쟁을 끝내기 위한 과정에서 나온다.

> 그러므로 철학 용어가 아무 의미나 개념 없이 채택된다는 의심이 너무 자주 든다면 우리는 관념이라고 생각되는 그것이 어떤 인상으로부터 도출되었는지를 물어야 한다. 그 결과 어떤 인상 하나를 지정할 수 없다면 우리의 의심은 확실해지는 것이다. 이처럼 관념을 아주 환한 빛 속으로 끌어다 놓음으로써 관념의 본성과 실재에 관한 논쟁이 끝날 수 있기를 기대할 수 있다.

우리는 삶을 살아가는 과정에서 겪는 많은 변화 속에서도 우리의 자

아는 지속되고 있다고 생각한다. 이 영속적인 자아에 대한 관념을 생각해 보자. 예를 들어 나는 어젯밤에 잠이 든 나와 오늘 아침에 일어난 내가 본질적으로 똑같다고 생각한다. 또 나는 헛되이 시간을 보낸 젊은 시절의 나와 지금의 나는 같다고 믿는다. 나는 내가 살아 있는 한 똑같을 것이라고 생각한다. 물론 변한 점도 있다. 키가 자랐고, 흉터가 몇 군데 생겼고, 머리칼은 좀 하얗게 셌다. 그러나 이런 모든 우발적인 변화에도 변하지 않고 지속되는 어떤 본질적인 것, 진정한 내가 있는 듯하다.

관념과 인상 사이의 관계에 대한 흄의 기본 생각에 동의하는가? 그리고 가짜 관념을 제거해 버리는 방법이 옳다고 확신하는가? 그렇다면 이렇게 한번 물어보자. 자신에 대한 관념은 어느 인상에서 왔는가? 흄은 내면에서 미움, 사랑, 열기, 고통, 본 것(광경), 들은 것(소리), 맡은 것(냄새) 등만 찾았을 뿐 변화 속에서도 지속되는 것, 영원한 것은 찾지 못했다고 말한다. 한마디로, 흄에게는 '자아'라는 관념에 대응하는 인상은 없다. 그것은 '유니콘'과 같은 부류다. 자아는 가공의 관념, 상상의 허구

144

에 해당하는 단어이기 때문이다.

미래는 과거와
같을 것이라는 증거는?

그런데 이게 다가 아니다. 상황은 훨씬 더 나빠진다. 인간 오성의 본성에 대한 흄의 공격은 '관념들의 관계'와 '사실 문제'라는 두 가지 '인간이성의 대상'의 차이점에서 시작된다. 관념들의 관계는 이성 하나로도 찾아낼 수 있다. 우리는 '총각'이란 '결혼하지 않은 남자'라든가 2 곱하기 5는 10이라는 것을 단지 문제의 '관념들 사이의 관계'를 생각하는 것만으로 알 수 있다. 반면에 사실 문제는 경험을 통해서만 발견할 수 있다. '태양이 빛난다'라는 명제는 아무리 오래 명상하더라도 창밖을 내다보기 전에는 그 명제의 사실 여부를 알 수 없을 것이다. 이런 두 가지 명제에는 차이점이 또 하나 있다. 사실 문제는 역이 가능하지만, 관념의 관계에 대해서 참인 진술을 부인한다면 모순에 빠지는 것이다. 즉 태양은 빛나지 않을 수도 있지만 총각이 결혼하지 않은 남자가 아니라는 주장은 참이 아니다.

이렇게 구분을 해놓고, 흄은 자신이 인정하는 오성의 기본 작용을 연구하는 데 집중한다. 흄은 묻는다. 우리는 감각이나 기억이 현재 말해주고 있는 것 너머로까지 어떻게 갈 수 있는가? 즉 감각이나 기억에서 알 수 있는 그 이상의 것을 어떻게 아는가? 우리는 어떻게 현재의 경험에서 우리가 현재 경험하고 있지 않은 사물의 사실(미래나 과거, 아니면 단지 현재 지각하는 범위 너머에 있는 현재 사태에 대한 사실)로 나아가는 방법을 생각해 낼 수 있는가? 난 우리 고양이 스티브가 어젯밤에 거실로 찾아들어 왔다는 것을 안다. 소파에 나 있는 고양이 발톱 자국을 보고 알 수 있기 때문이다. 내 감각의 현재 진술(발톱 자국의 시각적 관념)이 내가 지금 볼 수 없는 과거의 일(스티브가 소파를 못살게 굴었다)로 이끈다. 이런 생각을 뒷받침해 주는 것은 무엇인가?

흄은 인과 관계를 통해 현재의 사실 문제 너머의 사실을 추론할 수 있다고 말한다. 우리는 현재 우리 감각 경험의 일부 양상을 현재 우리가 경험하지 않는 것의 원인 또는 결과로 받아들인다. 나는 발톱 자국을 스티브가 소파에 발톱을 갈았다는 앞선 원인에 따르는 결과로 받아들인다. 즉 내가 볼 수 있는 것(발톱 자국)의 원인을 내가 볼 수 없는 것(스티브가 발톱을 간 것)에서 찾는다. 그럼 나는 원인과 결과는 어떻게 안 것일까? 흄은 우리의 지식은 전부 경험에서 나와야 하며 관념들의 관계에 의존할 수 없는 것이라고 주장한다. '화약'에 대한 지식을 생각해 보자. 아무리 훌륭한 합리론자라도 화약과 관련한 경험이 없다면 화약을 직접 본다 한들 화약의 효용을 전혀 알 수 없을 것이다. 화약의 민감한 성질을 열람하는 것만으로는 화약이 불과 접촉하면 폭발한다는 사실을 알 수가 없다. 이것은 바로 경험을 통해서만 알 수 있는 것이다(되도록이면 안전한 거리에서 '경험'해야 할 것이다).

그리고 단지 한두 번의 경험이 아니라 많은 경험을 해야 한다. 시간이 흐르면서 화약을 충분히 관찰하고 나서야 원인을 볼 때 결과를 예상할 수 있게 된다. 인과 관계, 즉 사물이 다른 사물에게 가지는 표준 효과에 대한 지식은 이 세계를 많이 경험한 후에야 얻을 수 있다. 우리는 큐로 당구공을 일정한 각도로 쳤을 때 공이 어떤 방향으로 움직일지 알고 있지만, 그것은 당구장에서 많은 시간을 보낸 덕분인 것이다.

그렇다면 경험에서 얻는 결론의 근거는 무엇인가? 흄은 인과 관계의 발생을 여러 번 경험하면 그런 원인과 결과의 결합이 미래에도 지속되리라 예상할 수 있다고 말한다. 우리는 성냥을 켜면(원인) 불꽃이 생기는 것(결과)을 '수없이' 보았다. 우리는 다음에 성냥을 보고 그것을 켜면 불꽃이 생길 것이라고 생각한다. 어째서인가? 어떻게 경험은 우리의 인과적인 추론, 즉 원인이 주어지면 결과를 예측하는 일을 지지해 주는 것일까? 흄의 대답은 바로 '귀납법'이다.

경험에서 얻은 결론은 모두 미래가 과거와 같을 것이라는 귀납 원리에 달려 있다. 우리는 성냥이 켜지는 것을 수없이 보았다. 그래서 다음에 성냥이 켜지는 것을 보면 지난번과 같은 반응이 나타날 것을 기대한다. 즉 귀납적으로 생각하기 때문에 그렇게 예상한다. 하나의 귀납적 추론은 특정한 사실의 수많은 사례('이 성냥을 켰더니 불길이 생긴다', '저 성냥을 켰더니 불길이 생겼다' 등등)에서 출발해서 보편적인 결론('어떤 성냥이든 켜면 불길이 생긴다')에 이른다. 미래는 과거와 같으리라는 신념이 한 가지 사실에 대한 참인 사례 여러 개에서 보편적인 결론으로 이끈다. 이 경우에는 미래의 성냥은 과거의 성냥과 같은 반응을 보일 것이라는 믿음이다.

흄은 최종적인 질문을 던진다. 미래가 과거와 같을 것이라는 증거는 무엇인가? 무엇이 귀납 원리에 대한 우리의 신념을 정당화하는가? 그것은 '관념들의 관계' 아니면 '사실 문제' 둘 중 하나다. 관념들의 관계라면 성찰(반성)의 과정을 통해 진실성을 보는 것이고, 사실 문제라면 경험을 통해 아는 것이다. 이것이 '흄의 포크 Hume's Fork ♀ (흄의 이분법)'다. 흄은 둘 중 어느 쪽에서도 우리가 찾는 정당성을 찾을 수 없다고 주장한다.

미래는 과거와 같을 것이라는 주장은 관념들의 관계일 수 없다. 그것을 부인한다고 모순에 빠지지는 않기 때문이다. 미래는 과거와 같지 않을 것이라는 명제는 있을 법하다. 우리가 발견했다고 믿었던 인과 법칙이 미래에는 달라질 수도 있다는 상상에는 자기모순이 없다. 성냥을 켜도 불꽃이 생기지 않을 것이라고 생각하는 데는 모순이 없다.

미래는 과거와 같을 것이라는 주장은 사실 문제에 근거할 수도 없다. 이것은 과거에 (그 과거 시점에서의) 미래가 과거와 같았기 때문에 (지금 시점에서의) 미래도 과거와 같을 것이라는 주장과 마찬가지다. 그것은 귀납 원리의 근거로 귀납 원리 자체를 제시하는 순환논증이 된다. 순환논증은 정당성이 증명될 수 없다.

잠시 이런 소견들에 대해 생각해 볼 가치가 있다. 흄은 우리의 감각과 기억의 현재 진술을 뛰어넘으려는 시도를 정당화하는 것은 '인과적 추론'이라고 주장한다. 원인에 대해 생각하는 것 자체가, 무수한 경험을 토대로 귀납법을 사용해서 원인과 결과에 대한 결론에 이르는 방법에 의존한다는 것이다. 귀납법은 귀납 원리에 의존하는데, 흄은 이 원리가 합당하게 정당화될 수 없다고 주장한다(귀납 원리는 성찰이나 감각을 근거로 할 수 없다). 이성이 아니라면 무엇이 귀납적인 사고를 정당화하는가? 흄은 관습 또는 버릇이라고 말한다. 오랜 경험을 통해 성냥이 주어지면 불길이 생기리라고 예측하는 습관이 생긴다. 이런 예측에는 합리적으로 정당한 이유가 없다. 그것은 단지 인간의 본성이기에 우리도 어쩔 수 없는 것이다.

흄의 회의에
회의가 드는가?

흄의 이런 설명이 충분하지 않다고 느낄 수도 있다. 우리는 이 세계에 대한 우리의 신념이 정당하다는 이유에는 단순히 정신의 습관 이상의 무언가가 있기를 바라고 있지는 않는가? 흄의 주장은 일단의 수학이나 정의定義, 현재의 경험을 넘어서는 지식은 합리적으로 정당성이 증명되지 않는다는 것이다. 흄 자신에게도 이런 설명만으로 충분했는지는 확실하지 않다. 흄은 이렇게 말했다. 철학이 자신을 회의론으로 이끌었지만, 그런 불신과 회의에 일종의 해결책을 제시한 것은 인간의 본성이었다고. 서재에 앉아 있으면 흄은 회의론의 지배를 받는다. 하지만 그 순간 밖으로 나가 친구들과 즐거운 시간을 보내면, 암울한 결론은 점차 희미해지고 심지어 우습게 생각되기까지 한다. 인간 본성은 그 자체가 근본적으로 합리적이지는 않더라도 우리가 스스로의 불합리성에 대해 너무 근심하지 않도록 다른 곳으로 눈을 돌리게 해준다. 이 점은 하나의 위안이 된다. 물론 큰 위안은 못 되지만.

흄의 다른 책

📖 도덕 원리 탐구

흄의 도덕철학 저서. 흄은 우리의 윤리적 원칙이나 도덕이 '이성'보다는 '감정'에 근거한 것이라고 주장한다. 그리고 일부 개인들이 아닌 모든 사람이 인정하는 성질이라고 말한다. 즉 우리가 도덕적 정서를 갖는다는 것은 다른 사람들의 경험과 감정을 인정하고 '공감'하는 데서 온다는 것이다. 흄은 이러한 공감이 사회와 개인의 행복의 근본이 된다고 주장했다. 이 때문에 흄의 도덕론은 이타주의적이고 공리주의적이라는 평가를 받고 있다.

📖 영국사

BC 1세기 카이사르Gaius Julius Caesar, BC 100~44가 브리튼 섬을 침략한 시기부터 1688년까지의 영국 역사를 극적인 인과 구조를 도입해 서술한 책. 오늘날의 기준으로 보자면 시대에 뒤떨어진 책이지만, 당시에는 그 이전과는 비교가 안 될 정도의 혁신적인 역사책이라는 평가를 받아 흄의 사후에도 50판 이상 팔려 나갔고 그의 명성이 영국을 넘어 전 유럽으로 퍼지게 되었다. 이 때문에 당대에는 '흄' 하면 역사가로서의 면모를 먼저 떠올리는 사람도 많았다.

📖 자연 종교에 관한 대화

흄이 신에게 일격을 가한 내용을 알고 싶은 사람은 이 책을 읽어보면 된다. 흄은 이 책에서 신의 실재성을 옹호하는 주장에 대해 놀라운 공격을 퍼붓고 있다. 이 때문에 원고가 완성되었을 때 친구들은 출판하지 말 것을 권유했다. 결국 이 책은 흄이 세상을 떠난 후에야 겨우 출판되었고, 당시에도 출판사는 책에 출판사 이름을 넣지 않았다.

The 20 Greatest Philosophy Books

09

루소

사회계약론

Du Contrat
social

1762

장자크 루소

Jean-Jacques Rousseau, 1712~1778

이성의 시대를 낭만주의 시대로 이끈 사상가 루소. 문명과 인
위를 비판하고 선한 인간의 본성을 회복할 것을 역설했다. 그
의 사회계약 사상은 프랑스 혁명의 사상적 지주가 되었고,
『에밀』 등의 저서는 당대의 교육 방식에도 변화를 가져왔다.
고백적이고 심미적인 문체의 글로 19세기 프랑스 낭만주의
문학과 예술의 선구가 되었다.

1712	출생 (스위스 제네바)
1728	칼뱅파 신교도에서 가톨릭으로 개종
1742	파리에 도착. 디드로 등의 백과전서파와 교류 시작
1743	베네치아 주재 프랑스 대사의 비서로 재직(~1744)
1744	파리에서 비서와 가정교사로 생활
1750	『학문과 예술에 대하여Discours sur les sciences et les arts』로 디종 아카데미 논문 공모에서 대상 입상
1754	제네바로 가 칼뱅파 신교도로 개종하고 다시 파리로 돌아옴
1755	『인간 불평등 기원론Discours sur l'origine et les fondements de l'inégalité parmi les hommes』 출간
1756	파리 북쪽 교외에서 은둔 생활 시작
1758	『연극에 관해 달랑베르 씨에게 보내는 편지J.J. Rousseau Citoyen de Genève, à Mr. d'Alembert sur les spectacles』 발표
1761	『신(新)엘로이즈Julie ou la Nouvelle Héloïse』 출간
1762	**『사회계약론Du Contrat social』** 📖 『에밀Émile, ou De l'éducation』 출간
1764	『산에서 쓴 편지Lettres écrites de la Montagne』 발표
1765	『참회록Les Confessions』 집필 시작(~1770, 출간 1782)
1768	마리테레즈 르바쇠르Marie-Thérèse Le Vasseur, 1721~1801와 결혼
1772	『루소, 장자크를 재판하다Dialogues de Rousseau juge de Jean-Jacques』 집필(~1776, 출간 1780)
1776	미완의 작품 『고독한 산책자의 몽상Les Rêveries du promeneur solitaire』 집필(~1778, 출간 1782)
1778	사망 (프랑스 에르므농빌Ermenonville)

루소

사회계약론

장 자크 루소의 철학은 루소 개인의 삶을 그대로 반영하고 있다. 순탄치 못했던 그의 삶만큼이나 그의 철학도 순탄치 않다. 그의 삶과 철학에는 긴장감도 있고 심지어는 완전히 모순되는 점도 있다. 바로 이런 점이 루소의 철학과 삶을 그토록 흥미롭게 만드는 것 같다. 루소는 기운 빠지는 말년을 보내기도 했지만 가난뱅이에서 부자로 상승하는 활기찬 시절을 보내기도 했다. 또한 루소가 자기 아이 다섯을 태어나자마자 바로 고아원으로 보냈다는 사실에 주목한다면 그를 방탕한 난봉꾼으로 볼 수도 있다. 다시 말하지만, 루소의 철학은 이런 그의 삶을 그대로 반영하고 있으며 그의 삶만큼이나 열정적이다. 그의 철학에는 약점도 있고 난제도 있다. 어쩌면 이런 모든 것 때문에 우리가 그토록 루소의 저서에 빠져드는 것인지도 모른다. 루소는 자신의 저작들 때문에 체포영장을 발부받았으며, 그 책들이 불태워지는 모습을 봐야 했다. 그러나 지금 루소의 시신은 파리의 팡테옹Panthéon⚲에 경건하게 묻혀 있다. 루소의 사상은 인민주의 전체주의자와 자유주의자에 의해 거의 같은 정도로 채용됐고, 하루가 다르게 의제가 급변하는 시대를 사는 후세대들도 모두 루소 안에서 참으로 생각되는 것을 찾아낸다. 이런 게 가능한 것은 거칠고 변덕스러운 루소 철학의 본질 때문일 것이다.

: 팡테옹

프랑스의 국가적 영웅이나 위인의 유해가 묻히는 곳으로, 파리에 자리하고 있으며 1790년에 완공되었다. 원래는 루이 15세가 교회당 용도로 짓게 한 것이나 프랑스혁명 때 현재의 용도로 바뀌었다. 명칭 역시 프랑스 혁명 때 바뀐 것으로 '팡테옹'은 '만신전萬神殿'이란 뜻이다. 팡테옹에 안장된 이들은 주로 사상가와 과학자, 예술가 들로, 볼테르, 루소, 알렉상드르 뒤마Alexandre Dumas, 1802~1870, 빅토르 위고Victor-Marie Hugo, 1802~1885, 에밀 졸라Émile Zola, 1840~1902, 마리 퀴리Marie Curie, 1867~1934, 앙드레 말로André Malraux, 1901~1976 등이 대표적이다.

루소의 최고 역작을 꼽으라면, 두말할 것도 없이 『사회계약론Du Contrat social』1762이다. 이 책이 그 이전까지의 사회계약론과 어떻게 차별화하고 있는가를 살펴보면 이 책의 놀라운 가치가 이해될 것이다. 따라서 이 장에서는 불가피하게 홉스와 로크가 계속 거론된다.

앞에서, 정치적 의무의 본질을 신화나 통치자의 신성한 권리가 아닌 이성 안에 토대를 세우려고 했던 이는 홉스가 최초라고 했다. 루소는 합리성뿐 아니라 가끔 마음과 감정에도 호소하며 두 가지를 조화시키려고 했다. 물론 그럼에도 루소는 분명 합리론의 전통 안에 있다. 양 요소를 결합해서 본다면, 루소는 이성적 낭만주의자라고 할 수 있다. 사회계약에 대한 논의가 국가에 입법권을 부여하는 것이라는 루소의 주장은 홉스와 비슷하다. 그러나 바로 그다음의 논의부터 루소는 홉스의 주장과 노선을 달리하기 시작한다. 이는 루소와 홉스가 인간 본성에 대한 개념에서 서로 매우 다르기 때문이다.

선하고 자유롭게 태어난 인간이
타락하게 된 이유

홉스는 통치받지 않는 인간들이 무자비하게 서로에 대한 전쟁 상태로 돌입하게 되는 여러 가지 심리 요인을 개괄해서 설명한다. 홉스는 인간이 신체적으로 상처를 쉽게 입도록 태어난다는 사실뿐 아니라 인간의 공포심과 경쟁심, 명예욕으로 인해 자연상태의 인간과 그 짧은 삶은 좋지 않은 이미지로 나타난다고 주장한다. 이는 자연상태를 벗어나는 일이 분별 있는 행동이라는 것이고, 곧 사회계약을 지지하는 이성적 동기를 강화하는 것으로 작용하는 것이다. 홉스에게는 자연상태를 벗어나야 한다는 논리가 군주의 권력은 절대적이어야 한다는 자신의 주장을 정당화하는 셈이다. 그런데 루소가 생각하는 인간 본성의 개념은 그 정도로 비관적이지는 않다. 따라서 루소가 말하는 사회계약과 그 사회계약이 정당화하는 통치권의 종류 둘 다 홉스와 매우 다를 것으로 쉽게 예상할 수 있다.

루소에 따르면 사람들은 선하게 태어났다. 그리고 어떤 의미에서는 사람들을 타락시키는 것이 바로 사회다. 루소의 요지를 잘못 해석할 염려가 있기 때문에 여기서는 조금 주의해야 한다. 초기에 발표한 논문에서 루소는 문명을 옹호하고 환영하는 것 같다. 그러나 1755년 출간된 『인간 불평등 기원론Discours sur l'origine et les fondements de l'inégalité parmi les hommes』❡에서는 모든 과학의 근원이 미심쩍다고 말한다. 예를 들어 천문학은 점성술이라는 미신에 뿌리를 두고 있고, 수학은 큰 욕심 때문에, 물리학은 쓸데없는 호기심 때문에 생겼으며, 야금술과 농업은 실수로 나왔다는 것이다. 통치받지 않는 인간은 순박하고 자유로우며 고귀하기까지 하다. 그러나 국가가 생기면서 이 세상에 타락과 불평등, 노예 제도가 탄생했다. 물론 이런 수사학적이고 과장된 논조는 『사회계약론』에서 가면 약간 진정되고 줄어든다. 그러나 본래의 인간, 자연상태에 있는 인간은 홉스가 말하는 야만인과는 다르다는 견지는 유지된다. 또한 문명에는 사람을 타락시킬 수 있는 영향력이 존재한다는 주장도 계속된다. 그러나 루소의 성숙한 견해를 이해하려면 많은 단서가 필요하다.

그럼에도 루소에 대해 성급하게 가정하는 사람들이 많다. 루소가 우리에게 사회라는 비열한 치장을 벗어던지고 자연상태로 돌아가라고 주장한다는 것이다. 어느 날 갑자기 우리 집 정원사가 자신은 루소의 주장에 동의한다고 하면서 이제부터 잔디를 깎지 않겠다고 말한다면 어떡하겠는가? 이런 생각은 루소의 취지와는 완전히 다르다. 사회는 부패할 수 있다. 그러나 그렇게 되지 않아도 된다. 실은 루소는 문명화된 상호작용을 통해서만 본래의 사람이 더 나은 존재가 될 수 있다고 주장한다. 사람은 도덕관념이 없는 자기 보존의 삶을 도덕적인 삶, 더 고귀한 자유로 바꿀 수 있다. 단순히 힘으로 물건을 차지하는 게 아니라 법적인 자격을 가질 수 있다. 게다가 도덕적 자유도 얻을 수 있다. 즉 맹목적 욕구에 몸을 맡기지 않고 선택할 자유를 얻게 되는 것이다. 사회는 개인을 "어리석은 유한의 동물" 대신 "지성의 피조물인 사람"이 되게 한다. 이런 말은 사회는 타락한다는 단순한 생각을 고수하는 사람에게서는 기대할 수 없는 것이다.

그럼에도 그의 책을 읽는 이들이 루소는 문명이 타락한다는 단순한 주장

: 『인간 불평등 기원론』

루소가 사회계약 이전의 자연상태를 처음으로 설명한 것은 『인간 불평등 기원론』에서였다. 이는 디종 아카데미(l'Académie de Dijon)가 내건 현상 공모의 주제 '인간들 사이의 불평등의 기원은 무엇이며, 그것은 자연법에 의해 정당화될 수 있는가?'에 대한 답변이다. 루소는 자연상태의 인간은 행복하고 자유로웠으나 사회가 등장하고 재산이 출현하면서부터 인위적인 불평등이 생기게 되었다고 말한다. 즉 『인간 불평등 기원론』은 인간이 어떻게 자유를 잃어버렸는가를 설명하기 위해 쓴 것이며, 『사회계약론』은 인간이 앞으로 어떻게 자유를 되찾을 수 있는가를 쓴 것으로 볼 수 있다.

을 하고 있다고 오해하게 될 소지가 있는 것은 바로 루소가 사용하는 표현들 때문이다. 예를 들어, 루소는 "사람은 태어날 때는 자유롭지만" "어디에 있든 사슬에 묶여 있다"며 화를 낸다. 이를 문명사회의 구속이나 타락으로 받아들여서는 안 된다. 이는 우리가 애초부터 자유를 가지고 있지만 그것을 포기하는 것 같다는 뜻이고, 우리가 그렇게까지 될 필요가 없다는 뜻이다. 루소는 『사회계약론』을 집필하는 목적을 밝히면서 이런 바람을 피력한 바 있다.

> 나의 목적은 정치적인 사회에서 통치권의 정당하고도 확실한 원칙, 즉 인간을 있는 그대로 받아들이고 법을 이상적인 법의 모습이라고 여겨지는 그대로 생각하는 원칙이 존재할 수 있는지 살펴보는 것이다.

루소는 홉스나 로크와는 달리 가언적 철학에 몰두한다. 루소가 말하고자 하는 것은 우리의 국가를 합법화하는 것은 무엇인가가 아니라 합법적인 국가란 어떤 모습이어야 하는가이다. 특정한 인간 본성의 개념 (즉 있는 그대로의 인간)이 주어져 있다고 한다면, 그렇다면 국가는 어때야 하는가?(즉 이상적인 법이란 어떤 모습이어야 하는가?) 혁명을 마음에 품고 있는 사람들이 루소의 생각에 그토록 매료되는 이유는 바로 루소의 철학이 가진 이런 가언적인 면이다.

루소의 사상 안에는 어떤 인간 본성 개념이 들어있을까? 사람이 본성적으로 선하다는 루소의 생각은 이미 알고 있지만, 이는 사람에게 선할 수 있는 잠재성이 있다는 뜻이라고 이해하는 편이 좋을 것이다. 엄밀히 말해 루소에게 자연상태의 인간은 도덕관념이 없으며 법이나 윤리 원칙이 아니라 욕구와 본능, 그리고 무엇보다도 자기 보존의 전前반성적prereflective('성찰하기 이전의, 있는 그대로의, 습득한 그대로의'의 뜻) 명령에 따른다. 또한 이 모든 것과 관련된 일종의 내재된 자유가 있다. 즉 인간은 자신을 직접 돌보기에 자신의 주인인 것이다.

초기 저술에서 루소는 고결한 미개인이 몰락한 이유가 사유재산이 출현한 탓이라고 주장한다.

> 최초로 한 구역의 땅에 울타리를 치고 "여기는 내 땅이다"라고 말한 사람, 사람들은 단순해서 자신의 말을 믿는다는 사실을 알게 된 그 사람이 문명사회의 실제 설립자다.

일단 사유재산이 문서화되고, 이것은 네 것이 아니라 내 것이라는 생각을 할 수 있게 되면 불평등이 생겨나며 인간의 타고난 자유는 사라진다. 더 많이 소유한 사람은 덜 소유한 사람의 주인이 된다.

모든 사람이
같은 것을 잃고 얻는 사회계약

그러나 루소는 『사회계약론』에서 정치적 의무와 국가 합법성의 새 개념, 즉 '이상으로서의 법' 안에서 이 모든 것을 해결할 수 있는 방법을 찾아낸다. 루소가 이전의 사회계약 이론가들과 가장 크게 다른 점은 인간은 통치를 받으면서도 자유로울 수 있다고 주장한 점이다. 루소에게 있어 관건은 "공동의 힘으로 사람과 그 사람에 딸린 물건을 보호하고 방어하며 각 사람이 다른 사람과 자신을 조화시키면서 오직 자신에게만 복종하며 이전처럼 자유로운 상태로 남을 수 있는 그런 국가 형태를 찾아내는" 일이다. 루소는 본래의 인간이 가졌던 자유를 보존하고 강화하면서 국가만이 줄 수 있는 보호와 거기에 동반되는 윤리적·사회적 미덕을 확실하게 하기를 원했다. 다시 말하면 루소는 이 두 가지를 다 원하는 것이다. 홉스와 로크는 둘 다 이것이 불가능하다고 보았고, 국가를 가지려면 개인의 자유를 포기해야 한다고 주장했다. 홉스는 사람들이 함께 계약을 맺어 각자의 자유를 군주에게 일괄적으로 준다고 말한다. 반면에 로크는 사람들이 자유의 큰 부분을 포기하고 자신의 타고난 권리를 방어하기 위해 사욕 없는 재판관을 지정하면서 군주와 계약한다고 주장한다. 루소에 따르면, 사람이 스스로를 다스린다면 통치받으면서도 자유로울 수 있으며 이것을 성취하려면 합동으로 주권자가 되기로 계약한 사람들이 자유를 포기하지 말아야 한다. 여기서 주권자는 왕도 의회도 아니고 사람들 전체로 본다.

루소에 따르면, 사회계약은 그 공동체의 모든 구성원이 모든 권리를 공동체에게 "총체적으로 양도"함으로써 이루어진다. 이것은 계약으로 이익을 얻는 특정인이 없다는 의미다. 즉 왕이나 소수의 통치자 집단이 계약의 이익을 가져가는 것이 아니다. 모든 사람이 다 같은 것을 잃고 같은 것을 얻는다. 전권을 가진 한 사람의 군주 대신 사회계약이 "공동의 조직체"를 만들어내며 그 조직체는 공동체 안에 있는 사람들 모두로 구성된다.

여기에 루소의 용어를 주의 깊게 봐야 한다. 루소는 함께 계약하는 사람들은, 공동 조직체의 통치권을 공유한다는 점에서 '시민'이며 자신을 그 공동 조직체의 법 아래 놓는다는 점에서 '백성'이라고 말한다. 사람들을 시민과 백성이라는 두 가지 방식으로 생각해야 한다는 것인데, 자유도 보존하고 법의 통제도 유지하겠다는 루소의 바람이 오히려 자신에

:: 램지가 그린 장자크 루소의 초상1766과 1762년 독일에서 해적판으로 제작된 것으로 추정되는 『사회계약론』의 표지

게 '이중성'의 짐을 지우는 것 같기도 하다. 게다가 그런 방식이 지속될 수 있을지도 의문스럽다. 모든 계약자가 각자 시민으로서 힘을 동등하게 가지고 있다면 법을 만드는 데 각 사람이 자기 이익만을 고려하는 자연상태로 어느 정도는 돌아간 것은 아닐까? 루소는 함께 계약한 사람들이 권리를 계속 보유하고 있다는 것을 부정함으로써 이 문제의 답을 일부 제시한다. 사람들은 입법 시에 의견을 말할 권리가 없으며 따라서 해야 할 일을 정하는 데는 공동의 이익만을 고려할 수 있다. 루소는 주권자와 공동의 선 그 자체의 본성과 관련해 또 하나의 답변을 제시한다.

시민의 이익이
주권의 이익이다

루소에 따르면, 계약이 만들어낸 정치 조직체body politic('정치체'로 줄임)

는 수동적일 때는 '국가'이고 능동적일 때는 '군주'다. 여기서 군주라는 말의 쓰임이 상당히 색다르다는 점에 주의해야 하지만, 루소가 그 말로 의미하고자 하는 것이 무엇인지 아주 명백하지는 않다. 일단, 왕이나 의회를 의미하는 것은 분명 아니며 우리가 말하는 '행정부'를 뜻하는 것도 아니다. 사실 루소는 사람들 모두가 입법에 종사해야 한다고, 즉 사람들은 함께 모여 행위에 따르는 제재와 포상을 적어놓는 법체계를 고안해야 한다고 주장했다. 이런 활동은 군주가 할 수도 없고 실제로 개개인에게 판정을 내리는 행정부의 일과도 별개다. 대신 사람들은 정부가 기능을 발휘할 수 있게끔 일시적인 계약상의 권력을 부여한다. 주권이 정부의 일상적인 일, 최소한 행정부의 업무 안에 있지 않음은 분명하다.

루소는 주권이 백성의 이익에 반하는 이해관계를 절대 가질 수 없다고 말한다. 주권은 악의가 있을 수 없으며 공동의 이익 외의 어떤 다른 동기도 가질 수 없다. 또한 잘못된 정보를 가지지 않는 한 주권은 무엇이 공동의 이익인지 잘못 판단할 리가 없다. 더 나아가 주권은 백성들의 손안에서 영속한다. 그것은 왕이나 정부에게 양도될 수 없다.

주권은 순전히 주권 그 자체 덕분에 항상 이상적인 모습이다.

어떻게 이것이 가능한가?

주권이 사람들의 이익에 반하는 어떠한 이익도 가질 수 없다는 주장을 생각해 보자. 사람들은 분명 매우 다양한 이익을 가진다. 개중에는 서로 다투거나 상충하는 이익도 많다. 그런데 주권이 사람들의 이익에 반하는 이익은 조금도 갖지 않는 게 가능할까? 주권의 이익이 최소한 몇몇 개인의 이익과는 상반될 수도 있지 않을까? 개인이 백성이라면 그의 이익은 주권의 이익과 상충할 수 있지만, 개인이 시민인 한 그의 이익과 주권의 이익은 동일하다. 그 이유는? 루소에 따르면, 주권은 '일반의지volonté générale'의 표현이기 때문이다.

어쨌든 일반의지는 집단 의사 결정을 통해 생길 것이다. 자연상태에서 문명화된 삶으로 이동하면서 인간은 자신의 이익보다 더 많은 것을 고려하도록 압력을 받는다. 그런데 사회계약은 정부라는 존재를 만들어낼 뿐 아니라 인류를 야만인에서 윤리적이며 사고하는 시민 정신을 가진 사람들로 변형시킨다는 점을 상기해 보자. 그런 변형이 일어나는 것은 생존에 대해 개인의 이익을 앞세운 요구를 하다가 다른 사람의 이익에도 주의를 기울여야 한다는 사실을 인지하게 되면서다. 또한 적어도 가끔은 다른 사람들의 이익이 자신의 이익에 앞설 수도 있다는 가능성을 인정할 때도 변형이 생긴다. 정치체는 단순히 사욕을 가진 사람들의 집단이 아니다. 루소는 정치체를 일반의지를 가진 유기체라고 했다.

루소가 말한 이 '유기체'를 두고 조롱과 논란이 많다. 모든 사람이 함께 계약할 때 말 그대로 하나의 유기체, 즉 새로운 실체가 실제로 세상에 나타났다는 말이냐는 것이다. 이 피조물이 무엇을 하고 있는지 잠은 어디에서 자는지 등등을 비꼬는 사람도 있다. 그 존재가 무엇을 의도하는지 밝혀내는 것은 우리의 능력 밖의 일이다. 루소가 말한 하나의 유기체는 단지 문학적 장치라고 하는 사람도 있다. 루소가 말하고자 하는 바는 의지 같은 것이 정치체를 운영하는 중에 드러날 수 있

: 「산에서 쓴 편지」

루소는 『에밀』의 출간으로 인해 프랑스에서 추방된 후 스위스의 여러 지방을 전전하게 되었는데, 제네바에서도 『사회계약론』과 『에밀』에 판매 금지 조치가 내려지자 프로이센으로 피신해 「산에서 쓴 편지」1764라는 소책자를 쓰게 된다. 가공의 인물에게 쓴 9편의 편지 형식으로 된 이 책은 특권층의 권력 독점과 사회의 억압을 비난하면서 『사회계약론』과 『에밀』을 옹호하는 내용을 담고 있으며, 『인간 불평등 기원론』과 『사회계약론』의 모델이었던 제네바를 독재자 25명이 통치하는 도시국가라고 표현했다. 이 소책자의 제목은 제네바의 검사관인 트롱섕Jean-Robert Tronchin, 1710-1793이 루소를 반박하기 위해 내놓은 소책자 「시골에서 쓴 편지Lettres écrites de la campagne」1763의 제목을 패러디해서 지은 것이다.

163

다는 것이다. 그러나 어쨌든, 사람들이 모인 집단이라면 하나의 의지를 가졌다고 생각할 수는 있다. 예를 들어, '노동자 계급의 불만' 같은 것 말이다. 우리는 굳이 글자와 문구에 얽매이는 사람이 아니더라도 이 이야기의 뜻은 알아듣는다. 따라서 루소가 공동체 전체에 관해 그와 유사한 것을 말하고 있다고 생각하기로 하자.

　진실은 루소에 대한 자구적인 해석과 문학적인 해석 사이에 놓여 있다. 이익의 상충이 계산된 일반의지가 각 개인 의지들의 합일까? 어떤 사람들은 그렇다고 주장할 수도 있겠지만 또 어떤 사람들은 일반의지가 단지 '다수'의 의지일 뿐이라고 한다. 그러나 이런 해석은 둘 다 모든 이의 의지와 일반의지 사이를 구분한 루소의 의도를 참작하지 않은 것이다. 루소가 말하는 모두의 의지란 사실은 모든 사람이 원하는 것으로, 우연히 원하게 된 것까지도 포함하는 것이다. 반면에, 일반의지는 모든 사람이 '원해야 하는' 것이라 할 수 있다. 그것은 시민의 의무를 다하고 서로를 돌보겠다고 마음먹고 있는, 시민답게 사고하는 시민의 의지다. 그것은 하나의 이상이다. 이것으로 앞에서 언급한 대담한 주장이 설명될 것이다. 주권자는 백성의 이익에 반하는 관심을 가지거나 악의가 있을 리 없으며 공동의 선 말고 다른 어떤 동기도 가질 수 없다. 만일 주권이 일반의지의 표현이라면, 그리고 일반의지가 일종의 이상이라면, 다시 말해 마치 한 사람처럼 자신의 공동 이익에 의해서만 움직이는 시민의 정화된 의지라면 이런 주장을 이해할 수도 있을 것이다.

일반의지를 거부하는 자는
욕망의 노예일 뿐

이렇게 생각한다면, 루소가 『사회계약론』에서 내놓은 골치 아픈 주장에 대해서도 약간의 희망 같은 게 보일 것이다. 루소는 일반의지에 복종하지 않겠다는 사람은 누구든 강제로 복종하게 만들어야 한다고 주장한다. 루소의 언어로 표현해서, 그런 사람에게는 "강제로 자유를 주어야 한다"는 것이다. 일반의지가 규범적 개념이라면, 다시 말해 일반의지는 우리에게 세상사는 어떠해야 하는가를 말해 주는 이상이라면 거기에 따르기를 거부하는 사람은 도덕성을 벗어나서 여전히 자연상태의 다른 야만인들과 유대 관계에 있는 것이다. 자유는 본능에 좌우되기보다는 윤리적으로 다른 사람의 복지를 위해 행동할 때 부분적으로 존재한다. 일반의지를 따르지 않는 사람은 도덕적인 삶을 선택할 자유를 행사하지 못할 것이며 단지 욕망의 노예일 뿐이다. 이 부분은 루소 철학의 하나의 '거친 모서리'라고 하기에도 너무 지나치게 돌출한 부분이기 때문에, 일부 학자들은 루소는 경찰이 우리에게 하라고 하는 바를 하는 것까지도 자유라고 부를 것이라며 강력히 반박한다.

그런데 더 큰 문제가 있다. 말하자면, 우리가 아무리 일반의지를 이해하려고 노력해도 하나로 통일된 일반의지라는 것이 아예 없을 수도 있다는 점이다. 사람들의 이해관계는 상충될 수도 있고, 심지어는 완벽하게 시민 정신에 부합할 정도로 이성적이고 합리적임에도 서로 경합할 수도 있는 것이다. 어떻게 단 하나의 일반의지가 있을 수 있겠는가? 이 문제와 기타 다른 난제를 해결하기 위해 독자가 어떤 길을 선택하느냐에 따라 루소의 사상이 가진 가치와 그 요지에 대한 결론은 달라질 것이다.

루소의 다른 책

📖 학문과 예술에 대하여

디종 아카데미가 '예술과 학문의 발전은 도덕의 향상에 기여하는가, 타락에 기여하는가'라는 주제로 내건 논문 공모에서 대상을 수상한 작품. 루소의 대답은 당시의 모든 예상을 뒤엎고 '타락시킨다'였다. 루소는 원래 인간은 선한 존재이지만, 학문·예술·기술의 진보로 인해, 즉 사회와 문명 때문에 타락하고 불행해진다고 주장했다.

📖 신엘로이즈

귀족 가문의 딸과 가난한 평민 출신 가정교사가 금지된 사랑에 빠지는 이야기를 담은 소설. 이성과 합리가 강조되는 계몽주의 시대에 자유로운 감정 표현과 연애의 이상주의를 펼쳐 프랑스 사회에서 큰 인기를 끌었고, 낭만주의 문학 발전에 지대한 영향을 끼쳤다.

📖 에밀

소설과 교육학 논문의 중간 형태인 일종의 '교육 성장소설'이다. 어린이에게서 나타나는 악행이나 오류는 사회나 가족과 같은 외적인 환경과 편견의 영향이기 때문에, 이러한 악영향으로부터 어린이를 보호할 것을 주장했다. 또 당시 널리 퍼져 있던 지식 주입식 교육을 반대하고 심신 단련·품성 등의 전인교육을 중시하는 자연주의적이고 자유주의적인 교육관을 펼쳐 근대 교육학의 고전이 되었다. 책의 내용 중에서, "인간의 내부에 있는 신성한 목소리"인 양심을 강조하면서 계시나 교리가 없는 일종의 개인 종교를 내세운 게 교회의 반발을 사, 결국 프랑스 의회의 체포 명령으로 루소는 도망자 신세가 된다.

The 20 Greatest Philosophy Books

10

칸트

순수이성비판

Kritik der reinen
Vernunft

1781

이마누엘 칸트

Immanuel Kant, 1724~1804

철학사를 통틀어 가장 위대한 철학자의 한 사람으로 평가받는 칸트. 흄의 회의론적인 결론을 보면서 칸트는 '독단의 선 잠'에서 깨어나, 지식과 관련된 모든 문제를 완전히 새롭게 사고하게 되었다. 경험론과 합리론을 통합하면서 인식의 성 립 조건과 한계를 규명하고 형이상학적 현실을 비판하여 비 판철학을 확립했다.

1724	출생 (동프로이센 쾨니히스베르크, 현 러시아 칼리닌그라드)
1740	쾨니히스베르크 대학에 입학
1755	쾨니히스베르크 대학에서 강의
1770	쾨니히스베르크 대학 논리학 교수로 임명됨
1781	**『순수이성비판**Kritik der reinen Vernunft』 **출간**
1785	『도덕 형이상학 원론Grundlegung zur Metaphysik der Sitten』 출간
1788	『실천이성비판Kritik der praktischen Vernunft』 출간
1790	『판단력 비판Kritik der Urteilskraft』 출간
1793	『이성의 한계 내에서의 종교Die Religion innerhalb der Grenzen der bloßen Vernunft』 출간
1794	칙서에 의해 종교에 관한 공적 발언을 금지당함
1796	논리학 강의를 마지막으로 은퇴
1798	『학부들의 논쟁Der Streit der Fakultäten』 출간
1804	사망 (동프로이센 쾨니히스베르크)

칸트
순수이성비판

이 마누엘 칸트는 철학자 모제스 멘델스존^{Moses Mendelssohn, 1729~1786}에게 보내는 편지에 『순수이성비판^{Kritik der reinen Vernunft}』1781에 대해 이렇게 썼다.

> 이 책은 12년에 걸친 성찰에서 나왔지만, 한 네다섯 달 만에 급하게 써서 완성한 것이네. 책의 내용에는 지대한 주의를 기울였지만 문체와 가독성에는 그다지 신경 쓰지 않았네.

『순수이성비판』을 쓰는 데 겨우 몇 달밖에 걸리지 않았다는 사실은 분명 놀라운 일이다. 그러나 집필하는 동안 문체와 가독성은 그다지 중요하게 생각하지 않았다는 사실은 전혀 놀랍지 않고 아쉬울 뿐이다. 이 책은 하나의 미로와 같다. 그 불가해한 구조는 우리를 개념적 혼란에 빠

뜨린다. 두려울 정도로 긴 문장, 인정
사정없이 늘어지는 단락, 고도의 전문
용어가 새로 도입되고, 그 용어들이 공
황을 일으킬 정도로 불규칙하게 채용
된다. 게다가 칸트의 주제는 '공원을
거니는 산책' 같이 편안하고 한가한 것
이 아니다. 칸트는 형이상학의 모든
문제에 대한 해답을 명확하게 설명하

: 칸트의 일과

칸트가 시간 관리에 매우 엄격했다는 것은 그 당시나
지금이나 유명한 사실이다. 칸트는 아침 5시 이전에 일
어나서 한 시간 동안 차를 마시고 담배를 피우며 하루
일과를 세심하게 살폈다. 그런 다음 한 시간 동안 강의
준비를 했다. 강의는 여름에는 7시에서 9시, 겨울에는 8
시에서 10시까지 있었다. 강의가 끝나고 나면 두 시간
동안 글을 썼다. 정오의 점심시간이 되면 두 시간 정도
담소를 즐기면서 사람들과 시간을 보냈다. 그 후에는 산
책을 했고 밤 10시까지 책을 읽은 뒤에 잠자리에 들었
다. 칸트는 루소의 『에밀』을 읽느라 며칠간 외출하지 않
은 것을 제외하고는 이 규칙적인 산책을 어긴 적이 없
었다.

려고 하는데, 그 답들은 인식론에 있어 지축을 흔드는 것과 같은 광범위
한 대혁명을 요구한다. 『순수이성비판』을 언급하기만 해도 철학자의 미
간에 주름이 잡히는 것을 쉽게 볼 수 있다.

이런 모든 사실에도 불구하고, 『순수이성비판』이 지금까지 나온 가장
위대한 철학책 중의 하나라는 사실은 전혀 의심의 여지가 없다. 우선 칸
트가 이 책에서 풀어내려고 했던 문제를 살펴보고 그의 해결책을 검토
해 보자. 이 일이 어렵게 생각될 수도 있다. 그렇다면 오히려 이 책을 제
대로 보고 있는지도 모른다는 사실이니 이 점으로 스스로를 위안하도록
하자. 칸트는 절대 쉽지 않다.

형이상학은 왜 대접받지 못하고 있는가!

칸트는 『순수이성비판』의 첫 부분에서 형이상학이 수학이나 자연과학
같은 다른 학문 분야가 누린 성공을 구가하지 못했다고 말한다. 형이상
학은 모순과 논쟁 안에서 갈피를 못 잡고 있는 것 같다. 예를 들어, 세상

은 시초가 있고 공간적으로 제한되어 있다거나 모든 복합 물질은 단순한 물질로 구성된다거나 자유 의지는 존재한다거나 신은 존재한다는 등의 주장에는 그것을 지지하거나 반박하는 흥미진진한 논쟁이 뒤따른다. 형이상학에서 이런 주제는 매일 먹는 양식과 같은 존재다. 하지만 그런 논쟁의 끝에는 해결되는 것은 없고 독단적인 두 견해, 즉 그런 주장이 참이라고 하거나 거짓이라고 하는 견해만이 똑같은 비중을 차지한 채로 남게 되는 듯하다. 더 안 좋은 경우로는, 회의론이 참일 가능성만 남을 때다.

형이상학은 수학과 자연과학이 이뤄낸 수많은 발견과 비교해 볼 때 성과가 없는 것으로 보였다. 칸트는 이 점이 특히 마음에 걸렸다. 그 이유를 알아내기는 어렵지 않다. 칸트의 시대에는 철학의 중심에 합리론과 경험론 두 학파가 있었다. 합리론자들은 형이상학적 진위 중에서 최소한 일부는 감각적 경험과는 별개로 알 수 있다고 생각한다(앞에서 보았듯, 데카르트는 신의 개념을 성찰함으로써 신의 실재성을 증명할 수 있다고 믿었다). 경험론자의 견해에 따르면 정신의 내용은 온전히 감각 경험에 의해 보충되며 어떤 형이상학적 진리를 알게 된다고 해도 그 진리는 감각에 근거를 둔 관념을 조작함으로써 확고해진다. 수학이 거둔 성과는 합리론의 도구를 성공적으로 사용한 예로, 자연과학이 이룬 업적은 경험론의 도구를 훌륭하게 사용한 예로 볼 수 있다. 이 두 학파는 다른 학문에서 성공을 거둠으로써 각각의 가정과 방법의 가치를 증명한 것 같다. 그런데 형이상학에서는 왜 그렇게 완전히 실패하고 말았을까? 물론 그 두 가지가 완전히 다르다고는 해도 말이다.

칸트가 문제라고 생각한 것은, 이성이 일부 영역에서는 활동을 하지만 그 외의 다른 곳에서는 활동하지 않는 것 같다는 점이다. 이성은 수

:: 근대 계몽주의의 정점으로 평가받는 칸트의 초상(작자 미상)과 『순수이성비판』 초판 표지

학과 자연계의 본성에 대한 연구에는 매진해 그 두 학문을 발전시키지만, 일단 형이상학의 문제를 대하게 되면 기능이 멈춰버린다. 더 놀라운 점은, 그에 대해 어떻게 할 도리가 없어 보인다는 점이다. 이성은 형이상학으로 이끌리긴 한다. 형이상학의 문제들이 답을 요구하는 것 같기 때문에, 이성이 그 방향으로 움직인다는 것이다. 그러나 형이상학을 합리론이나 경험론으로 다루려는 시도는 모두 실패로 돌아간다.

칸트는 경험론과 합리론 둘 다 적당하지 않다고 생각한다. 그 둘이 아닌, 완전히 새로운 것이 필요하다고 본다. 이성의 실패와 성공을 모두 설명해 줄 수 있는, 크게는 정신의 역할, 세부적으로는 이성의 역할에 대해 사고하는 새로운 방법이 필요하다고 본 것이다. 칸트는 이성 자체를 올바로 채용하는 법을 기술하겠다는 희망으로 이성 비판 또는 이성의 자기 탐구에 착수함으로써 새로운 관점에 도달할 수 있다고 주장한다.

이성에게 그 과제 중 가장 어려운 일인 자신에 대한 이해에 새로 착수할 것을 요청하고, 이성의 정당한 주장을 확실하게 추론하게 할 재판소를

173

설치하고 근거 없는 모호한 주장은 모두 떠나보내라고 요청한다. 그러나 독재적인 명령에 의해서가 아니라 이성이 획득한 불멸·불변하는 법칙에 의거해서 해야 한다.

이렇게 순수이성reine Vernunft🔖 비판에 착수할 것을 요청하는 칸트의 말에 어찌 마음이 동요하지 않겠는가!

형이상학은
가능한가?

그럼 이제 칸트가 겪는 어려움에 대해 생각해 보자. 칸트는 분명 형이상학의 논쟁을 해소하려고 애쓰고 있다. 그 논쟁의 상대방인 회의론이 특히 골칫거리이다(칸트는 회의론을 "순수이성의 안락사"라고 불렀다). 많은 사람들이 칸트가 회의론에 대한 응수, 특히 흄의 철학에 대한 응수를 공표한다고 본다. 그러나 칸트는 단순히 회의론을 반박하는 것에 그치지는 않는다. 그의 목표는 어떻게 형이상학이 가능한지를 보여주는 것이다. 칸트가 이해하는 바에 따르면 형이상학은 이성이 감각의 한계 너머를 사고하려고 시도하는 것이다. 우리가 그 문제의 핵심에 다가가 칸트의 관점에서 이해하고자 한다면, 안타깝게도 두 가지 어려운 구분을 먼저 검토해야 한다. 바로 '분석'과 '종합'의 구분, 그리고 선험적인 것(아프리오리a priori)과 후험적인 것(아포스테리오리a posteriori)의 구분이다.

칸트의 언어에서, 일부 지식이 주장하는 바가 분석적analytisch이라는 말은, 일부 문장에서는 어떤 하나의 속성을 하나의 개념에 속하는 것으로 보며 그 성질 자체는 이미 그 개념 안에 들어 있다는 뜻이다(칸트는

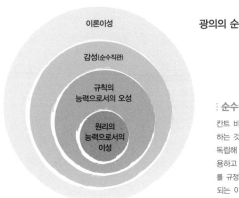

이론이성

감성(순수직관)

규칙의
능력으로서의 오성

원리의
능력으로서의
이성

광의의 순수이성

실천이성

: 순수이성

칸트 비판철학의 중심 개념. 어떤 것을 선험적으로 인식하거나 경험
하는 것을 가능하게 하는 인간의 정신 능력을 말하며, 경험으로부터
독립해 있다. 칸트 스스로 순수이성이라는 용어를 다양한 범위로 사
용하고 있는데, 『순수이성비판』에서는 실천이성(도덕적인 실천의 의지
를 규정하는 이성. 절대 타당한 도덕의 보편 법칙에 따르는 능력)과 대비
되는 이론이성 일반을 가리키고 있다. 즉 감성과 오성, 좁은 의미의
이성을 포함한다.

'분석판단analytisches Urteil'을 '주어 개념 속에 이미 내포되어 있는 것을 분석해
그것을 술어로 삼는 판단'이라 했다). 예를 들어 우리가 삼각형이 무엇인지
안다면 '삼각형은 변이 세 개다'라는 분석적 진술의 진위를 알 수 있다.
이 진위는 삼각형이라는 개념을 분석하고 그 안에서 세 변을 가진다는
성질을 찾아냄으로써 알 수 있다. 그 문장이 참이라는 것을 알기 위해서
삼각형을 찾으러 돌아다니지 않아도 되는 것이다. 그러나 그 외의 사실
은 종합적synthetisch이다. 칸트는 이 말을 "어떤 문장은 개념 안에 있는
것 이상을 그 개념에 속하게 한다. 즉 다른 여러 개의 개념을 종합해 정
보를 주는 하나의 사실로 만든다"라는 뜻으로 사용한다('종합판단
synthetisches Urteil'은 '술어가 주어와 결합하여 주어에 포함되어 있지 않은 새로운
개념을 나타내 인식을 확장시키는 판단'이다). 예를 들어 '제임스는 팔에 삼
각형 모양의 문신이 있다'라는 말을 들었다고 생각해 보자. '제임스'의
개념에는 여러 가지가 들어 있겠지만 그 사람의 팔에 삼각형 모양의 문
신이 있어야 한다는 필연성은 없다. 그 문장이 참이라고 해도 분석만으

175

로 그 문장의 진실성을 알 수는 없고, 우리는 제임스에게 소매를 걷어보라고 해야만 할 것이다.

칸트에 따르면 분석적 사실은 선험적으로, 즉 경험에 앞서 알게 되고 종합적 사실은 후험적으로, 즉 경험에 의해 알게 된다. 선험적 사실은 필연적으로 참이다. 즉 부정하면 모순에 빠진다. 후험적 사실은 단순히 우연적이다. 그것은 실제로 이 세상이 어떤가에 달려 있다. 이쯤 되면, 합리론자들은 선험적, 분석적인 일에, 경험론자들은 후험적, 종합적 사실에 매달려 있다는 사실을 눈치챘을 것이다. 그렇다면 지금까지는 상당히 잘 따라오고 있는 것이다.

그러나 칸트가 주장하는 것은 이렇다. 형이상학이 가능하다면, '종합적이며 선험적인 진리'가 있음에 틀림없다. 그런 진리는 경험과는 별개로 알 수 있는 것으로 필연적인 진리(선험적 진리)인 동시에, 단순히 문제가 되는 개념을 분석함으로써 전달할 수 있는 것 이상의 사실을 언급하는 진리(종합적 진리)다. 다시 말해 형이상학에는 낯선 잡종의 명제가 필요한 것 같다. 그것은 개념의 구성 요소를 분석해서 도출되는 것을 넘어서는 진리, 선험적으로 알려진 진리를 필요로 한다. 이제 칸트는 묻는다. "어떻게 종합적이면서 선험적인 진리가 있을 수 있는가?"라고. 칸트에게 이런 질문은 어떻게 형이상학이 가능한지를 묻는 것과 마찬가지다.

우리의 마음이
세계를 구성한다

이에 답하려면 정신의 본성을 완전히 다시 고찰해 봐야 한다. 칸트는 형이상학의 문제를 푸는 일에는 "코페르니쿠스적인 전환"과 같은, 사고에서의 대변혁이 필요하다고 주장한다. 니콜라우스 코페르니쿠스Nicolaus Copernicus, 1473~1543가 태양계의 중심은 지구가 아니라 태양이라는 사실을 보여줌으로써 모든 것을 거꾸로 뒤집은 것처럼, 인식론에서의 칸트의 대변혁은 경험계에 대한 우리 오성의 중심에 대상의 고유 성질 대신 '정신의 고유 성질'을 놓은 것이다.

자연계를 이해하려면 지각자의 머릿속에서 일어나고 있는 것과 세계 안에서 일어나고 있는 것이 대응되어야 한다고 생각하는 것은 합리론자나 경험론자 모두 마찬가지다(물론 저마다의 방식으로 생각할 것이다). 우리는 우리

:: 칸트의 묘비에는 『실천이성비판』에 나오는 다음의 구절이 독일어와 러시아어로 새겨져 있다(칸트가 태어나고 죽은 동프로이센의 쾨니히스베르크는 현재 러시아 칼리닌그라드다). "생각하면 할수록 내 마음을 경외심으로 가득 채우는 두 가지가 있다. 내 머리 위, 별이 빛나는 하늘과 내 안의 도덕 법칙이다."

정신을 세계와 같은 모양이 되게 함으로써 사물을 알 수 있게 된다. 세상 어딘가에 병 안에 담긴 위스키가 실제로 있다고 가정해 보자. 정말로 이것을 알게 되는 것은 머릿속에 그 병에 대한 심적 대응물을 가지거나 마음을 관통해 지나가는 '병 안에 위스키가 있다'라는 명제를 가짐으로써 가능하다. 합리론자와 경험론자 모두 '도장'과도 같은 자연계의 방식을 얘기한다. 마치 도장처럼, 자연계가 우리의 마음속에 자연을 본뜬 모습을 찍어낸다는 것이다. 이런 시각에서 보면 정신이 작용한다는 것은 수동적으로 자연을 그대로 반영함을 뜻하는 것이다.

칸트의 혁명은 마음이 수동적이 아니라 능동적이라는 주장 안에 있

다. 마음은 단순히 세계를 반영하는 것이 아니라 어떤 의미에서는 마음의 활동이 세계를 구현한다. 경험의 세계를 알기 위해 마음이 세계를 닮아야 하는 것이 아니라 세계가 마음을 닮아야 한다. 마음은 능동적으로 인과 관계 안에 머물고 그 외의 규칙을 따르면서 경험에 형체를 주고 그것을 범주로 나누어 공간과 시간 안에 있는 대상의 세계로 만든다. 마음은 체계를 부여해 우리가 알게 될 수 있는 경험의 세계를 창조한다. 경험론자와 합리론자, 회의론자 들은 어떻게 우리의 마음이 이 세계와 대응되는지 알고 싶어 했다. 칸트에게 이것은 잘못된 질문이다. 우리가 물어야 하는 것은 '우리의 마음이 어떻게 세계를 구성하는가'다.

칸트는 시간과 공간은 '감각할 수 있는 직관의 형식'이라고 주장한다(칸트는 '형식'이라는 말을 사용해서 시간과 공간을 감각 경험의 내용물과 구분하려고 했다. 즉 우리가 시간과 공간 안에서 경험하는 대상과 대조되는 것으로서 시간과 공간에 대해서 말하고 있다). 이 말은 시간적·공간적 관계는 마음이 수행하는 구성 활동의 일부라는 것을 뜻한다. 우리가 경험하는 것은, 공간에 놓여 있으면서 시간이 흐르는 동안 변하는 대상의 세계다. 왜냐하면 시간과 공간은 감각의 주관적 형식이기 때문이다. 장밋빛 안경을 끼고 있는 사람을 생각해 보면 이 의미를 거의 알게 될 것이다. 그 사람이 보는 것은 모두 붉은 기미를 띠게 된다. 그 사람이 보는 모든 것은 그 장밋빛 렌즈를 통과해야 하기 때문이다. 우리가 느끼는 세계는 시간과 공간 안에 질서를 가지고 있다. 시간과 공간이 우리 감각 경험의 형식이기 때문이다(즉 우리가 경험하는 모든 것은 우리의 시간과 공간이라는 렌즈를 통과해야 한다).

칸트에 따르면, 감각적 직관은 지식이 되기에 충분하지 않다. 직관은 "개념 아래 놓여야 한다". 말하자면 감각 경험은 정신의 추가적인 작용을 거쳐야 다시 형체를 가지고 정돈되며 세부적으로 분류될 수 있다. 칸트는 12개의 범주(카테고리^{Kategorie} 🦮)를 규정한다. 즉 단일성, 복수성, 전체성, 실재성, 부정성, 제한성, 실체성, 인과성, 상호성, 가능성, 현존성, 필연성이다. 일단 직접적 감각이 이런 기본 범주에 의해 모양이 잡히면 우리는 대상의 세계를 경험할 수 있다.

우리가 경험하는 세계는 범주들에 의해 모양을 갖춘다는 증명, 즉 범주의 실재성을 옹호하는 칸트의 논거는 아마『순수이성비판』에서 가장 이해하기 어려운 부분일 것이다. 칸트는 그것을 '범주의 초월적 연역 transzendentale Deduktion der Kategorien'이라고 말한다. 우리는 주위를 둘러보는 것만으로는 범주에 도달할 수 없다. 칸트가 맞는다면 우리가 무엇을 경험하든 모든 것이 이미 범주 안에 정립되어 있기 때문이다. 대신 연역에 의한 결론은 경험을 초월해야 한다. 칸트는 범주의 유효성을 증명하는 방법이란, 있을 수 있는 어떤 경험 안에든지 범주들이 전제되어 있다는 점을 보여주는 것뿐이라고 말한다. 연역의 골자는 다음과 같다. 주체가 가지고 있는 내부의 주관적 경험(이것은 데카르트마저 의심할 수 없다고 인정한 것이다)은 객관적인 세계가 있을 때만이 가능하다. 다시 말해 나는 대상이 있어야만, 즉 인과 관계에 있는 시간과 공간 안의 대상의 객관적이고 경험적인 세계가 있어야만(즉 외적 세계가 마음의 범주에 합치할 때만) 실제로 경험할 수 있다.

범주에 대한 고찰은 칸트가 계속 찾고 있었던, 형이상학을 가능하게 하는 선험적 종합 명제로 인도한다. 예를 들어 인과성의 개념은 모든 사건에는 원

: 카테고리

일상적으로는 흔히 '부문部門'의 뜻으로 쓰이는데, 철학에서는 사물의 개념을 분류함에 있어서 그 이상 일반화할 수 없는 가장 보편적이고 기본적인 최고의 유개념最 概念을 뜻한다. 중세시대까지는 인간 인식의 기본 형식이면서 동시에 세계 양상의 기본 형식으로 생각했으나, 근대에 들어 인간 인식의 기본 형식으로 파악하는 사고가 우세해졌다(칸트가 대표적이다). 그리스어의 카테고리아katégoria에서 유래한 말이며, 한자 문화권에서 쓰는 번역어인 범주範疇는 중국의 고대 경전인『서경書經』「홍범洪範」편의 '홍범구주洪範九疇'에서 따왔다.

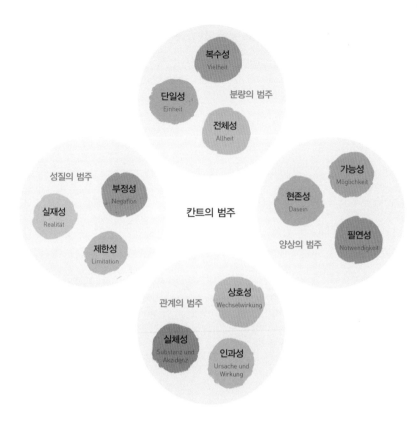

복수성
Vielheit

단일성
Einheit

분량의 범주

전체성
Allheit

성질의 범주

부정성
Negation

실재성
Realität

제한성
Limitation

칸트의 범주

가능성
Möglichkeit

현존성
Dasein

필연성
Notwendigkeit

양상의 범주

상호성
Wechselwirkung

관계의 범주

실체성
Substanz und
Akzidenz

인과성
Ursache und
Wirkung

인이 있다는 가정하에만 적용될 수 있다. 다시 말해서, 모든 사건이 실제로 원인이 있을 때 우리는 실질적으로 그것을 경험할 수 있다. 실체성의 개념은 실체는 모든 변화에도 지속한다는 가정하에서만 적용될 수 있다. 다시 말해 우리는 실체가 변화를 지탱해야만 실제로 변화를 경험할 수 있다. 칸트가 규정한 모든 범주에 이와 같은 것이 적용된다. 명제 자체는 선험적이다(그것이 필연적이므로 그렇다고 할 수 있다). 그리고 종합적이다(원인이라는 개념은 그 자체 안에, 원인이 있는 모든 사건의 개념을 포함하지 않기 때문에 그렇다고 할 수 있다).

흔들리는
사변적 형이상학의 토대

여기까지 잘 따라온 독자들이 샴페인을 터뜨리기 전에 말해 둘 것이 있다. 칸트의 이런 견해에는 대대적인 단서가 첨부되어 있다. 칸트는 범주와 거기에서 도출된 형이상학의 원리는 현상現象, Erscheinung 세계에만 적용된다고 말한다. 칸트는 현상과 물자체物自體, Ding an sich ♥ 사이를 구별했다. 경험의 세계, 시공 안의 대상계는 우리가 경험하는 그대로의 세계, 즉 현상의 세계다. 그러나 그 세계가 본질적으로 무엇인지는 (마음의 범주 활동과는 별개로) 결코 알 수 없다. 시간과 공간, 실체와 원인은 경험적으로 실재하지만 본질적 세계 자체, 즉 물자체의 일부는 아니다.

칸트는 마음의 범주를 올바로 채용하는 일에 제한을 둔다. 이는『순수이성비판』을 시작할 때 던진 질문에 대한 대답의 하나가 된다. 무엇이 형이상학의 모순을 해명하는가? 우리의 이성이, 현상계를 이해하기 위해 꼭 사용해야 하는 범주들을 물자체에 적용하려고 할 때 논쟁이 생겨난다. 이성이 범주를 올바로 적용할 수 있는 범위를 넘어섰기 때문이다. 따라서 일부 형이상학적 주장은 보존되지만, 물자체 그대로를 생각할 수 있다는 희망에 의한 '사변적인' 형이상학은 그 토대가 흔들린다.

인과 관계에 대해 생각해 보자. 정신은 모든 사건에는 원인이 있다는 원칙 하에서만 대상의 세계를 경험할 수 있다. 그러나 만일 정신이 완전하게 유효한 원칙을 이 우주 전체에 보편적으로 적용하려 한다면, 즉 경험의 대상이 될

: 물자체

우리 주변의 세계나 현상은 감성의 선천적 형식을 통해 외부로부터 주어진 물物이 오성의 선천적 형식에 따라 종합적으로 구성된 것이다. 즉 공간과 시간(감성의 선천적 형식)이라는 형식을 거쳐 범주(오성의 선천적 형식에 따라 구성된 것으로, 물物 그 자체가 그대로 보이는 것이 아니다. 이렇게 인간의 의식 밖에 존재하고 인간의 인식과 독립적으로 존재하는 사물 그 자체 또는 객관적 실재를 칸트는 '물자체'라 했다.

181

수 없는 것을 생각하려고 한다면 우리는 모순에 빠진다. 만일 우리가 '이 우주에는 시간상으로 처음이 있는가?' 하고 묻는다면 우리는 우주 자체를 물체, 즉 인과 관계 안에서 경험되는 대상으로 간주하려고 하는 것이다. 특정 현상들에만 올바로 적용될 수 있는 범주를 우주에 적용하려고 하지만, 우주는 그런 대상이 아니다. 신이나 영혼과 같은, 경험의 대상이 아닌 다른 형이상학적 실체들에 대해서도 마찬가지다.

이성에는 아무 문제가 없다(이성은 우리에게 수학과 자연 세계를 연구할 수 있는 수단을 주었다). 심지어 이성은 자기 검사를 통해서 형이상학적 진리를 일부 발견할 수도 있다. 이성이 할 수 없는 것은 사변적 형이상학에 대한 것이다. 이성은 감각의 경계를 넘어갈 수 없고 그 범주는 본래의 세계 자체, 즉 물자체에는 적용할 수 없다.

그렇다면 칸트가 사변적 형이상학을 단호하게 끝장내 버린 것이라고 말할 수 있을까? 이성을 적절하게 채용하는 데 선결 조건들을 내세우긴 했지만, 칸트에게는 신과 영혼과 자유에 대한 이야기를 할 여지는 충분히 있는 것 같다. 칸트는 형이상학적인 과잉은 대상 세계에 대한 우리의 개념에서 일소되어야 한다고 주장한다. 그러면 물자체인 것은 어떤가? 예를 들어 칸트는, 인간이 대상 세계에 출현하는 사물인 한 인간도 다른 대상과 마찬가지로 인과 관계에 좌우됨을 보여준다. 그러나 우리는 본질적인 인간 자체에 관해서는 알 수 없다. 적어도 우리 자신을 현상으로 생각해서는 알 수 없다. 바로 이런 부분에 자유를 누릴 여지가 있으며, 칸트는 『실천이성비판Kritik der praktischen Vernunft』1788에서 이 점에 기초를 둔 매우 강력한 도덕성의 개념을 체계화했다.

칸트의 『순수이성비판』은 그보다 훨씬 더 큰 철학 체계의 일부분일 뿐이다. 그리고 그 체계 대부분은 영향력이 매우 컸고 철학의 형세를 바꾸었다고 말할 수도 있다. 크게는 대륙의 철학, 구체적으로는 지금의 독일 철학이 칸트 때문에 존재할 수 있었다는 것은 명백하다. 존 스튜어트 밀John Stuart Mill, 1806~1873과 같은 현상론자는 말할 것도 없고, 궁극적으로 버트런드 러셀Bertrand Russell, 1872~1970도 칸트의 영향을 받았다. 이해의 범주에 대한 칸트의 개념이 얼마나 엄정한가를 생각해 볼 때 칸트의 철학에서 상대주의가 나왔다는 사실에는 놀라지 않을 수 없다. 우리가 정신이 대상 세계를 구현하는 능동적인 역할을 한다는 칸트의 생각에는 동의하지만 정신의 범주가 모든 사람에게 동일하다는 생각은 부인한다면 사람들이 각자 다른 세계들 안에서 살고 있다는 견해에 이르게 된다. 이런 결말에 칸트는 소스라쳤을 것이다. 그의 『순수이성비판』을 읽느라 헤매고 있는 우리에게는 그런 생각이 위로가 될 수도 있을 것이다. 조금은 심술궂은 생각이지만 말이다.

칸트의 다른 책

📖 실천이성비판

『순수이성비판』에서 인간의 이론이성을 탐구했던 칸트는 이 책에서 인간 '행위'의 기준과 '윤리'를 다루고 있다. 칸트는 도덕 법칙이 인간의 의지를 규정할 때는 명법(혹은 명령)이라는 형태를 취한다고 하면서, 이 명법을 가언 명법hypothetischer Imperativ과 정언 명법kategorischer Imperativ으로 구분했다. 가언 명법은 '네가 □□을 얻고 싶으면 □□을 해야 한다'라는 것으로 어떤 목적을 달성하기 위한 수단으로서 내리는 조건부 명법이며, 반면에 정언 명법은 '너는 □□를 해야 한다. 이는 의무이며 책임이기 때문이다'와 같이, 행위의 결과에 구애됨이 없이 행위 자체가 선善이기 때문에 무조건 그 수행이 요구되는 명령이다. 칸트는 참된 도덕의 기초를 이루는 도덕 법칙은 가언 명법이 아니라 정언 명법이어야 한다고 주장하고, 이렇게 도덕적인 실천의 의지를 규정하는 이성 및 절대적으로 타당한 도덕의 보편적 법칙에 따르는 능력을 실천이성이라 했다. 이 책은 도덕철학의 최고 저작으로 꼽히고 있다.

📖 판단력 비판

칸트의 3대 비판서의 마지막 책으로 칸트 비판철학 체계의 완성을 보여주는 책. 『순수이성비판』에서 고찰한 이론이성과 『실천이성비판』의 실천이성 사이에서 매개자 역할을 하는 것으로 '판단력'에 주목한 칸트는 크게 미적 판단력과 목적론적 판단력을 고찰하고 있다.

📖 이성의 한계 내에서의 종교

성서와 기독교 교리를 칸트답게 이성적 입장에서 해석하려고 시도한 책이다. 역사에서의 신의 섭리라는 종래의 '목적론적' 인식에 관련된 문제들을 다루고 있는데, 종교에 접근하면서 지나치게 합리주의적인 태도를 취한 것이 프로이센 당국, 특히 국왕 프리드리히 빌헬름 2세Friedrich Wilhelm II, 1744~1797의 반발을 사 종교에 대한 강의나 저술 활동을 금지당했다. 1797년 왕이 죽자 칸트는 1798년 『학부들의 논쟁』을 출간해 금지되었던 주제를 다시 다루면서 성서의 믿음과 비판적인 이성 간의 긴장에 대해 논했다.

The 20 Greatest Philosophy Books

11

헤겔

정신현상학

Phänomenologie
des Geistes

1807

게오르크 헤겔

Georg Hegel, 1770~1831

역사는 어디로 가고 있는가를 본격적으로 질문한 역사철학자
헤겔. 그는 역사는 물론이거니와 모든 현실이 변증법의 원리
에 따라 끊임없이 변화하며 전개된다고 보았다. 칸트 철학을
비판적으로 계승해 독일 관념론을 완성했다.

1770	출생 (독일 슈투트가르트)
1788	튀빙겐 대학에서 철학·신학 공부
1798	『기독교의 정신과 그 운명Der Geist des Christentums und sein Schicksal』 저술(1907년 출간)
1801	예나 대학 사강사
	『피히테와 셸링 철학 체계의 차이Die Differenz des Fichteschen und Schellingschen Systems der Philosophie』 출간
1805	예나 대학 교수
1807	『정신현상학Phänomenologie des Geistes』 출간 📖
1808	뉘른베르크 에기디엔 김나지움 교장(~1816)
1812	『논리학Wissenschaft der Logik』 출간
1816	하이델베르크대학 교수
1817	『철학 강요Enzyklopädie der philosophischen Wissenschaften im Grundrisse』 출간
1818	베를린 대학 교수
1820	『법철학강요Grundlinien der Philosophie des Rechts』 출간
1821	베를린 대학 총장 취임
1831	사망 (독일 베를린)
1837	『역사철학강의Vorlesungen über die philosophie der Geschichte』 출간

헤겔

정신현상학

게오르크 헤겔Georg Hegel, 1770~1831이 이해하기 쉽다고 생각하는 사
람은 아무도 없다. 특히 20세기 이후의 사람들은 헤겔에 대해
'꿰뚫어 볼 수 없다', '난해하다', '불가해하다', '모호하다'라는 표현을
사용하며, 좀 무자비한 사람은 '언어도단'이라고까지 말한다. 이런 평
가에는 헤겔의 문체도 일부 원인을 제공했다. 그의 글을 이해하려면 헤
겔이라는 인물에 관해 어느 정도 알아야 하기에 헤겔에 입문하는 학생
에게는 결코 순탄치 않은 항해다. 들어가는 길이 분명하게 보이지 않을
수도 있다. 그저 한순간 이해의 서광이 비치기를 바라면서 헤겔이 쓴 모
든 것을 읽고 또 읽는 수밖에 없다. 그러다가 한번 그런 서광이 비치는
순간이 오면 정말로 구름이 조금은 걷힌다.

헤겔이 취한 접근 방식은 우리를 더욱 힘들게 한다. 우리는 철학의 문
제들을 개별적인 것으로 알고 있지만 헤겔은 문제를 그렇게 다루지 않

는다. 그는 체계를 세우는 사람이다(아마도 훌륭한 체계를 설계한 마지막 인물이지 않을까 한다). 헤겔의 철학은 거의 모든 것의 개념을 제시했다고 할 수 있다.

헤겔에 조금 더 수월하게 접근하려면 헤겔을 '칸트에 대한 반발'로 생각하는 것도 한 방법이다. 칸트가 일종의 관념론인 선험적 관념론을 옹호한 점을 상기해 보자. 그 관념론은 정신이 능동적으로 경험의 세계를 구성한다는 주장이다. 칸트에 따르면 감각할 수 있는 직관의 선험적 형식, 즉 시간과 공간 그리고 오성의 범주들이 우리에게 감각 지각 안에 주어진 것을 모두 대상의 세계로 체계화하고 정돈하는 책임을 진다. 따라서 칸트에게는 우리가 경험하는 세계를 바로 그런 모습으로 만든 것은 정신 활동이다. 칸트는 범주들이 완전하게 고착화되어 있다고 주장하는 반면(범주들은 대상의 세계를 경험하는 어떠한 정신에게도 동일하다) 칸트를 뒤이어 나온 철학자들은 대개 칸트의 절대주의를 부인하고 상대주의를 옹호했다. 그러므로 그런 이들에게는 다른 범주라는 것이, 즉 다른 세계가 가능하다.

헤겔은 개개의 정신이 실재를 구현한다고 생각하지 않고 절대적 관념론을 옹호한다. 이 견해에서는 실재는 개인의 정신에 의해서가 아니라 단일한 우주정신에 의해 구현된다. 헤겔은 그것을 '정신가이스트Geist'이라고 부른다. 이 정신은 그 범주와 이해의 양식이 시간과 함께 변함에 따라 스스로를 이해하려고 하는 존재라고 생각할 수 있다. 그러나 이 생각이 꼭 옳지는 않은데, 헤겔에게는 실재와 그 실재를 성형하고 분류하는 정신 사이에 진정한 차이가 없기 때문이다. 그에게는 인간 역사 전체가 자신을 실재로서 이해하게 되는 '정신'이다. 이것이 헤겔의 사상을 이해하는 열쇠다.

이런 견해는 다른 방향에서도 접근할 수 있다. 헤겔은 개별적인 인식자가 한편에 있고 인식되는 특정 대상이 다른 한편에 있는 평범한 그림은 오류라고 말한다. 이는 헤겔의 주된 주장에서 큰 비중을 차지한다. 의식과 세계 자체는 통합되어 있다. 의식은 개인이 각자 가지고 있는 고유한 성질이 아니며 우리 안에 있는 자아도 아니다. 대신 우리는 단일하며 온전하고 의식 있는 '정신'의 부분들이다. 그 '정신'은 그 자체로 모든 것이다. 이것은 실재 전체가 하나의 통합된 실체라는 말은 아니다. 헤겔의 시각에서 그것은 정신의 복잡한 체계이며 우리는 그 부품인 것이다.

이런 접근들이 헤겔을 이해하는 데 여전히 큰 도움이 되지 않는다면, 다시 한 번 칸트를 생각해 볼 수 있다. 칸트에 따르면, 범주는 고정된 것이며 대상의 세계를 경험하는 주체들 모두에 오로지 하나의 실재가 있다. 피히테 등 칸트 이후의 독일의 관념론자들은 사람들이 세계를 '보는' 방법에는 여러 가지가 있다고 말한다. 객관적으로 또는 과학적으로 볼 수도 있으며, 아니면 자신이 행동하는 윤리적 영역으로서 세계를 바라볼 수도 있다. 헤겔 역시 세계를 보는 방식은 매우 다양하다고 말한다. 즉 '의식의 형식'이 수없이 많다는 것이다. 그러나 우리는 그것을 선택할 수 없다. 즉 우리는 어떤 형식을 취할지 결정할 수 없다. 오히려 우리가 사는 시대가 우리 시각을 결정한다. 더 나아가 의식의 형식은 진화한다(이것이 아마도 헤겔의 가장 중요한 통찰일 것이다). 즉 더 나은 형식 혹은 아마도 더 완전한 형식이 완벽한 세계의 전망으로 향하는 거대한 역사 과정의 일부로 등장한다. 이 역사의 과정을 통해 정신은 자신을 더 잘 알게 되고 진리는 발전하며 글자 그대로의 실재도 발전한다. 다시 말해 역사는 어디론가 가고 있고 헤겔은 그것을 연구하면서 그 의미를 찾아낸다. 이런 의미에서 헤겔이야말로 최초의 역사철학자다.

역사란 무엇인가?
우리는 어디로 가고 있는가?

헤겔은 역사의 과정이 본질상 변증적이라고 주장한다. '변증법^{dialectic}'
은 원래 대화술이나 문답법을 가리키는 고대 그리스어 '디알렉티케
dialektikē'에서 유래한 것으로, 이 말은 플라톤의 대화편에서 예시되었다.
처음에는 단지 질문과 답에 관련된 말이었지만, 헤겔에 이르러 마침내
추론이나 논리의 과정으로서의 윤곽을 드러냈다.

변증법의 과정은 이렇다. 하나의 특정 주장이 나타난다(정립^{테제These}).
그것의 모순점이 드러나고 점차 많아지고, 이런 모순점을 강조하는 새
로운 개념이 생긴다(반정립^{안티테제Antithese}). 그리고 끝으로 해답이나 두 견
해의 조화가 이루어진다(종합^{진테제Synthese}). 헤겔은 인간 역사 전체가 바
로 이런 패턴을 나타낸다고 본다. 사물의 어떤 개념을 고수하는 일정 시
간이 있고, 그 개념 자체가 어떤 모순이나 난점을 포함하고 있다는 것이
결국에는 명백해지게 되고, 그런 모순들이 새로운 개념에 의해 극복되
는 일이 계속된다는 것이다. 그 모든 과정을 겪으며 '정신'은 자신을 더
잘 알아간다. 궁극적인 상태인 '절대적 앎', 즉 절대지<sup>絕對知; absolutes
Wissen</sup>👆가 실현될 때까지 말이다.

헤겔의 『정신현상학^{Phänomenologie des Geistes}』¹⁸⁰⁷은 마음속의 이런 변
증적 과정으로 역사를 걸러내려는 시
도다. 진지하게 헤겔을 연구했던 카를
마르크스^{Karl Marx, 1818~1883}는 이 책을

: 절대지
지식의 최고 단계. 주관과 객관이 하나의 통일을 이룬
철학적 지식을 이르는 말로, 프리드리히 셸링<sup>Friedrich
Schelling, 1775~1854</sup>과 헤겔의 용어다.

"헤겔 철학의 진정한 탄생지이며 진의"라고 했다. 헤겔에게 현상학은 현상, 즉 (우리가 지각자인 한) 사물이 우리에게 보이는 방식에 대한 연구다. 진실로 존재하는 것에 대한 학문인 형이상학에 반대되는 것이다. '정신'은 방금 살펴본 역사의 변증법적 과정을 통해 자신을 알게 되는 우주정신에 해당하는 헤겔의 세계다. 따라서 '정신현상학'이라는 제목은 헤겔이 이 책 속에서 인간에게 나타나는 것으로의 '정신'의 활동을 조사할 것임을 암시한다. 이 책은 헤겔의 재능으로 밝힌 인간 역사에 대한 진실인 것이다. 즉 역사는 전부 무엇을 뜻하는지, 그리고 우리는 어디로 가고 있는지에 대한 것이다.

헤겔은 서문에서 절대자가 어떻게 자신을 깨닫는지, 즉 어떻게 자신을 알게 되는지에 대해 이야기한다. 역사에는 비교적 작은 변증적인 순간, 다시 말해 역사의 부분에서 자신을 풀어가는 하부 대립이 있다. 역사를 큰 흐름에서 보면 세 부분으로 나눌 수 있다. 첫 번째 부분인 '의식'은 감각할 수 있는 세계만 인식한다. 그다음에 의식은 자신을 의식하게 된다. 즉 '자기의식'이다. 헤겔은 자기의식에서 의식은 단순히 생존

자를 부정하거나 지배하며 그런 과정에서 대상을 경험하는 주체가 된다
고 주장한다. 세 번째, 이 거짓 변화는 부정된다. 그리고 정신은 마침내
자신이 무엇인지 인식한다. 즉 의식은, 의식과 감각할 수 있는 세계가
하나라는 점을 깨닫는다. 만일 이것이 아직 무슨 뜻인지 모르겠다면 이
책에서 기술하고 있는 과정의 일부를 좀더 자세히 살펴봐야 할 것이다.
『정신현상』은 여러 개의 부분으로 나뉘며 각 부분은 역사 과정의 국
면 또는 단계를 살피고 있다.

'절대지'라는
유토피아를 향해 가는 길

A장 '의식Bewusstsein'을 살펴보자. 여기서 헤겔은 의식과 의식에 나타나
는 대상 사이에 가능한 인식론적 관계 세 가지를 논한다. 그리고 각각의
경우에 하나의 관계는 다음 관계로 이끈다는 것을 보여주려고 한다. 첫
단계이면서 가장 분명한 관계는 감각 확실성이다. 이 단계에서 의식은
단지 대상을 지각적으로 만난다. 그러나 그것을 거의 알아보지 못한다.
사물은 단지 눈앞에 있다. 두 번째 단계는 지각 단계로, 사물의 성질을
구별하는 의식을 필연적으로 수반하는 단계다. 그러나 사물 자체의 근
본적인 본성은 파악하지 못한 상태다. 세 번째는 오성의 단계로, 이미
알고 있는 주체의 부분에서 대상의 근본적인 본성을 받아들이려는 시
도, 즉 특질 너머에 있는 것을 파악하려는 시도다.
　헤겔은 자연 세계를 알기 위해 노력해 온 인간의 역사 안에서 이 관계
의 각 단계를 발견한다. 우리는 먼저 감각으로 얻는 지식을 뿌리 뽑아야
한다. 왜냐하면 그 지식은 결국 실패로 끝나게 되기 때문이며, 그 이유

는 우리가 감각을 지식의 대상으로 받아들이는 순간, 감각의 직접성은 사라지기 때문이다(그 순간 감각은 다른 것이 된다). 지각에 기초해서 알고자 하면 우리가 알게 되는 것은 특성들과 그 특성들의 기초가 되는 신비스러운 실체뿐이다. 이런 특질이 어디에 근거하고 있는지를 파악하고자 하면, 즉 사물을 과학적으로 이해하고자 하면 우리는 온갖 종류의 알 수 없는 낯선 힘에 부닥칠 뿐이다. 결국 감각에만 의존해 세계를 이해하려고 할 경우 실재에 접근할 방법이 없다는 견해에 이른다. 따라서 헤겔은 의식뿐 아니라 자기의식도 고려해야 한다고 주장한다.

B장 '자기의식Selbstbewusstsein'에서 헤겔은 우리가 우리 자신에 대해 갖고 있는 개념을 행위자로 생각한다. 이 장에는 변증법적인 사고의 본질을 부각시키기 위해 사용된 매우 유명한 예가 나온다. 헤겔은 그것을 "자기의식의 독립성과 종속성, 즉 지배와 예속"이라고 부른다. 우리가 흔히 부르는 이름은 '주인과 노예의 변증법'이다. 우리는 동물을 단순히 의식만 있고 자기 성찰은 하지 않는 작은 욕구 기관으로 생각한다. 그렇지만 인간에게는 단순한 욕구 이상이 있다. 우리에게는 욕망이 있으며 그중에는 하나의 독립적인 자아로서 다른 사람들에게 인정받고 싶다는 욕망이 있다. 역사를 자세히 들여다보면, 중세의 영주들이 강력하고 자유로운 개인으로 인정받기 위해 경쟁 상대를 죽여버리는 것을 볼 수 있다. 경쟁 상대를 살려주는 경우도 있는데, 이는 영주 자신이 필요해서이기도 하지만 자신이 강력한 행위자, 정복자로 비쳤으면 하는 욕망에서 경쟁 상대를 단순한 객체 또는 노예로 만드는 것이다. 그러나 노예는 하인으로서 일을 하는 과정에서 일종의 가치를 얻게 되고 실제로 주인이 자신을 필요로 한다는 것을 깨닫는다. 영주의 입장에서는 독립적인 자기 인격에 대한 본능적인 욕구가 이 일종의 노예 상태, 즉 노예

에게 의존하는 결과를 낳는다. 여기서 '정'은 독립하고 싶은 욕구이며, '반'은 언젠가는 생길, 하인에 대한 주인의 의존성이다.

'합'은 자유로운 자기의식을 얻기 위한 투쟁 안에서 시도된다. 정신은 두 자기의식의 상호작용을 통해 자유를 발견하지 못할 때 자신에게로 새롭게 눈을 돌리게 된다. 의식은 다른 의식에 대한 욕구를 단념하면서 그 자체 내에서 자유를 발견하고자 한다. 헤겔은 이렇게 다른 사람에게 의존하는 상태로부터 새로운 종류의 자기 의존으로 옮겨 가는 역사의 변화에 대한 증거로서, 로마 후기 사상가들이 다양하게 시도했던 방식을 든다. 특히 로마 후기에 다시 융성한 스토아Stoa학파들이 실존의 변덕스러움에 무관심으로 일관했던 것을 언급한다. 또 근대인은 이성과 영혼, 종교로 눈을 돌려 의식과 자기의식 사이의 필연적 합을 이루고자 했다.

헤겔은 과학의 부흥과 마찬가지로 계몽사상의 합리성 역시, 합리적인 방법을 통해 자기 의존이나 자유를 확고히 하고자 하려는 노력으로 규정한다. 그러나 이런 노력으로 인해 인간은 객관적 타당성의 세계로 너무 깊이 빠져들었다. 이 객관적 타당성의 세계란 냉정하고 불만족스러운 세계. 결국 그 뒤에 오는 낭만주의의 안에서야 영혼이 다시 살아났고, 의식은 해답을 얻기 위해 다시 내면을 들여다보게 되었다. 낭만주의적 사고는 우리를 새로운 윤리적 사고로 이끌었다. 특히 한 개인에게서 진실인 것은 다른 사람들에게서도 마찬가지이며, 따라서 남들도 나만큼이나 소중하고 나와 동등한 권리를 가지고 있음을 인정해야 한다는 이론으로 빠진다. 결국 인간이 필연적이며 최종적인 합에 가장 가까이 가게 된 것은 종교 안에서다. 이런 흐름에서 헤겔은 종교 사상의 역사 전체를 고려해 보게 된다. 그리고 이런 결론을 내린다. 계시 신앙, 그중에

:: 예나 대학 교수 시절의 헤겔은 1806년 10
월 나폴레옹이 군대를 이끌고 예나에 입성
하는 광경을 목격하고는, 훗날 친구에게
보낸 편지에 당시의 느낌을 "말을 탄 세계
정신을 보았다"라고 표현했다.

기독교야말로 '정신'이 자신을 진정한 자기의 모습 그대로 보는 경
지, 즉 절대지에 가장 가까이 도달할 수 있는 있는 종교라는 것이다. 삼
위일체설에서 볼 때 예수는 육신을 가진 신이다. 바로 이 지점이 현상학
이 진리에 가장 가까이 다가갈 수 있는 지점이다. 곧 인간은 궁극적 실
재와 별개인 것이 아니라, 그 실재의 유한한 일부분이라는 진리다.

그래서 헤겔은 인간의 역사 안에 있는 관념들의 변증법을 명백히 하
는 일에 매달린다. 헤겔은 종교의 흥망성쇠, 정치적·사회적 관계들, 도
덕성과 과학의 이론들을 검토한다. 헤겔은 그중 어느 것도 완전히 참이
라거나 거짓이라고 보지 않는다. 그러나 이런 이유로 헤겔을 단순히 상
대주의자로 치부해서도 안 된다. 역사의 매 순간마다 진실성과 허위성
이 있으며 각각에 뒤따르는 시대는 최후의 단계인 절대지에 점점 더 가
까워진다. 헤겔은 때때로 그 마지막 단계를 흐릿한 수채화로 그려진, 인
간의 자유와 우주 평화라는 유토피아 같은 것으로 생각했다. 그 마지막

단계가 그런 모습이 아니라면 어떤 모
습일 수 있겠는가? 모든 사람이 최종적
으로 우리는 모두가 하나의 최종적인
합리성을 구성하는 부분이라는 사실을
깨닫고 나면 말이다. 그러나 그런 깨달

: 메를로퐁티

프랑스 현상학의 대표자. 후설Edmund Husserl, 1859~
1938의 후기 사상에 영향을 받았으나 타자에 관한 후설
의 인식론을 거부하고, 신체 행위와 지각을 다룬 독자적
인 현상학을 발전시켰다. 현상학을 '살아 있는 세계로
의 귀환'으로 파악해 살아 있는 세계와 지각 주체로서
의 신체를 현상학적으로 분석했다.

음 앞에 놓인 목표로 향하는 길은 여간 불쾌한 게 아니다. 헤겔을 시대
의 산물로 생각하고 싶다면 그가 나폴레옹Napoléon Ier, 1769~1821의 시대,
모질고 희생이 컸던 전쟁의 시대에 살았다는 것을 주목하라. 그는 유토
피아로 가는 길을 "역사라는 학살 진열대"라고 불렀다.

헤겔의 결론,
과연 승산이 있을까?

그렇다면 우리는 그 유토피아에 얼마나 가까이 다가서 있을까? 헤겔은
과정의 목표란 과정 자체를 이해하는 것이며 정신이 역사를 통해서 자신
을 알게 되는 것이라고 주장한다. 우리가 좀더 분발해야
할 것 같다. 그러나 다행인 점은 헤겔은 『정신현상학』에서 이런 목적을
이미 달성했다는 것이다. 그가 옳다면 이 책 자체가 의식의 역사의 정점
이다. 그러나 여기에서 뭔가 이상한 점이 감지된다. 결말이 가까이 있다
는 믿음이라든가, 현재가 어떤 위대한 정점의 순간이라는 희망 등은 거
의 모든 시대에 있어 왔다. 그런 모든 것이 정말로 『정신현상학』의 출판
과 함께 종결될 수 있었을까? 아니, 한마디로 그렇지 않았다. 사실, 헤겔
의 사상은 『정신현상학』의 출판 이후 100년이 넘도록 진지하게 진행되
었다. 모리스 메를로퐁티Maurice Merleau-Ponty, 1908~1962는 이렇게 말했다.

197

지난 세기의 위대한 철학적 이상들, 마르크스, 니체Friedrich Nietzsche, 1844~1900의 철학, 실존주의와 심리 분석은 모두 헤겔에서 비롯되었다.

마르크스는 탁월한 사상가와 운동가 중에서 가장 영향력이 크다고 할 수 있다. 우리는 마르크스를 일종의 헤겔의 역逆이라고 간주함으로써 마르크스에 대한 실마리를 찾을 수 있다. 마르크스는 관념이 역사의 모습을 부여한다고 생각하는 대신, 역사 또는 역사의 사실들이 관념의 모습을 만들어낸다고 주장했기 때문이다.❢ 지난 세기가 남긴 정치적 산물들을 생각해 볼 때 이것은 어쩌면 가장 포괄적인 생각일 수도 있을 것이다. 물론 그 근원은 분명 헤겔 안에 있다. 헤겔의 철학은 아마도 유럽과 미국에서 20세기가 시작할 무렵까지는 지배적이었다고 말할 수 있다.❢ 하지만 오늘날 정통 헤겔학파 학자를 찾기는 쉽지 않다.

헤겔의 철학이 잊힌 까닭은 철학계가 분석 쪽으로 이동한 탓이다. 실재는 단일한 우주적 절대자라는 견해 때문에 이상한 교의가 만들어진 탓이라고 본다. 만약 헤겔이 옳다면, 독립적으로 존재하는 사물(예를 들어, 와인병과 코르크)이 다른 사물과의 관계가 있어야 존재한다는 바로 그 생각은 모순이 된다(와인 병과 코르크 마개는 독립적이지만 코르크 마개는 와인 병 안에 자리한다). 실재 자체가 단일화되면 구별되는 대상의 외양은 그들 사이의 관계와 마찬가지로 환각이다. 이 시각에서 보면 개별적인 것에 대한 진리는 부분적일 뿐이다. 조지 무어George E. Moore, 1873~1958와 그 지지 세력은 상식의 진리로 돌아가자고 주장했다. 일상 언어 운동은 철학적 토론을 그 근원인 일상적인 어법으로 돌려보내려고 시도했다. 러셀의 논리학과 수학에 대한 연구는 구체적인 개개의 대상에 대한 이야기를 훌륭하고 명백하게 만들었다. 앨프리드 쥘 에어Alfred Jules Ayer, 1910~1989와 논리실증주의자들은 헤겔 철학의 형이상학이 내놓은 엉뚱한 주장은 말 그대로 말이 되지 않는다고 주장한다. 이 모든 반박들에 대해, 헤겔은 승산이 없어 보인다.

: 헤겔 철학의 계승

헤겔의 사상은 그의 생전에도 독일 사상계 전반에 걸쳐 영향을 끼쳤으나, 그의 사후인 1830~1850년대에는 계승의 노선에 따라 헤겔 좌파, 우파, 중간파의 세 갈래로 나뉘었다. 분파는 헤겔 철학의 범신론적 성격 때문에 발생했다. 헤겔은 정신이 절대지를 향해 자신을 알아가는 과정이 곧 역사라고 했다. 이 절대정신의 성격이 기독교교이와 일치하느냐 하는 논란이 분파를 가져온 것이다. 헤겔 우파는 헤겔 철학과 기독교 교의는 일치한다고 믿는 보수적 태도를 취했으며 헤겔을 정통으로 계승했다. 헤겔 좌파는 헤겔을 비판적으로 계승해 비기독교적인 측면을 강조하면서 유물론적이고 급진적인 태도를 취했다. 헤겔 중간파는 기독교 교의와는 거리를 두고 헤겔의 입장에서 철학사를 연구하는 노선이었다. 루트비히 포이어바흐Ludwig Feuerbach, 1804~1872와 마르크스, 엥겔스 등은 모두 헤겔 좌파('청년 헤겔학파'라고도 한다)에 속했다. 20세기 초를 전후해 독일, 영국, 미국 등지에서 헤겔 철학을 부활시키고자 한 일군의 철학자들은 신헤겔학파로 부른다.

199

철학책 읽기

헤겔의 다른 책

📖 기독교의 정신과 그 운명

헤겔이 초기에 쓴 저작들은 신학에 관련된 것들이 많았는데, 이는 칸트를 연구하면서 칸트의 종교 관련 논문들에 영향을 받았기 때문이다. 헤겔은 예수가 처음부터 이성적 도덕을 가르쳤다고 본 칸트의 견해는 받아들였지만, 칸트가 오성의 한계를 설정한 데 반발해 인간의 정신과 이성을 한없이 신뢰했다. 『기독교의 정신과 그 운명』은 헤겔의 초기 저작 중 가장 주목할 만한 작품이다. 헤겔은 여기서 유대교 정신과 기독교 정신의 갈등을 논하는데, 유대인들이 모세 율법의 노예가 되어 물질적 충족에 만족하는 것을 지적하며, 예수가 애초에 만든 것은 법의 종교가 아니라 사랑의 종교이기에 신의 사랑으로 충만해야 한다고 주장했다.

📖 논리학

『정신현상학』, 『법철학 강요』와 함께 헤겔의 3대 주저로 꼽힌다. 존재, 무, 실체, 본질 등에 대한 헤겔의 분석을 담고 있으며, 무엇보다 헤겔의 변증법을 완전하게 수록하고 있다. 헤겔 철학의 체계가 본격적으로 제시된 이 책은 『철학 강요』의 논리학 부분과 구별하기 위해 '대논리학'으로 부르기도 한다.

📖 역사철학강의

베를린 대학에서 1822~1831년에 걸친 5회의 역사철학 강의를 정리한 책이다. 헤겔은 역사를 '절대정신absoluter Geist의 자기 실현 과정'으로 보았다. 그래서 이 책은 세계사를 '이성의 변천'을 통해 밝히고 있다. 절대정신의 본질은 자유이므로, 헤겔에게 역사란 자유의 발전 과정이다. 이 책은 동양, 그리스, 로마, 게르만 세계의 4부로 구성되어 있는데, 헤겔은 게르만 세계의 마지막 부분인 종교 개혁, 계몽사상, 프랑스 혁명을 자유와 이성의 태동으로 보고 유럽 근대의 대표적인 역사적 사건으로 들었다.

The 20 Greatest Philosophy Books

200

12

쇼펜하우어

의지와
표상으로서의 세계

Die Welt
als Wille und
Vorstellung

1819

아르투르 쇼펜하우어
Arthur Schopenhauer, 1788~1860

『쇼펜하우어의 인생론』 또는 『행복론』 등의 책 제목과는 달리, 28년 동안 프랑크푸르트암마인에서 은둔 생활을 하고, 여성을 온갖 불행의 근원으로 여겨 평생 독신으로 사는 등 실제 쇼펜하우어의 삶은 비관주의로 점철되어 있었다. 이는 사상으로도 연결되어 염세주의 철학자, 생의 철학의 시조 등으로 불린다.

1788	출생 (프로이센 단치히Danzig, 현 폴란드 그단스크Gdańsk)
1793	함부르크로 이주
1803	유럽 여행
1805	부친 사망, 모친과 결별
1809	괴팅겐 대학 입학, 의학 및 인문학 공부
1811	베를린 대학으로 옮김
1813	논문 「충족이유율의 네 가지 근원에 관하여Über die vierfache Wurzel des Satzes vom zureichenden Grunde」로 예나 대학에서 철학 박사학위 취득
	괴테Johann W. Goethe, 1749~1832, 프리드리히 마이어Friedrich Majer, 1771~1818 등과 친교(~1814)
1816	논문 「시각과 색에 관하여Über das Sehen und die Farben」 완성
1819	『의지와 표상으로서의 세계Die Welt als Wille und Vorstellung』 출간 📖
1820	베를린 대학에서 강의
1822	이탈리아 여행 뒤 베를린, 뮌헨, 만하임Mannheim, 드레스덴Dresden 등지로 전전
1833	프랑크푸르트암마인Frankfurt am Main에 정착
1836	『자연 속의 의지에 관하여Über den Willen in der Natur』 발표
1840	『도덕의 기초에 관하여Über die Grundlage der Moral』 출간
1851	『부록과 보유Parerga und Paralipomena』 출간
1860	사망 (프랑크푸르트암마인)

쇼펜하우어

의지와 표상으로서의 세계

일부 철학자들의 삶을 돌이켜 보다 보면 기운이 빠진다. 철학자가 쓴 책이 불태워지거나, 아니면 아예 철학자 자신이 화형을 당한다. 한동안 신상을 유지하던 이들도 온갖 죄목으로 체포되거나 유배되고 독살되고, 목숨 부지를 위해서 도망을 가야 했다(총에 맞은 사람도 있는데 보통은 제자들한테서였다). 그런 운명에서 간신히 벗어난다 해도 살아 있는 동안 찬사를 받지 못했으며 외롭고 쓸쓸하게 죽음을 맞이했다. 오늘날 위대한 철학자로 꼽히는 이들도 생전에는 비웃음을 받는 경우가 많았다(죽어서도 오랫동안 완전히 무시된 철학자도 있었다). 환호하고 숭배하는 제자들을 앞에 두고 강의를 진행한 철학자는 거의 없다. 유명 잡지의 표지에 실리는 일은 더더욱 생기지 않는다.

그런데 이런 모든 상황들에도, 철학자들 자신은 상당히 행복했던 것 같다는 점은 참으로 아이러니하다. 우리가 예상하는 것보다는 확실히 더 행복했다. 철학자들은 많이 웃는다. 심지어 일부 철학자들의 자서전은 쾌활함이 넘쳐난다. 그들의 처참한 삶을 생각해 볼 때 철학책은 불행한 결말로 끝나는 경우가 많을 것이라 예상하지만, 이 또한 대체로 그렇지 않다. 지금 이렇게 장황하게 늘어놓는 까닭은 지금 소개하는 철학책이 그런 면에서 '전설적인 예외'가 되기 때문이다. 바로 아르투르 쇼펜하우어Arthur Schopenhauer, 1788~1860의 『의지와 표상으로서의 세계Die Welt als Wille und Vorstellung』1819다. '염세철학'이라고 혹시 들어봤는가? 쇼펜하우어의 철학도, 쇼펜하우어 자신도 매우 염세적이었다.

어머니 요하나 쇼펜하우어Johanna Schopenhauer, 1766~1838가 전하는 말에 따르면, 쇼펜하우어는 어렸을 때부터 "존재의 불행함에 대해 곰곰이 생각"했다. 요하나는 문학 살롱을 운영하고 있었는데 결국 아들을 살롱에서 쫓아내고야 만다. 쇼펜하우어가 실존의 공허함을 비방하는 것에 살롱에 온 사람들이 진저리를 냈기 때문이었다. 그렇지만 바로 그런 생각이 있었기에 천재적인 작품 『의지와 표상으로서의 세계』가 나올 수 있었다. 쇼펜하우어는 서른이 되기 전에 이 책의 초판을 저술했으나 아무도 그 책에 관심을 보이지 않았다. 그가 77세가 되었을 때야 비로소 그 책에 흥미를 느낀 사람들이 책의 3판을 요구했다. 여기서 주목할 것은, 반세기에 가까운 그 긴 세월 내내 쇼펜하우어는 책의 초판을 대폭적으로 고쳐야 할 이유를 찾지 못했다는 사실이다. 3판에 대한 요구에 쇼펜하우어는 내용은 고치지 않고 페이지만 몇 쪽 추가했는데, 초판에서, 그러니까 거의 50년 전에 이미 발견하고 확고하게 정립

: 쇼펜하우어의 여성론

쇼펜하우어는 아버지가 우울증으로 고생하는 와중에도 살롱 일에만 몰두하는 어머니와 불화가 잦았다. 아버지 사망 이후, 급기야 쇼펜하우어와 어머니는 일생 동안 서로 다시는 얼굴을 보지 않기로 약속했고, 어머니는 그의 누이동생을 데리고 함부르크를 떠나게 된다. 쇼펜하우어는 여성들을 경멸하며 평생 독신으로 살았는데, 많은 이들이 이를 어머니와의 불화에서 기인한 것으로 본다. 대중의 인기를 얻은 그의 저서 『부록과 보유』 중에서 유독 「여성에 관하여」편은 '악명'을 얻었다. "여성은 본성상 복종하게 되어 있다"라든지 "여성은 주인을 필요로 한다" 등의 표현으로 많은 논란을 일으켰다.

한 진실의 '후속' 정도쯤 되는 것만 적었을 뿐이다.

쇼펜하우어는 자신의 책을 완전히 이해하고자 하는 사람에게 이렇게 충고한다. 제일 먼저 칸트의 철학을 철저히 파악해야 한다. 물론 그러려면 시간이 좀 걸릴 것이다. 칸트의 난해한 비판 세 가지를 전부 읽어야 할 뿐 아니라, 쇼펜하우어 자신이 쓴 칸트의 오성의 범주에 대한 난해한 논문집 「충족이유율의 네 가지 근원에 관하여Über die vierfache Wurzel des Satzes vom zureichenden Grunde」1813 ♀를 공부해야 하기 때문이다. 이렇게 배경을 쌓은 후에야 『의지와 표상으로서의 세계』를 '인내심을 발휘해' 읽어야 한다. 그것도 두 번 이상이다. 이런 충고가 너무 지나치다고 생각되는 사람이라면 아예 이 책을 읽을 생각조차 하지 말라는 게 쇼펜하우어의 주장이다. 이 책을 사는 데 쓴 돈이 아까운 사람에게 쇼펜하우어는 이렇게 제안한다. 서재 책꽂이의 빈자리를 메우는 데 쓰거나, 이성에게 폼 잡고 싶을 때 탁자 위에 놓아두는 용도로 쓸 것. 아니면, 이 책을 정말로 읽고 싶지 않다면, 차라리 리뷰를 쓰란다(이는 아마도 쇼펜하우어가 던진 최고의 농담일 것이다).

쇼펜하우어는 『의지와 표상으로서의 세계』가 단 하나의 생각을 전하고 있다고 말한다. 그런데 최선을 다했음에도 "이 책 전체보다 더 짧게 그 생각을 전할 방법을 찾지 못했다"라고 말한다. 쇼펜하우어를 대신해 그 단 하나의 생각을 좀 짧게 줄여보면 다음과 같다.

세계는 우리에게 표상으로서 나타나지만 그것의 기초가 되는 본성은 의지다.

이 작품은 네 권으로 나뉜다. 제1권은 외관이나 관념, 표상으로 생각되는 세계에 대한 쇼펜하우어의 해석을 다룬다. 가장 재미있을 수도 있는 제2권은 표상의 세계 전체는 단지 구체화된 의지라는 생각을 설명한다. 제3권은 쇼펜하우어의 미학 접근법이 들어 있다. 제4권은 살려는 의지를 거부하는 실존의 공포감에 대한 해결책을 다룬다. 이제 그 일부를 살펴보자.

현상과 물자체는
인과 관계가 아니다

자신의 책을 이해하려면 칸트에 대한 배경 지식이 필요하다는 쇼펜하우어의 말은 맞는 얘기다. 정신은 능동적이며, 경험된 세계의 본성을 형성하는 역할을 하는 것은 정신의 선험적 능력이라는 칸트의 주장을 상기해 보자. 감각적 직관의 형식인 시간과 공간은 우리가 경험하는 대상을 언제나 일정한 시간과 하나의 장소에 존재하는 것으로 경험하도록 보장한다. 오성의 범주는 경험을 체계화하며 이런 활동으로 우리는 세계를 단지 시간과 공간 안에 있는 것으로뿐만 아니라 부분과 전체로 이루어지며 인과 관계가 있는 것으로 볼 수 있게 된다. 쇼펜하우어는 이런 연관성에서 칸트와는 아주 조금 다르게, 칸트가 주장한 오성의 12개의 범주를 단 하나의 관계, 곧 '인과 관계'로 축소시켰다. 칸트와 쇼펜하우어에게 (우리에게 나타나며 우리가 알 수 있다고 생각하는) 세계는 본질적으로 온전히 표상적이다.

칸트에게는, 우리에게 보이는 것으로서의 세계라는 관념 그 자체가 그 이

> : 「충족이유율의 네 가지 근원에 관하여」
>
> 충족이유율充足理由律이란 모든 사물의 존재나 진리에는 그것이 존재할 충분한 이유가 있어야 한다는 사유 법칙이다. 쇼펜하우어는 네 가지로 세분했다. ① 결과는 원인에 의해 규정된다(인과율), ② 인식적 판단이 참이 되려면 충분한 이유가 있어야 한다, ③ 직관적 존재의 구조는 시공간과 같은 수학 법칙으로 규정된다, ④ 인간의 도덕 행위에서는 동기가 그 행위의 이유가 된다.

상, 말하자면 표상 너머에 실재가 있음을 전제로 한다. 칸트는 표상(현상)과 구별되는 이 실재를 물자체라고 하여 그 견해를 전개했다. 칸트에 따르면, 물자체는 경험과는 별개로 존재하고, 경험의 토대가 되거나 경험을 만들어내며 대상 세계를 구성하는 원료를 정신에 제공한다. 우리는 현상에 대해서는 알 수 있지만 물자체에 대해서는 알 수 없기에 임의로 생각할 수밖에 없다. 물자체에 대해서는 그것이 존재하고 정신과 상호작용하여 경험을 일으킨다는 것 외에는 별로 말할 것이 없다. 앞에서, 칸트가 사변적 형이상학의 모순들은 특정한 오류, 즉 이성이 현상계 외부를 생각하려 하고 오성의 범주를 감각의 경계 밖에 까지 적용하려고 하는 데서 온다는 사실을 보여주고자 노력했음을 언급한 바 있다.

그런데 쇼펜하우어는 여기서 칸트가 실수했다고 생각했다. 칸트는 물자체가 인과의 고리 안 어딘가에서 우리의 경험을 지탱하고 있다고 주장했다. 그러나 이것은 원인이라는 개념이 우리 경험의 외부에 있는 무언가에 해당된다고 말하는 것이다. 칸트가 옳다면, 그리고 외양을 드러내는 대상에만 원인이라는 범주가 적용된다면, 어떻게 우리는 물자체가 원인이 된다는 주장을 이해할 것인가? 쇼펜하우어는 현상과 물자체 사이의 관계라는 또 다른 개념이 필요하며 그 관계가 무엇이든 인과 관계가 아니라는 점은 분명하다고 말한다.

의지로서의 세계;
삶은 가능한 세계 중 최악의 세계?

그래서 쇼펜하우어에겐 경험과는 별개인 세계 자체와 경험된 세계와의 관계에 대해 생각할 다른 방식이 필요했다. 여기서 쇼펜하우어는 아주 흥미로운 주장을 하게 된다. 바로, 현상계와 세계 자체는 단지 두 개의 다른 방식으로 바라봤을 뿐, 결국에는 하나의 실재라는 것이다. 따라서 그 관계는 인과 관계가 아니라 '동일성'이다. 세계는 한편으로 표상이지만 다른 한편으로 세계 자체는 의지다. 쇼펜하우어는 실재에 접근하는 방법에 감각만 있는 것은 아니라고 하면서 "우리에게는 내부로부터 사물의 진정한 본성으로 이르는 하나의 길이 열려 있다"라고 말한다.

내가 내 몸을 물리적 세계 안에 있는 다른 것과 같이 대상으로 지각한다는 것은 이해할 만하다. 내 몸은 내게 시간과 공간 속에 나타나며 인과적 관계를 가지고 시간에 따라 변화한다. 나는 그것을 외부의 경험 세계에 놓인 현상인 표상으로 볼 수 있으며 실제 그렇게 본다. 그러나 나는 또 다른 방식으로도 그것에 대해 알게 된다. 내 앞에 놓인 주스 잔을 잡는다고 해보자. 방금 나는 내 손이 주스 잔을 잡으려고 뻗는 것을 보았지만, 그것을 꼭 눈으로 보지 않고도 내 손이 움직이고 있다는 사실을 알았을 것이다. 표상의 세계 안의 대상으로 내 손에 대해 아는 것과 별개로, 나는 내 손을, 내 손의 움직임을 직접적으로 인식한다. 나는 손을 의도적으로 움직였으며 그렇게 하면서 또한 주스를 마시고 싶었다. 나는 세계 안에 표상으로서 나타나는 대상 중의 하나인 내 몸에 특별하게 접근할 수 있는 것이다. 외부에서 내 몸을 관찰하는 것이 아니라, 내부로부터 내 몸을 알 수 있기 때문이다. 내가 몸 안에 존재하기 때문에 내 몸을 (표상으로서의 내 몸과는 완전히 별개로) 그 자체로 아는 것이다.

그런데 여기서 자칫 실수하기가 쉽다. 쇼펜하우어는 의지하는 행위, 즉 의지함이 몸의 움직임을 일으킨다고 말하는 것이 아니다. 쇼펜하우어가 칸트를 취한 것은 본래의 세계 자체가 우리의 표상을 일으키는 데 도움이 된다는 생각에서였다. 쇼펜하우어는 의지 자체가 몸이라고 주장

쥘 룬테쉬츠Jules Lunteschütz, 1822~1893가 그린 쇼펜하우어
의 초상1859과 『의지와 표상으로서의 세계』의 초판 표지

한다. 우리가 손을 움직일 때, 손과 의지는 동일한 실재의 두 양상이다.
쇼펜하우어의 언어로 말하면, 손은 "구체화된 의지"다.

　의지로서의 몸에 접근하는 자신만의 통로는 실재의 감춰진 부분으로
통하는 단 하나의 창이라고 할 수 있다. 쇼펜하우어의 주장은 이 창을
발판으로 대담하게 도약한다. 우리에게 보이는 세계 전체가 구체화된
의지라는 것이다. 이런 견해는 자신과 자신의 표상만이 존재한다는 견
해인 유아론唯我論; solipsism ●을 거부하는 것이다. 또한 쇼펜하우어는 우
리의 몸은 세상에 모습을 드러낸 세계의 일부이며, 실재의 나머지 부분
안으로 이음새 없이 통합된다고 한다. 하나의 통합된 부분의 내부가 의
지라는 것을 안다면, 전체 역시 의지라고 생각할 수 있지 않겠는가? 쇼
펜하우어는 일단 한 개인이 자신의 내적 본성이 의지라는 것을 인식하
고 나면 다음과 같은 일이 이어질 것이라고 말한다.

　그 개인은 사람이나 짐승 안의 가장 깊숙한 곳에 내재한 본성으로서 그

210

자신과 매우 비슷한 현상계 안에 있는 의지를 인식하게 될 뿐 아니라, 지속되는 성찰을 통해, 식물 안에서 싹을 틔우고 생장하게 하는 힘, 석영을 형성하는 힘, 자석을 북극으로 향하게 하는 힘을 인식하게 될 것이다. …… 그는 현상계 안에서는 이런 모든 것을 다르게 인식하지만 그 내적 본성에 따르면 같은 것으로 볼 것이다.

'내부로부터의 길'은 쇼펜하우어를 인간의 이해력 범위 너머에 있는 것(칸트가 말한 물자체)으로 이끈다.

그런데 의지란 것이 이렇게 긍정적이기만 하지 않다는 건 모두가 알 것이다. 이제 의지의 '어두운 면'을 이야기해 보자. 의지는 합리성이 완전히 결여되어 있다. 의지는 맹목적이고 격렬한 투쟁이며, 분별없고 탐욕스러운 갈망이며, 무의미한 충동이다. 의지는 특별한 목표나 목적이 없다. 또한 의지는 모든 것을 무의미하게 몰아가는 단순한 욕구다. 아니, 차라리 '의지는 모든 것'이라고 하는 게 낫겠다. 의지는 아무리 채우고 채워도 채워지지 않는다. 쇼펜하우어에게 기초가 되는 실재는 단 하나의 통합된 우주적 의지다. '부분들'이라든지 '수'라든지, 또는 사물을 서로 다른 것으로 구별해 주는 그 외의 다른 개념들은 본질적 세계 자체에는 적용되지 않는다. 이 우주적 의지가 '표상으로서의 세계'에서는 무수한 부분들로 분해되고 부서지고 자신에 대항한다. 의지는 경험의 세계에서 '자신을 먹고 마시며' 그 향연은 소름 끼치고 섬뜩할 정도로 헛되고 고통스럽다.

인간의 삶은 오직 이것 아니면 저것을 얻기 위한 끊임없는 투쟁으로 규정되며 때로는 만족하는 순간도 있지만

: 유아론
실재하는 것은 자아뿐이고 다른 모든 것은 자아의 의식 속에 있다는 입장. 버클리나 피히테에게서 발견할 수 있다.

211

대개는 절망한다. 의지가 자신을 가까스로 만족시키더라도 '삶을 마비시키는 권태'가 재빨리 자리 잡고 의지가 다시 깨어나 또 다른 욕망을 충족하고자 하게 된다. 쇼펜하우어의 시각에서 보면, 삶이란 존재해서는 안 되는 것이며, 가능한 세계 중에서 최악의 세계다.

> (실재함) 현재가 죽은 과거 속으로 부단히 서둘러 가는 것, 즉 끊임없는 죽음이며…… 우리 몸이 사는 삶은 단지 죽음이 끊임없이 방해받고 연기되는 것이다. 결국 우리 정신의 활동 역시 마찬가지로 권태가 끊임없이 연장되는 것이다. 우리가 들이마시는 모든 숨이 우리에게 끊임없이 침입하는 죽음을 물리친다.

쇼펜하우어의 어머니는 아들을 살롱에서 내쫓을 수밖에 없었을 것이다. 다른 방도가 있었겠는가?

의지의 횡포에서
달아나기

쇼펜하우어는 미적 경험 안에서 이런 의지의 '횡포'를 일시적으로 피할 수 있다고 한다. 아름다운 것을 관조contemplation하는 행동은 우리를 한순간 표상의 세계에서 낚아채 해방시킴으로써, 대상을 얻고자 투쟁하는 주체가 되지 않도록 해준다. 우리가 잘 익은 과일이 한가득 담긴 바구니를 보거나 아름다운 인체를 볼 때는 의지가 자극되지만, 그다음부터는 추한 패턴이 반복된다. 즉 욕망이 생긴 다음, 절망이 찾아오거나 순간적인 만족 뒤의 권태가 찾아오는 것이다. 그러나 훌륭하게 완성된 정물이나 초상화 같은 예술작품을 보면 의지는 일종의 분리 상태가 되어 휴면한다. 우리는 예술의 대상을 단순히 또 다른 바람직한 표상인 정신이 분류한 대상으로서 보지 않는다. 그 대신, 대상 이상의 것을 보며, 자신이 근본적인 표본과 접촉하고 있음을 발견하게 된다. 쇼펜하우어는 의지가 이 세계의 특정한 대상 안에만 스스로를 드러내는 게 아니라, 보편적인 표본들 안에도 나타난다고 주장한다. 이런 표본들은 그 자체가 바로 플라톤이 말한 형상이다. 예술가는 예술작품을 통해 그 표본에 대한 지식을 소통할 수 있다.

이러한 미적 환상의 순간에 사람은 단순히 하나의 예술작품을 보고 듣는 것 이상을 접하게 된다. 이때 그 사람이 관조하는 것은 특정한 사물이 아니라, 그 이상의 것을, 실재의 진실되고 근본적인 면을 인식하게 된다. 이렇게 특정 대상 너머로 이동해 가는 과정에서 사람은 단순한 주체 이상이 된다. 개인은 "그저 개체일 뿐인 상태를 벗어남으로써, 그리고 이제는 지식에 대한 의지가 없는 순수한 주체가 됨으로써" 의지의 요구에서 자유로워진다.

우리가 음악을 들으며 음악 안에 '우리 자신을 풀어놓는다'라고 말할 때 도달하는 경지가 아마도 이를 말하는 게 아닐까? 훌륭한 예술을 체험한 뒤에는 정말로 일종의 정지 상태, 심지어는 평화가 따라오고, 우리 앞에 있는 것을 초월하는 느낌마저 든다. 이 부분에선 쇼펜하우어가 심도 있는 견해를 피력하는 것 같기도 하다. 그러나 그는 우리가 예술을 통해 접하는 것은 우주적 의지의 기초적인 현시라 했으며, 그런 무시무시한 것과의 접촉이 어떻게 우리를 의지 자신의 횡포에서 자유롭게 할 수 있는지 묻지 않을 수 없다고 말한다.

의지로부터 보다 더 지속적으로 도피할 수 있는 길은 미적 관조에 있는 게 아니라 금욕적인 극기에 있다. 아주 보기 드물지만, 누군가 세계를 있는 그대로 인지하고 그것을 헛된 투쟁 이상으로 보지 않는다면, 그 사람은 어떤 식으로든 자유로워질 가능성이 있다. 쇼펜하우어는 도덕적으로 계발된 사람 즉 자신을 사랑하듯 다른 사람을 사랑하려 하고 자신을 위하듯 다른 사람을 위하려는 사람은 세계를 그 자체로 보는 방향으로 나아가고 있는 것이라고 본다. 그런 사람에게는 그다음 단계가 필요하다. 바로 그 개인의 의지가 자기 자신을 향하도록 방향을 전환하는 것이다. 도덕적 사고 중에는 사람들로 하여금 이기심이란 실체가 없는 것이라고 생각하도록 만들 만한 게 있는데, 이것이 진화하면 올바른 종류의 금욕도 될 수 있고 모든 것에 대한 무관심도, 자진해서 하는 고행도, 자아 일탈self-deprivation도 될 수 있다. 이 모든 것은 고의적으로 의지를 깨는 것이다. 이는 기꺼이 죽음을 받아들이는 것 이상의 결과를 낳는다.

그렇다면 단식하기나 채찍질당하기, 고행에 나서기 등은 생략하고 차라리 곧바로 자살에 이르고 싶은 사람도 있을 것이다. 그러나 쇼펜하우어는 그래서는 안 된다고 한다. 자살은 자신에게 지는 것이고 의지를 긍정하는 것이며 삶의 비애가 휘두르는 힘을 인정하는 꼴이다. 쇼펜하우어는 의지를 부정하는 결과로서 끝나는 삶은 결말이 다르다고 말한다. 자살은 단순히 표상으로서의 세계에 있는 사람의 목숨을 빼앗지만, 성자의 죽음은 물자체에 영향을 주며 어떤 방식으로든 본체적인noumenal 의지를 부순다는 것이다. 쇼펜하우어는 의지의 거부를 고찰하면서 동양철학을 자주 인용한다.✝ 그는 의지를 부정함으로써 의지를 사멸한다고 말한다. 이 말이 무슨 의미이든, 이는 해탈의 경지에서의 '무無'와 관련이 있다. 그러나 이 모호한 원리를 거론해 봐야 쇼펜하우어를 이해하는 데는 아무런 도움도 되지 않는다. 의지가 정당한 방식으로 부인될 때 남는 것은 무엇일까? 무란 무엇일까?

쇼펜하우어는 이런 질문에 이렇게
답변한다. 무에 대해 단정적으로 말할
수 있는 것은 없으며, 우리는 실제로
무에 관해 아는 것이 아무것도 없기에
확실하게 말할 수 있는 것이 없다고 말이다. 앎은 주체와 알려진 대상이
있어야 하는데 쇼펜하우어는 주체와 대상, 공간, 시간, 오성, 의지 자체
가 철폐되어야 한다는 이야기를 하고 있다. 그는 단지 우리에게 해탈의
경지라든지 그와 유사한 무아지경이나 황홀경, 깨달음, 신과의 합일 등
등의 신비스러운 말을 알려줄 뿐이다. 그가 무가 무엇인지 설명해 줄 수
없다면, 반대로 어느 것이 무가 아닌지 설명해 볼 수도 있을 것이다. 너
무 간결해 보일 수도 있지만 그의 말을 빌리면 "의지도 표상도 세계도
없다".

쇼펜하우어의 글에 행복이라는 게 조금이라도 있다면 바로 그가 무를
이야기할 때다. 무에 대해 긍정적으로 말할 게 없다고는 해도, 행복에
대해 나지막이 중얼거리는 소리를 들을 수 있다.

> 의지가 방향을 전환해 자신을 부정하는 사람에게는, 온갖 태양과 은하
> 들이 있는 이 실재하는 우리의 세계는 아무것도 아니다.

: **쇼펜하우어와 인도 철학**
쇼펜하우어는 동양학자 프리드리히 마이어로부터 고대
인도 철학의 가르침들을 전해 받았다. 훗날 쇼펜하우어
는 자신의 철학의 기초가 플라톤과 칸트, 인도 경전 『우
파니샤드Upanisad』임을 밝혔다. 그가 '해탈'을 궁극적
인 이상의 경지로 삼은 것도 인도 철학의 영향이었다.

철학책 읽기

쇼펜하우어의 다른 책

📖 부록과 보유

쇼펜하우어가 그동안 다루지 않았던 철학의 여러 중요한 주제들을 가지고 6년간 쓴 에세이와 주석들을 모아 발표한 작품으로, 쇼펜하우어의 저서 중 대중적으로 가장 큰 성공을 거뒀다. '삶의 괴로움에 관하여', '삶의 허무에 관하여', '살려는 의지에 관하여', '여성에 관하여' 등의 에세이 13개를 담고 있으며, 젊은 시절 베를린 대학 사강사로 취임하기 위해 제출했던 이력서인 '나의 반생'이라는 글도 실려 있다. 우리나라에는 『쇼펜하우어 인생론』이란 제목으로 여러 판 출간돼 있다.

📖 자연 속의 의지에 관하여

쇼펜하우어는 당대 독일 최고의 철학자로 평가받던 헤겔을 (18년의 나이 차에도 불구하고) 최대의 적수로 여겼다. 쇼펜하우어가 베를린 대학 교수 채용 심사에 응했을 때, 그 자리에서 헤겔이 곤란한 질문을 던진 것이 단초가 되었다. 결국 강사가 된 쇼펜하우어는 헤겔과 같은 시간대에 강의를 열었지만, 헤겔의 강의에 1천 명이 넘는 학생들이 몰린 반면 자신의 강의에는 8명만이 응하게 되자 강사를 그만둘 수밖에 없었다. 쇼펜하우어는 헤겔의 사상까지 비판하며 '헛소리'에 불과한 철학이라고 공격했지만 정작 헤겔은 쇼펜하우어에게 별로 관심을 두지 않았다고 한다. 그 뒤 이탈리아 여행을 하고 뮌헨에서 병을 앓다가 1825년 다시 교편을 잡았으나 이내 다시 관둔 쇼펜하우어는 프랑크푸르트암마인에서 오랫동안 은둔에 가까운 생활을 했다. 그러다가 1836년 내놓은 소책자가 바로 『자연 속의 의지에 관하여』다. 이 책에서 그는 자연과학의 경험적인 증거들을 토대로 자신의 형이상학 이론, 즉 의지 이론을 다시 한 번 확신하고 반복하고 있다. 또 동물자기설과 마술 관련 장도 포함돼 있어 심령 현상과 같은 초심리학에 대한 쇼펜하우어의 관심을 보여준다. 또한 성리학자 주희朱熹, 1130~1200 등을 언급한 중국학 관련 부분은 당대 아시아에 관심이 많았던 작가들에게 영향을 끼치기도 했다. 쇼펜하우어는 이 책의 서문에서 헤겔을 '협잡꾼'이라고 표현하면서 신랄한 독설을 퍼붓고 있다.

The 20 Greatest Philosophy Books

13

마르크스

공산당 선언

Manifest der
Kommunistischen
Partei

1848

카를 마르크스
Karl Marx, 1818~1883

변증법적 유물론과 역사적 유물론, 정치경제학으로 이루어진
마르크스주의를 창시해 20세기 인류 역사에 가장 큰 영향을
끼친 철학자 마르크스. 20세기의 노동자, 정치가, 혁명가, 학
자 할 것 없이 서로 다른 이유로, 때로는 완전히 반대되는 이
유로 마르크스는 큰 의미로 다가왔으며, 21세기에 들어서도
그의 철학은 여전히 현재진행형이다.

1818	출생 (프로이센 트리어Trier)
1836	베를린 대학 입학
1841	철학 박사학위 취득
1842	쾰른 《라인 신문Rheinische Zeitung》의 편집장
1843	결혼. 《라인 신문》 폐간과 함께 파리로 이주
1844	『헤겔 법철학 비판 서설Zur Kritik der Hegelschen Rechtsphilosophie』 출간
	『경제학–철학 수고Ökonomisch-philosophische Manuskripte aus dem Jahre 1844』 저술. 엥겔스와 만남
1845	브뤼셀로 감. 프로이센 국적 포기
1846	엥겔스와 공동으로 『독일 이데올로기Die deutsche Ideologie』 저술
1847	『철학의 빈곤Das Elend der Philosophie』 발표
1848	**『공산당선언Manifest der Kommunistischen Partei』 출간.** 📖 파리로 이동
	벨기에 당국 마르크스 추방령 발표. 쾰른으로 돌아가 《신라인 신문Neue Rheinische Zeitung》 창간
1849	《신라인 신문》 폐간. 독일에서 추방되어 파리로 갔으나 프랑스에서도 추방돼 런던으로 감
1850	『1848년에서 1850년 사이의 프랑스 계급투쟁Die Klassenkämpfe in Frankreich 1848?50』 출간
1852	『루이 보나파르트의 브뤼메르 18일Der achtzehnte Brumaire des Louis Bonaparte』 발표
1858	『정치경제학 비판 요강Grundrisse der Kritik der politischen Ökonomie』 완성
1859	『정치경제학 비판을 위하여Zur Kritik der politischen Ökonomie』 출간
1864	런던에서 제1인터내셔널 창립
1867	『자본론Das Kapital』 제1권 출간
1871	『프랑스 내전Der Bürgerkrieg in Frankreich』 발표
1875	『고타강령 비판Kritik des Gothaer Programms』 발표
1883	사망 (영국 런던)

마르크스

공산당 선언

카를 마르크스의 『공산당 선언Manifest der Kommunistischen Partei』1848은 짧고 날카롭고 명쾌하면서도 몽상적이다. 이 책은 여러 세대에 걸쳐 온갖 투쟁가들과 정치 운동가는 물론, 비교적 혁명적인 성향이 약한 사람들에게까지 영감을 주었다. 보통 마르크스와 프리드리히 엥겔스 Friedrich Engels, 1820~1895 두 사람이 저자로 되어 있으나 많은 부분을 쓴 사람은 분명 마르크스다. 엥겔스 자신도 이 책이 "본질적으로 마르크스의 작품"이라고 했다. 우리는 이후로 마르크스만 언급하기로 한다.

『공산당 선언』의 내용과 야심을 이해하려면 마르크스가 이 책을 집필한 시대를 조금 살펴봐야 한다. 1848년은 대변혁이 일어난 해였다. 북유럽의 주요 산업 지역에서 노동자의 폭동과 반란이 있었다. 노동자 계급의 불만은 하늘을 찔렀고 혁명의 소동에서 무언가 극적인 일이 생기리라는 기대가 팽배했다. 마르크스는 이렇게 썼다.

하나의 유령이 유럽을 떠돌고 있다. 그 유령은 공산주의다.

　마르크스는 공산주의가 힘이라고 생각했다. 그리고 그 시대는 그 힘
에 시종일관된 목소리가 있었던 시대였다. 어쨌든 이는 『공산당 선언』
을 쓴 목적의 일부분에 지나지 않는다. 마르크스의 또 다른 목적은 세계
를 그 역사의 마지막 단계인 공산주의로 가라고 재촉함으로써 세상을
변화시키는 것이었다. 혹시 여기서 헤겔의 입김이 강하게 느껴지지 않
는가? 마르크스의 역사적 유물론은 역사의 단계 안에서 자기의식을 가
지는 절대자의 개념을 재작업한 것이 명백하기 때문이다(역사적 유물론
은 잠시 뒤에 살펴보겠다). 마르크스는 노동자 계급이 스스로가 가진 힘을
깨닫기를, 그리고 그 힘을 사용하기를 바랐다.

:: 『공산당 선언』이 발표된 1848년은 '혁명의 해'였다. 프랑스의 2월 혁명이 기폭제가 되어 독일, 덴마크, 오스트리아, 헝가
리, 폴란드 등지로 혁명의 불길이 순식간에 퍼졌다. 사진은 그해 3월 19일 베를린 시내의 한 바리케이드의 모습.

마르크스1882(왼쪽)와 엥겔스1891. 마르크스의 가장 가까운 동료였던 엥겔스는 마르크스의 활동을 '경제적'으로 지원해 주었으며 마르크스 사후에는 유고 정리와 마르크스주의 보급에 힘썼다.

이 책은 마르크스가 공산주의자동맹으로부터 사명 성명서를 써달라는 의뢰를 받으면서 시작된다. 공산주의자동맹은 곧 일어날 것으로 보이는 혁명과 그 여파에 진원을 제공하기 위해 자신의 정치적 목적을 명확하게 표명하기를 원했다. 마르크스는 엥겔스와 다른 후원자들과 초고를 주고받으면서 약 6주 만에 『공산당 선언』을 썼다. 현재 그 초고는 그 중 소수만이 남아 있는데, 그 초고들은 마르크스가 자신의 원본에 거의 수정을 가하지 않았음을 보여주고 있다. 어떤 경로와 과정을 거쳐 쓰였든, 『공산당 선언』은 정치철학에서 가장 유명한 저서 중 하나다.

『공산당 선언』에는 마르크스의 역사적 유물론 철학이 요약되어 있다. 마르크스와 엥겔스는 출판되지 않은 이전의 글 『독일 이데올로기Die deutsche Ideologie』1932❓에서 그 역사적 유물론의 정립에 착수하면서 상당히 많은 지면을 할애했었다. 또한 『공산당 선언』에는 자본주의의 미래에 관해 놀라운 예언적 통찰이 담겨 있다. 역사에 대한 마르크스의 개념과 다른 형태의 사회주의 연구를 살펴보고 그 작품의 예언을 한번 보도록 하자.

모든 사회의 역사는
계급투쟁의 역사

『공산당 선언』이 담고 있는 역사철학은 후에 '역사적 유물론'으로 알려진다. 이 시각에 따르면, 인간의 역사에는 패턴이, 다른 말로 형세가 있으며, 역사는 하나의 결말을 향해 간다. 얼핏 헤겔과 많이 비슷해 보인다. 그런데 그 종말 혹은 목표를 헤겔이라면 과정의 인식으로 보았겠지만, 마르크스는 경제 조직의 일종인 공산주의로 보았다. 사회가 공산주의를 받아들일 준비가 되려면 그 전에 경제와 사회 발달의 일정한 단계를 거쳐야 한다. 『공산당 선언』의 많은 부분에서 이런 단계들을 다루고 있다. 여기에는 각 단계에서 자신들의 모습을 보는 현재의 노동자들이 현 단계에 대해 무엇인가 할 것이라는, 즉 현 단계를 변화시킬 것이라는 일종의 희망을 담고 있다. 마르크스는 역사적 추동을 조장하고 있으며 『공산당 선언』은 역사를 촉진하는 것이다.

　마르크스의 역사 이론이 설명하려고 하는 것은 인간의 역사가 아니다. 역사의 한 부분, 즉 경제와 사회 역사의 진화를 설명하려는 것이다. 마르크스의 이론은 인간 공동체가 성취할 가치가 있는 것을 성취하기에 앞서, 개인들이 자신의 근본적인 물질적 결핍을 채울 수 있어야 한다는 주장으로 시작된다. 사람은 무엇보다도 먹을 것과 입을 것, 지낼 곳이 먼저 있어야 한다. 사회와 문명은 삶에 기본적으로 필요한 것을 보장하는 특정 '생산양식'에 의존한다. 『공산당 선언』의 제1장에서 마르크스는 유럽 문명의 역

: **『독일 이데올로기』**

망명지 브뤼셀에서 1845~1846년에 미완성으로 집필되었으나 1932년 『마르크스·엥겔스 전집』 발간과 함께 세상에 알려졌다. 포이어바흐, 바우어Bruno Bauer, 1809~1882 등 당대 독일의 대표 사상가들을 비판하는 내용으로, 역사적 유물론의 근본 사상과 방법, 공산주의 사회에 이르기까지의 인류의 발전사 등 역사적 유물론이 처음으로 완전하게 제시되어 있는 책이다. 또한 노동의 분업이 인간의 소외Entfremdung를 가져왔다는 마르크스의 소외론이 담겨 있다.

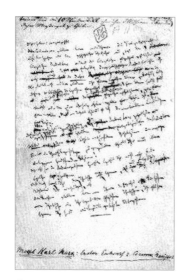
:: 「공산당 선언」 원고 일부

사는 고대 생산양식에서 봉건 제도로 그리고 봉건제에서 자본주의 생산양식으로 진행된 진보로 규정된다는 자신의 견해를 펼치기 시작한다.

인간은 선사시대에는 단순히 자신이 필요한 물자를 찾으러 다녔다고 한다. 주변에서 발견하는 짐승이나 식물을 먹었고 먹어치운 짐승들의 모피로 옷을 만들어 입었고 자연상태의 동굴에서 살았다. 마르크스에 따르면 인간의 역사는 단순히 자연이 주는 것을 그대로 취하는 것이 아니라 실제로 자신이 필요한 물자를 만들어낼 때 비로소 시작되었다. 특히 인간이 작물을 키우기 위해 땅을 경작하고 고기와 모피를 얻고자 우리를 지어 짐승을 기르기 시작할 때를 말한다. 인간은 돌을 캐내고 나무를 베오두막을 지었고 이것이 마을이 됐다.

문명 생활이라고 할 만한 것이 시작되면서 사회 계층이라는 불평등한 계급 제도가 생겨났다. 마르크스는 이 모든 생산 시설은 물건만 생산한 것이 아니라 지배 계급과 노동자 계급도 만들어냈다고 주장한다. 노동자들은 언제나 지배 계급이 필요로 하는 물자를 생산하기 위해, 그리고 궁극적으로는 그들의 잉여 물자를 생산해 내기 위해 지배 계급에게 착취당한다.

유럽 최초의 생산양식은 고대 이집트와 그리스, 로마의 삶을 지배했다. 마르크스는 이 시대를 '고대 생산양식'이라고 한다. 주인 계급은 전적으로 자신들에게 종속된 노예의 노동력을 가졌다. 다른 노동자들과

장인, 음악가 등은 주인과 노예 사이에 있는 기본적 경제 관계의 주변을 채운다. 예를 들어 주인은 자신의 노예가 생산한 잉여 물자 일부를 춤꾼과 음악가의 연예 활동의 대가로 지불한다. 그 시대의 처음부터 끝까지 시대를 규정하는 것은 기본 경제 관계다. 노예는 다른 사람들이 정말로 필요로 하는 것, 즉 음식, 의류, 생필품 등을 생산한다.

그다음에 봉건제의 생산양식이 자리한다. 여기서는 개인의 집에 예속된 노예가 아니라 땅을 가진 농노가 사회가 필요로 하는 물자를 생산한다. 농노는 그 이전 시대의 노예들보다는 비교적 많은 자유를 누려, 실질적인 소유권을 어느 정도는 가지고 있었다. 즉 언제 어떻게 자신의 노동력을 배치할 것인지, 땅을 어떻게 사용할 것인지 정도를 결정할 수 있었다. 그러나 마르크스는 농노가 일하는 땅은 실제로 그들 소유가 아니라고 지적한다. 그 땅은 영주의 소유이자 궁극적으로 군주의 소유다. 지배 계급은 그 땅의 임대료를 요구한다. 이런 방법으로 지배 계급은 농노의 잉여 생산물을 전유해, 자신이 필요한 물자뿐 아니라 여분의 물자까지 조달한다.

마르크스는 봉건시대의 생산양식은 궁극적으로 자본주의 생산양식을 허용한다고 주장한다. 여기서는 임금 노동자들 또는 프롤레타리아트 Proletariat ❗가 사회의 주요 노동자가 된다. 노예의 주인도 아니고 봉건 영주도 아닌 자본가 계급이, 즉 부르주아지 bourgeoisie ❗가 (지배 계급이 언제나 그랬듯) 프롤레타리아트 위에 군림한다. 부르주아지는 이제 프롤레타리아트를 이윤 만들기의 도구로 착취하며 그들의

: 프롤레타리아트와 부르주아지

프롤레타리아트는 자본주의 사회에서 생산수단을 소유하지 않고 자신의 노동력을 팔아 생활하는 프롤레타리아prolétariat로 이루어진 무산 계급을 말한다. 부르주아 bourgeois는 원래 중세 유럽에서 성직자, 귀족과 구별되는 제3신분을 뜻하는 말이었으나 마르크스가 "생산수단을 소유하고 노동자를 고용해 이윤을 얻는 계급"으로 정의하여, 프롤레타리아트의 대립 계급으로 규정하면서부터 '계급으로서의 자본가'를 뜻하게 되었다. 즉 프롤레타리아트와 부르주아지는 각각 무산 계급과 유산 계급을 뜻하며, 그 계급에 속하는 사람, 곧 노동자와 자본가를 각각 프롤레타리아와 부르주아로 일컫는다.

노동력을 전유한다. 이윤은 자본가에게 자본가 자신의 소비 특히 사치품의 구매를 위한 자금과, 투자를 위한 자금, 사회의 생산수단❗을 통제하기 위한 자금을 대준다. 돈은 이제 더 많은 돈을 만들어내기 위한 수단이다.

마르크스의 역사적 유물론의 야심에는 모든 사회의 경제 활동을 폭로하는 것도 들어 있다. 그러나 마르크스의 주요 야심은 변화를 위한 동요를 일으키는 것, 즉 인간 역사에서 결코 피할 수 없는 과정을 조금 더 촉진하는 것이다. 따라서『공산당 선언』은 마르크스의 역사적 유물론의 요약이며 현재의 자본가 탄생에 이르는 진화의 길을 연속된 스냅사진으로 보여준 것이다. 그것은 오직 "지금까지 존재한 모든 사회의 역사는 계급투쟁의 역사다"라는 주장을 뒷받침하기 위해서다. 마르크스에 따르면, 우리가 계급투쟁이라는 측면에서 역사를 한번 보게 되면 그 순간 우리의 눈이 열리고 그에 대해 뭔가 조치를 취하거나 대책을 세우고 싶어진다. 특히 우리가 현대의 노예나 농노에 해당하는 것처럼 보이는 노동자의 편에 서 있다면 더욱 그럴 것이다.

마르크스는 일단 노동자 계급의 일원이 자본가 지배 계급에 의해 착취당하는 자신의 상황을 의식하게 되면 필연적으로 봉기해서 노동자 계급의 이익이 더 우선시되는 공산주의 사회로 가는 혁명을 일으킬 것이라고 본다. 1848년 노동자들의 봉기에 벌써 프롤레타리아트에게 필요한 의식이 희미하게 보였으며, 자신들의 이익이 자본가의 질서와 경제 체계에 의해 좌절되고 있다는 사실을 깨닫기 시작했음을 보여주었다. 『공산당 선언』은 사회 변혁에 대한 노동자들의 희미한 희망을 인간 역사의 모습과 최후의 운명에 대한 이야기 안에서 찾으려는 시도였다.

혁명을 전제하지 않는
사회주의 실험은 실패한다!

마르크스는 『공산당 선언』에서 혁명적 프롤레타리아트의 야심을 역사적 유물론에 정착시키는데, 이것은 마르크스 이전에 있었던 사회주의 사상과의 결별을 의미한다. 마르크스는 이런 역사적인 결합을 두 장*에 걸쳐 대대적으로 설명했다. 제2장은 곧 도래할 공산주의 시대에 대해 나올 것으로 예상되는 부르주아지 자본가들의 반론에 대한 대응도 담고 있다. 마르크스는 제3장과 제4장에서 방향을 바꾸어, 자본주의 사회에서의 프롤레타리아트의 비참한 처지에 대한 다른 사회주의자들의 반응을 비판한다.

마르크스 이전의 사회주의는 자본주의가 인간의 삶에 미치는 악영향에 대해 단순하고 특징 없는 반발을 보였을 뿐이다. 사회주의 사상가들은 일반적으로 어떻게 인간이 강제로 일하고 살아가게 되는지에 경악을 금치 못했으나 그 혐오감은 소규모의 변화를 지향하는 데 그쳤다. 사회주의 운동은 자본주의를 거슬러 노동자의 조건을 개선하기 위해 일어났지만 마르크스에게는 소규모의 변화 이상의 것이 필요했다. 그는 다른 사회주의 사상에 대한 기본적인 이의를 의학적 은유로 표현한다. 즉 다른 사회주의 사상들은 프롤레타리아의 삶의 문제를 철저하게 '진단'하는 데 실패했고, 다음으로 이런 끔찍한 상황에 적절한 '치료법'을 제시하는 데 실패했다는 것이다.

그래서 마르크스는 세 가지 유형의 사회주의를 비판한다. '반동적 사회주

: 생산수단
생산 과정에서 노동의 대상이나 도구가 되는 토지, 삼림, 자원, 원료, 교통 및 통신 수단 등의 모든 생산의 요소. 이 생산수단을 '사적으로 소유'하는 사회 조직에서 생산수단의 비소유자는 생산수단 소유자가 허용하는 범위 안에서만 노동하고 생활할 수 있다. 따라서 모든 사회 변혁에서는 생산수단의 소유 문제가 핵심 문제가 된다.

의자'는 단순히 봉건 제도로 돌아감으로써 자본주의가 가져온 비참한 결과를 원상태로 돌려야 한다고 생각했고 그렇게 할 수 있다고 믿었다. 봉건 제도가 훨씬 더 좋았고 새로운 자본주의 질서는 퇴보였다는 주장이다. 물론 마르크스도 자본주의가 사람들에게 가져온 참상을 절대 가볍게 보지 않았지만, 자본주의는 어쨌든 봉건제에서 일보 전진한 것이라고 보았다. 역사적 유물론을 전제로 했으니 그렇게 생각하는 게 당연했다. 따라서 마르크스는 반동적 사회주의자들은 "현대 역사의 행진을 이해할 능력이 전혀 없다"며 질책했다. 마르크스에게 자본주의는 고통을 가져다주었지만 또한 그런 고통에서 구원할 경제·정치적 방법도 생기게 했다. 그것은 일종의 일보 전진이었고 결코 퇴보가 아니었다.

마르크스는 '부르주아 사회주의자'들도 비판한다. 부르주아 사회주의자들은 자본주의가 인간 사회에 가져온 좋은 점을 볼 수 있었고, 그 부정적인 효과를 개선하면 더 바람직한 자본주의가 될 수 있다고 생각한다. 부르주아 사회주의자들은 사회주의자 정신에 입각한 개혁으로 부족한 부분이 보완되면 자본주의 사회가 지속적이고 안정적인 조화로운 형태의 경제 조직이 될 수 있다고 믿었다. 마르크스는 이런 사회주의를 부인했는데, 무엇보다 자본주의가 근본적으로 계급이 지배하는 경제 체계이기 때문이다. 계급이 있는 곳에는 이익이 충돌하고 불가피하게 착취가 생겨난다. 이익의 대립과 착취는 절대 피할 수 없으며 착취가 있는 사회는 안정되거나 조화로울 수 없다.

또한 마르크스는 '공상적(유토피아적) 사회주의자'도 공격했다. 의도는 좋을지 모르지만 공상적 사회주의자들이 노동자의 참상에 대한 해결책으로 제시하는 것들은 너무 순진했다. 이들도 분명 자본주의 체계의 고통을 인정한다. 그러나 마르크스는 공상적 사회주의자들의 청사진은 철저하지 못하고 현실이라고 하기에는 너무 꿈같은 인간 본성의 개념에 근거를 두고 있다고 본다. 로버트 오언Robert Owen, 1771~1858과 같은 공상적 사회주의자들은 소규모의 사회주의적 실험을 시도하면서 그 실험을 통해 산업 경제로 바로 퍼져 나갈 수 있다고 생각했다. 마르크스는 생산 수단이 자본주의의 손에 있는 한 이런 것은 불가능하다고 생각했다.

　마르크스에 따르면, 이 세 가지 사회주의 유형에는 자본주의 사회에서 늘어나는 프롤레타리아트의 혁명적 잠재성을 전반적으로 인지하지 못했다는 근본적인 문제가 있다. 사회가 발전하려면, 노동자 계급의 삶이 나아지려면 급진적으로 사회가 변혁되어야 한다. 따라서 필요한 것은 혁명이다.『공산당 선언』은 바로 프롤레타리아트를 위한 역사 속의 교훈이며 프롤레타리아트로 하여금 자신의 힘과 역사적 운명을 보게 하려는 시도다. 언제나처럼 마르크스에게 궁극적인 목표는 인류를 더 좋은 세계로 더 빨리 이르게 하는 것이다.

빗나간 예언과
적중한 예언

마르크스는 프롤레타리아 혁명을 기대했다.『공산당 선언』은 그런 기대감을 공공연히 선언한 문서다. 시작할 때 지적한 대로『공산당 선언』은 그것이 집필된 시대를 반영한다. 1848년은 유럽의 자본주의 산업의 중심에서 혁명적 봉기가 일어난 해였다. 그러나 그런 혁명은 결국 아무것도 이루지 못했으며 이듬해에 곧 사그라졌다. 마르크스 이후 자본주의 운동의 흐름이 전통적인 노동자 계급과 사회주의 운동의 쇠퇴를 가져왔다. 전 세계적으로는 마르크스가『공산당 선언』에서 예상했던 것처럼 프롤레타리아트가 극적인 사회의 변화를 일으키는 진원으로 출현한 적은 한 번도 없었다. 마르크스의 이 예언은 그 이후의 역사에 의해 잘못된 것으로 판명되었다. 그러나『공산당 선언』에 있는 다른 예언들은 역사가 진행되면서 옳았다고 증명되는 듯하다.

『공산당 선언』은 전 세계에 자본주의가 퍼지고 상품과 노동력의 '세계시장'이 생길 것으로 예상했다. 마르크스는 지구 상에 자본주의의 영향을 받지 않는 사회는 남지 않을 것이라고 했고 그 점은 적중했다. 마르크스를 현재 '세계화'라고 불리는 이론을 세운 최초의 이론가의 한 사람으로 생각할 수 있다. 또한 그는 농촌의 협소성이 도시에 기반을 둔 삶의 세계시민주의cosmopolitanism ❢와 국제주의에 의해 더욱 심화되는 사회가 발전할 것을 예측했다. 또한 마르크스는 전통적으로 안정되고 좋은 보수를 받는 프티부르주아petit-bourgeois ❢의 직업이 사라지고 프롤레타리아트로 전락하는 일이 확산될 것으로 보았다. 많은 사람들이 이런 예측이 현실로 나타났다고 생각한다. 아마도 세계는 이로 인해 더욱 악화되었다고 생각하는 이들도 많을 것이다.

마르크스는 또한 민족주의자와 종교 사상이 가진 힘의 쇠퇴를 예측했다. 그러나 우리가 20세기와 이번 새천년의 암울한 시작에서 보았듯이 민족주의와 종교 때문에 발발한 전쟁은 아직도 인간사를 지배하는 것 같다. 우리는 마르크스와 더불어 민족주의나 종교의 허구, 비합리성이 없는 시대로 발전할 것이라는 바람을 가져볼 수는 있을 것이다. 하지만 우리가 아직 거기에

: 세계시민주의
국적이나 민족, 종교 등의 경계를 초월해 인류의 관점에서 세계를 바라보는 것으로, 인류 전체를 하나의 세계의 시민으로 보는 입장. 지역적 공동체와 문화를 배제하는 완고한 입장에서부터 지역적·문화적 다양성과 차이를 존중하는 자유주의적인 성격까지 다양한 스펙트럼을 보인다.

: 프티부르주아
노동자와 자본가의 중간 계급에 속하는 소상인, 수공업자, 하급 봉급생활자, 하급 공무원, 자영농민 등의 중산 계급을 말한다. '소시민'이라고도 한다.

이르지 못했음은 분명하다.

마르크스의 생각,
지금도 유효한가?

마르크스가 『공산당 선언』에서 기대했던 역할을 프롤레타리아트가 결국 해내지 못하자, 마르크스의 생각을 거부하는 이들이 많아졌다. 일부는 너무 성급했다는 점을 지적한다. 그 말은 역사적 유물론을 옹호하는 철학은 참인데 단지 마르크스가 그 시점을 잘못 알았다는 뜻일 것이다. 만일 그랬다면 마르크스가 『공산당 선언』을 집필한 당시의 시대적 긴박함이 이런 실수를 부추겼을 것이다. 다른 사람들은 여전히 마르크스가 시기는 바로 맞혔다고 보지만, 이른바 공산주의의 결실이라는 것에는 반대한다. 마르크스가 남긴 많은 예측이 구소련과 중국 등지에서 승인되었지만, 그 나라들의 공산주의는 많은 고통과 죽음을 가져왔다.

마르크스의 특징적인 생각에서 더 나아가 역사에서 교훈을 배우고 아직도 더 나은 세계를 보장할 수 있는 다른 종류의 혁명 방법을 기대하는 사람들도 있다. 어떤 이들은 마르크스의 역사적 유물론에서 소박한 진리를 발견한다. 과거에 인간은 '주인과 노예의 관계'를 '영주와 농노의 관계'로 맞바꿨는데, 이 새로운 관계가 생산성 향상을 약속했기 때문이라는 마르크스의 견해를 채택하는 것이다. 영주와 농노의 관계는 점차 증가해 확산되었는데, 그 관계가 인간의 욕구와 결핍을 충족하기에 더 좋았기 때문이었다. 그와 유사하게 자본가와 노동자의 관계는 그 관계가 영주와 농노의 관계보다 더 큰 생산성을 안겨주었기 때문에 생겨났다. 그러나 마지막 단계의 이동은 이루어지지 않았다. 즉 자본주의에서

(신마르크스주의자들이 말하는) '진정한 공산주의'로는 이동하지 않았다. 어쩌면, 마르크스 당시가 혁명을 위한 최적의 시간은 아니었을 수도 있다. 그 시간은 지금일 수도 있다.

마르크스의 사상을 간직한 다수의 자본주의 비평가들은 자본주의를 인간 역사의 절정으로 생각할 필요는 없다고 말한다. 자본주의가 지속적이고 안정적인 조화로운 경제 체제는 아니라는 주장이다. 자본주의는 장점도 많지만 그와 동시에 좌절과 참상도 가져온다. 그런 좌절과 참상이 사실인 한 마르크스의 주장은 의미가 있다는 말이다. 『공산당 선언』은 우리에게 인간의 조건을 설명해 주면서 경제에 의존하는 삶에서 우

:: 런던 하이게이트 묘지Highgate Cemetery에 있는 마르크스의 묘 《라인 신문》 발간과 각종 기고를 통해 자유분방하고 급진적 논조를 펴고 각국의 노동 운동에 적극적인 활동을 하던 마르크스는 독일(프로이센), 프랑스, 벨기에 당국에서 추방령이 내려지자 1847년 8월 영국으로 건너왔고 런던은 그의 마지막 정착지가 되었다.

리가 직면하게 되는 문제에 대한 해답을 시사한다. 이 책은 더 나은 세계를 만들기 위해 우리가 바라봐야 할 문제점과 한번 시도해 보고 싶은 해결 방안을 확연하게 정제하는 하나의 모델을 제공한다. 바로 이런 점 때문에 많은 이들이 『공산당 선언』을 영구적으로 당대의 사회 문제와 관련이 있는 책이라고 보는 것이다.

마르크스의 다른 책

🦋 정치경제학 비판 요강

마르크스의 경제 사상을 조망할 수 있는 핵심적인 연구서. 경제학 체계 전체에 대한 문제의식을 바탕으로 자본주의의 한계와 노동자들의 자기 해방이라는 실천 과정을 다뤘다. 당시 마르크스는 정치경제학 관련 저술로 자본, 토지소유, 임금 노동, 국가, 해외 무역, 세계 시장의 여섯 권을 구상했었다. 후에 나온 『자본론』은 마르크스가 원래의 계획을 수정해 '자본'을 집중적으로 다루기로 한 결과 출간된 책이다. 『정치경제학 비판 요강』은 자본에 관한 것뿐 아니라 마르크스의 경제론 전체를 조명할 수 있는 저작으로 간주되고 있다.

🦋 자본론

'사회주의의 바이블'로 평가받는 마르크스의 주저로, 자본주의 경제 체제의 내적 구조와 운동 법칙을 노동력의 상품화에 중심을 두고 엄밀한 변증법적 논리로 서술하고 있다. 기본적으로 노동의 잉여가치 생산, 그 잉여가치를 이윤의 형태로 전유하는 자본가와 노동자 계급의 갈등 관계를 다룬다. 제1권 '자본의 생산 과정', 제2권 '자본의 유통 과정', 제3권 '자본제적 생산의 총과정'의 3권으로 구성되어 있으며, 제2권과 제3권은 마르크스 사후 엥겔스에 의해 정리돼 1885, 1894년에 각각 출간됐다. 마르크스는 생전에 『자본론』 제4권에 대한 언급을 종종 하곤 했는데, 1861~1863년에 마르크스가 쓴 23권 분량의 수고 중 『자본론』 1~3권에 포함되지 않은 6~15번째 수고를 모은 것이 1905~1910년에 카우츠키Karl J. Kautsky, 1854~1938에 의해 『잉여가치 학설사 Theorien über den Mehrwert』라는 이름의 3권 분량의 책으로 출간됐다.

🦋 고타 강령 비판

'고타 강령'이란 1875년 고타Gotha에서 독일사회주의노동당이 결성되면서 채택한 강령을 말하는데, 마르크스주의를 받아들여 특정 계급의 생산수단 독점이 모든 정치·사회적 불평등의 원인임을 강조하면서도 투쟁에 있어서는 합법적인 수단만을 사용할 것을 천명하고 있었다. 마르크스는 이 책에서 고타 강령의 타협적인 개량주의와 모순을 신랄하게 비판하고 사회주의 혁명의 필연성과 프롤레타리아 독재 등에 대해 설명했다.

14

밀

공리주의

Utilitarianism

1863

존 스튜어트 밀

John Stuart Mill, 1806~1873

밀은 공리주의나 자유론의 사상가로 알려져 있지만, 그의 저
작은 고전경제학, 낭만주의, 여성 문제, 정치, 종교 등 19세기
사상들의 온갖 경향을 흡수하고 있다. 또한 어떤 주제 내에서
도 그의 입장을 명확하게 규정하기란 쉽지 않다.

1806	출생 (영국 런던)
1820	새뮤얼 벤담Samuel Bentham, 1757~1831의 가족과 프랑스에서 체류(~1821)
1821	영국으로 돌아와 심리학과 로마법 공부
1822	친구들과 함께 공리주의자협회 결성, 활동(~1823)
1836	영국 동인도회사와 인도 정부 간 교섭 업무(~1856)
	《런던 앤드 웨스트민스터 리뷰The London and Westminster Review》의 주필(~1840)
1843	『논리학 체계A System of Logic』 출간
1844	『정치경제학의 해결되지 않은 몇 가지 문제에 관하여Essays on Some Unsettled Questions of Political Economy』 출간
1848	『경제학 원리The Principles of Political Economy』 출간
1851	해리엇 테일러Harriet Taylor, 1807~1858와 결혼
1858	공직에서 은퇴, 프랑스 아비뇽Avignon에 정착
1859	『의회 개혁에 관한 구상Thoughts on Parliamentary Reform』, 『자유론On Liberty』 출간
1861	『대의제 정부에 대한 고찰Considerations on Representative Government』 출간
	『여성의 종속The Subjection of Women』 완성(1869 출간)
1863	『공리주의Utilitarianism』 출간 📖
1865	웨스트민스터에서 하원의원 당선
1868	총선에서 낙선, 아비뇽으로 돌아옴
1873	사망 (프랑스 아비뇽)
	『존 스튜어트 밀 자서전Autobiography of John Stuart Mill』 출간
1874	『종교에 관한 에세이 3편Three Essays on Religion』 출간

밀

공리주의

공리주의란 어떤 행동이 도덕적으로 옳은지 그른지는 그 행동의 결과가 인간의 행복에 어떤 영향을 미치는가에 달려 있다는 견해다. 이 이론은 조지프 프리스틀리Joseph Priestley, 1733~1804 ♀와 로크에게서도 살펴볼 수 있다. 그러나 가장 유명한 공리주의 옹호자는 제러미 벤담과 존 스튜어트 밀이다. 벤담과 밀 중 누구의 논문이 더 훌륭한가를 두고 이견을 보이는 독자도 있을 것이다. 여기에 벤담의『도덕과 입법의 원리Introduction to the Principles of Morals and Legislation』1789가 아니라 밀의『공리주의Utilitarianism』1863가 선정되었다는 것이 신경에 거슬릴지도 모른다. 밀의 연구가 단지 벤담의 통찰을 재작업하고 수정한 것에 지나지 않는다고 생각할 수도 있다. 반면에 밀이 그 이론을 더 발전시켰으며 벤담의 저서보다 풍부한 내용을 자신의 해설에 담았다는 주장에도 일리가 있다. 그러면 벤담의 저서가 선정되지 않아 기분이 상한 사람들을 위해,

우선 벤담의 주장부터 한번 살펴보기로 하자.

벤담과 같은 사람을 진심으로 좋아하지 않기란 쉬운 일이 아니다. 또한 밀을 고찰하는 작업에서 벤담을 빼놓는 일은 지적인 오류일 뿐 아니라 옳지 않다. 벤담은 한마디로 무시하고 지나치기에는 너무나 뛰어나다. 그는 철학과 법 이론에 대한 연구뿐 아니라 이동주택과 난방 시스템, 냉장 장치, 위조 방지 은행권, 콩을 얼리는 계획, 다수의 수감자를 소수의 간수가 지속적으로 감시할 수 있는 유명한 원형 감옥 '파놉티콘Panopticon' 등을 고안했다. 게다가 벤담은 정신을 못 차릴 정도로 많은 어휘를 만들어내기도 했다. 그중에는 '최대화하다maximize' '최소화하다minimize' '원리rationale' '풍기 문란케 하다demoralize' '일방적unilateral' '분리 가능하다detachable' '소모적exhaustive' '국제적international' 등이 있다. 물론 'catastatico-chrestic physiurgics' 같은 말은 안타깝게도 현재 통용되지 않는다. 또한 벤담은 자신의 추종자들에게 시각적으로 영감을 줄 것이라는 생각에 사후에 자신의 시신을 박제로 만들어서 전시해 놓을 계획까지 마련해 놓았다. 이는 '오토아이콘autoicon'이라 불리는데, 현재 런던 유니버시티 칼리지UCL에 전시되어 있다. 이런 벤담의 원칙 때문에, 그의 추종자인 '철학적 급진주의자들Philosophical Radicals'은 동물, 동성애, 참정권, 소유권, 조세 제도 등과 관련한 여러 가지 법을 개정하도록 제안해 삶을 개선하고자 했다. 벤담은 확실히 여러 방면에서 매우 뛰어났다. 행복의

: 프리스틀리

1774년 산소를 발견(했으나 산소의 정체를 밝혀내지는 못)한 화학자로 유명한 프리스틀리는 유니테리언의 입장에서 삼위일체와 그리스도교의 신성神性을 부정한 신학자이자 철학자였다. '사회의 다수 성원의 상호 이익'이라는 공리주의적 원리는 벤담에게 많은 영향을 주었다. 또한 시민적·종교적 자유의 열렬한 옹호자로 프랑스 혁명과 미국 독립전쟁을 지지했다.

: 철학적 급진주의자들

벤담과 제임스 밀James Mill, 1773~1836 등에서 영감을 받은 18세기 말~19세기 영국의 정치적 급진파를 가리키는 말이다. 존 스튜어트 밀을 비롯해 경제학자 데이비드 리카도David Ricardo, 1772~1823, 역사학자 조지 그로트George Grote, 1794~1871 등이 대표적 인물로, 공리주의적 정치철학을 따랐고 경제적·정치적 자유주의에 찬성했다.

본성을 설명할 때 어떻게 이런 사람을 제외하겠는가?

최대 행복의 원리에서
도덕성이 나온다

벤담이 철학에 크게 기여한 바는 합리성을 윤리와 입법의 중심에 놓으려고 한 점이다. 벤담의 시대에는 법에 따른 처벌이 합리적인 원리가 아니라 기만과 허구에 기초를 둔 모습이었다. 특히 얼마나 가혹한 처벌이 주어지느냐는 그 죄가 입법자의 기분을 얼마나 상하게 했느냐에 달려 있었다. 더 나아가 벤담은 '해야 한다', '옳다', '그르다' 등의 말에는 명확한 의미가 없다고 했으며, 법안조차도 명백하고 이성적인 표현을 갖추지 못했다고 주장했다. 그는 법의 복잡함과 도덕적 언어의 혼동을 불러왔던 불합리함과 편견을 단 하나의 원칙으로 극복한다. 이 원칙이

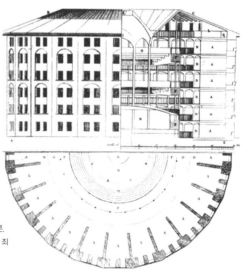

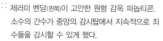
제러미 벤담(왼쪽)이 고안한 원형 감옥 파놉티콘. 소수의 간수가 중앙의 감시탑에서 지속적으로 죄수들을 감시할 수 있게 했다.

240

'공리의 원리the principle of utility'이며, 다른 말로 '최대 행복의 원리🔖'다.
벤담은 '최대 행복의 원리'의 의미를 다음과 같이 분명하게 밝힌다.

> [최대 행복의 원리는] 이해관계가 걸려 있는 당사자의 행복을 늘릴 것인지
> 줄일 것인지의 경향에 따라 매번의 행동을 승인하거나 거부한다.

최대 행복의 원리와 그에 의존하는 행복의 개념은 인간의 본성에 기
초를 둔다. 벤담은 인간은 쾌락과 고통이라는 주인을 섬긴다고 말한다.
한 사람의 행복이 증가한다는 것은 그 사람의 삶에서 느끼는 즐거움, 곧
쾌락에서 고통을 뺀 몫이 증가하는 것이다. 따라서 하나의 사회에서 인
간의 행복을 증가시키는 일이란, 그 공동체가 느끼는 쾌락에서 고통을
뺀 전체 몫이 증가한다는 말이다. 그런데 바로 여기에 도덕성이 있다.
공리의 원리에 부합되는 행동, 즉 고통보다 쾌락의 전체 양을 증가시키
는 행동이라면 행해야 하며, 그런 행동이 도덕적으로 옳은 것이다.

쾌락도
계산이 가능하다

그렇다면 여기서 한 가지 고민에 빠질지도 모르겠다. 어떤 방법으로 쾌
락과 고통의 '무게'를 재고 그 차이 값
을 계산해서 행동할 것인가? 어떤 행동
보다 행복을 더 줄 것 같은 대안적인
행동 방침들이 여럿 떠올랐다고 해도,
그중 어느 것이 지금 이해관계가 걸려

: 최대 행복의 원리
벤담의 공리주의 사상을 대변하는 캐치프레이즈로 '최
대 행복의 원리'보다는 '최대 다수의 최대 행복'이 더
잘 알려져 있다. 그러나 '최대 다수의 최대 행복'이라는
표현 자체는 영국의 철학자 프랜시스 허치슨Francis
Hutcheson, 1694~1747?이 먼저 쓴 말이다. 허치슨은 인
간에게는 미덕과 악덕을 판단할 수 있는 도덕 감각이
있다고 주장한 '도덕감각학파' 사상가였다.

있는 당사자의 행복을 가장 많이 늘리는지 어떻게 알 수 있을까? 내 돈을 자선사업에 기부하는 일과 친구들과의 점심식사에 쓰는 일 중, 어느 것이 얼마나 더 많은 쾌락을 줄지 어떻게 계산할까? 한마디로 쾌락과 고통은 계량화할 수 없는 것처럼 보인다. 우리가 배가 부를 때 얻는 쾌락이 아프리카의 굶주리는 아이들의 고통을 작게나마 없애는 것보다 가치가 작을까? 벤담은 이에 대한 답으로 '쾌락주의의 계산법'이라는 의사 결정 시스템을 제안한다. 쾌락과 고통을 계량화할 수 있다는 주장에 그치지 않고 공식까지 만들어낸 것이다. 벤담은 쾌락을 계산할 때 다음과 같은 일곱 가지 요소를 고려해야 한다고 말한다.

그런 다음, 영향을 가장 많이 받는 사람의 이익을 고려하고 즉시 발생하는 쾌락이나 고통, 그리고 그 뒤를 바로 따라오는 쾌락이나 고통을 고

찰해야 한다. 그다음엔 모든 쾌락 값의 합과 고통 값의 합을 각각 구해야 한다. 그 결과 쾌락 쪽의 값이 더 크다면 전체적으로 봐서 그 행동은 옳다고 판단할 수 있다.

그러나 벤담의 시각을 이렇게 간단하게 설명할 때조차도 우리는 여러 난점을 감지할 수 있다. 이제부터는 밀이 공리주의에 대해 말한 몇 가지를 검토해 보자. 그리고 벤담의 원리에 대한 증명이라고 내놓은 밀의 증거들도 살펴본다.

공리주의 이론은 일종의 쾌락주의이므로 왠지 품위가 없으며 '도덕론'이라고 부를 가치가 없다는 공격을 받았다. 밀은 이 공격이 타당한지 고찰하고자 했다. 쾌락주의에는 여러 형태가 있으나 한 가지 공통점이 있다. 즉 쾌락은 비록 최상의 선은 아니라도 어쨌든 선이라고 인정한다는 것이다. 확실히 밀이 규정하는 공리주의는 그 틀에 맞는다.

> 최대 행복의 원리란 행동이 행복을 촉진시키는 데 비례해서 옳고, 행복의 역을 만들어내는 경향이 있다면 그르다는 뜻이다. '행복'은 쾌락이며 고통의 부재를 뜻한다.

벤담이 이미 주장한 것처럼, 밀은 하나의 행동이 쾌락을 제공하는 한 그 행동은 옳다고 주장한다. 이것이 바로 쾌락주의다.

그러나 벤담을 비방하는 일부의 주장처럼 쾌락에 대한 욕구가 어떻게 도덕성을 규정할 수 있는지 의문이 든다. 도덕성이란 단지 '원하는 것'이 아니라 '옳은 것'을 선택하는 것이 아닌가? 우리 마음대로 할 수 있다면 우리는 각자가 하고 싶은 것을 택할 것이다. 그런데 도덕 강령이라면 우리로 하여금 때로는 쾌락 이상의 것, 수준 높은 것, 좀더 고상하고

243

고귀한 무엇을 바라보게 해야 하는 게 아닐까? 공리주의자가 제안하는 최대화된 쾌락이라는 것은 짐승과도 같은 삶, 즉 인간이 아닌 '돼지'에게나 맞을 법한 그런 삶이 아닐까?♟

쾌락에서도
양보다 질이다

이에 대한 대답을 하는 때가 밀이 벤담의 견해로부터 가장 멀어지는 (그리고 가장 흥미로운) 순간이다. 밀은 공리주의의 쾌락과 행복의 개념이 품위 없는 것이 아니라고 지적한다. 오히려 그런 반론 자체가 인간의 본성과 우리가 향유할 수 있는 쾌락을 품위 없이 표현한다고 말한다. 밀은 인간이 향유할 수 있는 쾌락에는 고급 쾌락과 저급 쾌락이 있는데, 반론을 펴는 이들은 쾌락의 질을 간과해 저급하고 짐승과도 같은 쾌락만을 볼 뿐이라고 주장한다. 벤담은 쾌락을 계산하는 관점에서는 시 낭송 같은 일이 단순한 마음가짐으로 푸시핀^{pushpin}♟ 게임을 하는 것보다 행복을 더 주는 일은 아니라고 말함으로써 곤경에 빠진 바 있다. 그러나 밀은 무엇이 옳은지 생각해 보는 데는 쾌락의 '양' 말고도 쾌락의 '질' 또한 중요하게 고려해야 한다고 주장한다. 우리는 짐승 같은 쾌락도 느낄 수 있지만 고급 쾌락 또한 느낄 수 있다. 바로 이런 구분은 밀에 대한 반론을 제기한 사람들뿐 아니라 초기에 공리주의를 체계화한 벤담도 놓쳤던 것이다.

그렇다면 또다시 이렇게 물을 수 있다. 쾌락의 질이 높다, 낮다를 어떻게 말할 수 있을까? 밀은 고급 쾌락과 저급 쾌락을 모두 경험한 사람은 그 양에 관계없이 일반적으로 전자를 선호할 것이라고 단언한다. 예를 들어, 등을 문질러주는 것과 바흐J. Sebastian Bach, 1685~1750의 음악을 모두 경험한 사람이 있다면 그는 단연 바흐를 선호할 것이라는 주장이다. 밀은 다음과 같이 지적한다.

> 만족한 돼지보다는 불만족한 사람이 낫고, 만족한 바보보다는 불만족한 소크라테스가 더 낫다. 바보든 돼지든 이에 동의하지 않는다면 그들이 단지 그 문제 안에 있는 자신의 입장만을 알고 있기 때문이다.

밀은 고급과 저급, 두 가지 쾌락은 현저한 차이를 보일 뿐만 아니라, 고급 쾌락은 저급 쾌락이 아무리 많아도 따라갈 수 없는 질을 가졌다고 주장한다.

그런데 과연 밀의 주장이 옳다고 확실히 말할 수 있을까? 어떤 날 아침에는 가끔씩 돼지들이 아주 행복해 보일 때가 있기 때문이다. 그리고 우리가 행복을 최대화하는 것이 옳다면 공리주의자는 우리보고 돼지처럼 지저분한 흙탕물에 들어가 짐승 같은 쾌락에 빠지라고 해야 마땅하지 않을까? 그런 쾌락이 훨씬 더 얻기 쉬운데, 탐미주의자의 고상한 삶을 택해 만족하지 못할 수도 있는 위험 부담을 감수해야 할까? 일단, 밀의 대답은 우리가 두 가지 쾌락을 온전히 맛보게 되면 고급 쾌락을 선호할 것이라는 뜻인 것 같다. 그러나 쾌락을 최대화하는 것이 옳고 마땅히 해야 한다고 하는 공리주의의 관점에서 봐도, 이렇게 '더 좋아할 것이다'와 같이 선호를 '추정'하는 것은 핵심에서 벗어난 일이 아닐까? 설령 모든 사람

: 돼지의 철학
실제로 영국의 역사가 토머스 칼라일Thomas Carlyle, 1795~1881은 공리주의가 인간을 단순히 욕망의 동물로 간주한다며 공리주의를 "돼지의 철학pig philosophy"이라 불렀다.

: 푸시핀
영국의 선술집에서 하는 게임으로, 손으로 압정을 튕겨 다른 압정을 뛰어넘게 하는 놀이.

이 실제로 고급 쾌락을 선호한다고 해도, 공리의 원리는 우리더러 우리가 가질 수 있는 쾌락은 무엇이든 목표가 되어야 한다고 조언하는 것이 아닌가? 따라서 만족스러운 돼지가 더 낫지 않을까?

그러나 이런 반응에는 공리주의의 요점이 일부 빠져 있다. 즉 우리에게 문제가 되는 것은 단지 우리의 쾌락만이 아니고 우리의 행동이 영향을 주는 모든 사람의 행복임을 간과한 것이다. 우리는 우리 자신의 작은 '돼지우리'만이 아니라 공동체 전체의 행복이라는 관점에서 생각해야 한다. 밀은 몇몇 비참한 생활을 하는 지성인은 고급 쾌락을 경험할 수 있는 문화를 위해 치러야 하는 대가라고 귀띔한다. 그러나 개인은 모든 사람의 행복을 고려해야 한다는 주장은 이 외에도 여러 문제를 일으킨다.

반론이 끊이지 않는 밀의 증명

공리주의는 우리에게 다른 이들의 행복을 고려하라고, 즉 사심 없는 행동을 요구한다. 그러나 공리주의자가 요구하는 수준은 모든 사람들이 도달하기에는 너무 힘들어 보인다. 우리 가족이나 내게 잘해 주는 친구, 연인이 내 행동으로 인해 불행해지더라도 그보다 더 많은 이들이 행복해질 수 있는 상황이라면 우리는 그 일을 할 수 있을까? 우리는 그 쾌락과 고통을 실제로 느낄 이들에 대해 생각하지 않고 쾌락과 고통을 객관적으로 계산할 수 있을까? 공리주의는 쾌락 계산을 위해 불가능할 정도의 냉정함과 객관적 자세를 요구하는 것 같다. 도덕성이 우리를 이끌어야 하는 곳은 오히려 그 반대쪽이 아닐까?

공리주의가 우리에게 너무나 많은 것을 기대한다는 것, 즉 한마디로 우리는 공리주의가 권하는 '사심 없음'의 수준에 도달할 수 없다는 비판에 밀은 어떤 대답을 내놓을까? 밀은 도덕적인 선택을 받쳐주는 동기는 실제로 너무 다양하기 때문에 중요한 것은 그 결과라고 말한다. 한 사람이 물에 빠진 아기를 구했다고 치자. 이는 인간 생명의 보편적 존엄성을 믿었기 때문일 수도 있지만 단지 보상을 바라서였을 수도 있다. 중요한 것은 그 사람의 동기도 아니고, 그 사람이 실제로 아이에게 얼마나 관심을 가지고 있느냐도 아니며, 그 사람이 실행에 옮겼고 올바른 결과가 나왔다는 사실이다. 그 사람이 자신의 아기를 구하려고 물에 뛰어들었는지 아니면 다른 사람의 아이를 구하기 위해서였는지는 중요하지 않다. 아기가 구조되었다는 사실이 중요한 것이다. 즉 타인의 행복에 대해 우리가 가지는 관심은, 동기가 아닌 결과가 행동의 도덕적 평가에 중요하다는 견해와 양립할 수 있다. 어쨌든 우리가 추구하는 것은 모든 사람의 행복이다.

도덕적 평가의 의도는 결과에 초점을 둘 수 있지만, 우리의 행동은 가끔씩 다른 부분에 초점을 둘 수도 있다. 이는 곧 공리주의는 사람에 대한 우리의 감정을 냉각시키고, 우리로 하여금 행동하는 사람이 아니라 행동의 결과만 고려하도록 만든다는 비판과 연관된다. 이에 대해, 밀은 행동의 결과 외의 다른 것도 우리에게 중요할 수 있으며 실제로도 그렇다고 주장한다. 세상에는 성격이 좋거나 나쁜 사람이 있는가 하면 용감하거나 현명한 사람, 자비심이 많은 사람도 있다. 이런 모든 것은 인간으로서 그 사람을 평가하는 것이지 그들이 하는 행동의 도덕적인 가치를 평가하는 것이 아니다. 이렇게 되면, 공리주의는 윤리적 삶의 이런 부분과도 '또다시' 양립할 수 있다. 우리에게 행동의 결과보다 더 중요한 사실이 있다는 말에는 모순이 없다.

밀은 이 외에도 이런저런 반론을 고려하면서 공리의 원리를 증명하는 것들을 생각해 냈다. 또한 다른 철학자들 역시 밀의 증명을 정말로 '증명'이라고 할 수 있는지에 대해 계속 의문을 품었다. 밀이 그 '증명'에서 무엇을 하고 있는지는 분명하지 않다. 도대체 밀이 증명하려고 하는 것은 무엇인가? 공리주의는 쾌락이 특별한 가치를 지닌다고 믿는다. 하나의 행동을 도덕적으로 옳게 만드는 것은 그 행동이 가져오는 쾌락에 있다. 그렇다면 쾌락에 이런 특별한 가치, 즉 도덕적인 결과가 따르는 가치가 있다는 증거는 무엇인가? 왜 우리가 최상의 목적으로 추구해야 하는 것이 쾌락이라고 생각하는가? 밀은 다음과 같이 말한다.

> 어떤 것이 바람직하다고 제시할 수 있는 유일한 증거는 사람들이 실제로 그것을 바란다는 사실이다. 공리주의 이론이 스스로에게 제안하는 목적이 이론상으로나 실제상으로나 목적이라고 생각되지 않는 사람들에게는 다른 어떤 것으로도 확신시킬 수가 없다.

밀은 모든 사람이 실제로 쾌락을 바란다고, 그렇기 때문에 쾌락이 바람직하다고 주장하는 것 같다. 그러나 쾌락을 가치 있는 것으로 만들기 위한 그의 이런 방식이 과연 하나의 도덕 체계에서 정당한 것인가? 밀이 보여준 것은(밀이 뭔가를 보여줬다고 한다면 말이다) 실제로 사람들이 쾌락을 '바란다'는 사실이다. 그러나 이것은 우리가 쾌락을 '바라야 한다', '바라 마땅하다'는 결론으로까지 이어지기에는 충분치 않다. '사실' 이야기는 우리에게 그것이 '어떤지'를 말할 뿐이지 그것이 '어때야 한다'는 것을 말하지는 않는다. 밀이 내린 결론에는 정작 필요한 당위는 없고 사실의 기술만이 있을 뿐이다.

:: 존 스튜어트 밀과 그의 부인인 해리엇 테일러. 테일러는 철학자이자 여권 운동가였으며, 밀의 사상에 큰 영향을 끼쳤다.
밀은 『여성의 종속』을 비롯해 많은 저작을 테일러와 함께 썼다.

　밀이 말한 '바람직함desirability'이 무엇인지 더 생각해 보자. 이 논거에
는 약점이 훨씬 더 많아 보인다. 밀은 이렇게 말한다. 우리가 보는 것만
이 유일하게 보이며, 우리가 듣는 것만이 유일하게 들린다고. 즉 이런
주장이다. 우리가 바라는 것만이 유일하게 바람직하다는 것이다(모든 사
람이 바라는 것은 쾌락이라는 말이다). 따라서 쾌락은 바람직하다! 이러한
유추는 합당한가? 보이는 사물은 우리가 보는 것만이 아니고 우리가 볼
수 있는 사물이다. 들리는 것 역시 우리가 들을 수 있는 것이다. 분명 사
람들이 바라는 것은 사람들이 바랄 수 있는 것 모두다. 그러나 쾌락을
바랄 수 있다는 말은 쾌락이 바람직하다는 말과 같은 것은 아니다. 밀은
그저 '쾌락을 바랄 수 있다'까지만 주장해야 한다. 자신의 주장을 유효
하게 만들려면 '쾌락은 바람직하다'라는 좀더 강한 명제가 필요하다.

　그런데 이것도 생각해 보자. 과연 사람들이 쾌락을 최우선으로 바란
다는 게 사실인가? 밀의 논거는 우리가 무언가를 바랄 때는 그것을 얻

는 데서 오는 쾌락을 바라는 것이라고 가정한다. 내가 맥주를 원할 때 내가 정말로 원하는 것은 맥주를 마시면서 얻을 수 있는 쾌락이라는 것이다. 그러나 때로는 내가 정말로 원하는 것은 맥주이지 그것을 마심으로써 얻는 쾌락이 아닐 수도 있다. 즉 쾌락은 사실 이차적인 것일 수 있다. 이런 견해를 받아들인다면, 우리가 원하는 것은 복합적인 것이고 그 복합적인 것 중에서 쾌락과 고통이 때때로 우리 심리 안에 나타나는 것일 뿐이라고 생각할 수 있다. 이것은 벤담의 표현처럼 쾌락을 찾고 고통을 피하는 것이 "우리의 두 주인master"이라고 믿는 공리주의에는 상처가 될 것이다.

공리주의가 말하는
정의

공리주의자들이 대처하기에 훨씬 더 힘든 최후의 문제가 있다. 그것은 '정의'와 관련된 것이다. 예를 들어보자. 우리가 속한 공동체에 끔찍한 연쇄 살인 사건이 있어 아무도 밤에 외출을 하거나 잠을 편히 자지 못하고 있다. 우리 공동체가 불안감이라는 큰 고통을 겪고 있는 것이다. 많은 사람의 삶에 쾌락보다 고통이 훨씬 더 많이 자리할 것이다. 이때 경찰이 쾌락주의적 계산을 잠시 해본다고 한다면 어떨까? 그 결과, 죄 없는 희생양을 하나 잡아들여, 사람들의 공포심을 잠재우고자 한다면? 무고한 사람을 범인으로 몰아 처벌하는 것은 그 사람의 삶을 망치게 될 것이고 이는 고통이다. 그러나 많은 이들을 안심시키는 효과에 비한다면, 한 사람의 삶만 망친다는 점에서 비교적 작은 고통일 수도 있다. 그렇게 하면 진범이 움찔할 수도 있는 부수적 효과도 있다. 철저하게만 조치한다면 아무도 진실을 알아내지 못할 것이다. 아니면, 경찰은 시민들을 괴롭히는 특정의 사람을 희생양으로 택할 수도 있다. 그러면 사람들을 안심시키기도 하고 그 사람을 사회에서 제거할 수도 있는 일거양득이 될 만하다. 잘 생각해 보니, 주사로 고통 없이 죽인다면 그가 감옥에서 겪을 고통을 피하게 할 수도 있다. 그리고 나머지 시민들은 쾌락을 계속 얻을 수 있다. 그렇다면 이 경우, 공리주의는 소름 끼치는 부도덕한 행위를 너그럽게 용인할 뿐 아니라 오히려 권하고 있는 셈인데, 이것이 도덕적으로 옳다고 할 수 있을까?

물론 이런 극단적인 예는 당연히 받아들이기 어려울 것이다. 희생양을 내세우는 아이디어가 좋은 생각이라고 주장하는 이들이 몇몇 있을 수도 있지만, 우리의 도덕적 직관이 그게 옳지 않다고 한다면, 공리주의자들도 그만큼 옳지 않다고 생각하기는 마찬가지다. 공리주의의 통찰은 우리에게 중요한 것, 즉 인간의 행복을 위한 행동의 결과와 관계있지, 고상한 의도와 같은 맥 빠진 것은 아니다. 그러나 의도와 결과가 가끔이라도 일치하지 않는 한, 우리는 행복을 보장받으면서도 왠지 부당하다는 느낌을 지울 수 없을 것이다.

철학책 읽기

밀의 다른 책

📖 경제학 원리

1844년에 나온 『정치경제학의 해결되지 않은 몇 가지 문제에 관하여』에서 데이비드 리카도의 경제 이론을 계승하고 재규정했던 밀은 『경제학 원리』에서는 자신의 독창적인 경제 이론을 펼치기 시작한다. 예컨대, 아일랜드의 황폐한 경제 상황에 대한 치유책으로 농민 소유권 제도 확립을 제시하는 등, 사회분배 문제에 인위적으로 개입할 것을 주장하며 고전경제학 이론을 보완하고자 했다. 밀은 사회주의식 해결 방안을 수용하지는 않았지만 사회의 튼튼한 토대를 중시하는 관점은 받아들였다.

📖 자유론

개인의 사회적·시민적 자유를 논한 자유주의의 명저로, 사상과 언론의 자유, 행복의 한 요소로서의 개성, 개인에 대한 사회적 권위의 한계 등의 내용을 담고 있다. 역사적으로 자유와 권력의 대립이 오래되었지만, 지금은 개인과 다수의 대립 또한 생겨났다고 하면서, 다수의 횡포에 반대해 개인의 자유를 옹호했다. 시민의 사회적 자유가 가능하기 위해서는 국가의 적절한 간섭이 필요하지만, 개인을 경시하는 국가는 존립의 근거가 없다고 주장하며 국가의 한계 또한 명확히 선을 그었다. 원래는 짧은 에세이 정도의 분량으로 기획되었으나 부인 해리엇 테일러가 저술에 참여하면서 논제가 확장되었다.

📖 여성의 종속

밀이 부인 테일러와 함께 쓴 이 책은 여성을 남성에 종속된 존재로 여기던 당대에 여성에게도 남성과 동등한 권리가 주어져야 한다고 주장하면서 여성의 참정권 도입을 요구하는 등 여성운동의 이론적 토대를 마련한 고전이다. 밀 부부는 양성평등이나 여성 해방을 개인의 자유를 추구하는 과정으로 이해하고 있으며, 자유를 추구하는 인간의 본성에는 복종보다 평등이 더 부합한다고 말하면서 진정한 양성평등은 여성뿐 아니라 남성에게도, 사회 전체에게도 도움이 된다고 하는 공리주의적 시각으로 접근하고 있다.

The 20 Greatest Philosophy Books

15

니체

차라투스트라는 이렇게 말했다

Also
sprach
Zarathustra

1883

프리드리히 니체

Friedrich Nietzsche, 1844~1900

서구 근대의 계몽주의와 세속주의를 극복하기 위해 '신은 죽었다'고 선언하며 모든 가치의 전환을 시도한 니체. 그는 야스퍼스, 하이데거, 카뮈, 데리다, 푸코, 부버 등의 철학자들, 프로이트, 아들러, 융 등의 심리학자들, 헤세, 말로, 지드, 버나드 쇼, 릴케, 예이츠 등의 작가들이 영감의 원천으로 지목한 사상가였다.

1844	출생 (독일 뢰켄Röcken)
1854	중등학교에 입학
1864	본 대학에 입학
1865	라이프치히 대학으로 옮김
1869	바젤 대학 철학 교수로 임명됨. 바그너와 절친한 사이가 됨
1870	프로이센·프랑스 전쟁에 위생병으로 참전
1872	『비극의 탄생Die Geburt der Tragödie aus dem Geiste der Musik』 출간
1873	『반시대적 고찰Unzeitgemäße Betrachtungen』 4권 출간(~1876)
1878	『인간적인, 너무나 인간적인Menschliches, Allzumenschliches』 출간
1881	『아침놀Morgenröte』 출간
1882	『즐거운 학문Die fröhliche Wissenschaft』 출간
1883	**『차라투스트라는 이렇게 말했다Also sprach Zarathustra』 출간 (~1885)**
1886	『선악의 피안Jenseits von Gut und Böse』 출간
1887	『도덕의 계보Zur Genealogie der Moral』 출간
1888	『권력에의 의지Der Wille zur Macht』 완성. 『바그너의 경우Der Fall Wagner』 출간
1889	『디오니소스 송가Dionysos-Dithyramben』, 『우상의 황혼Götzen-Dämmerung』 출간
	병에 시달리다가 정신 발작을 일으킴
1895	『안티크리스트Der Antichrist』, 『니체 대 바그너Nietzsche contra Wagner』 출간
1900	사망 (독일 바이마르Weimar)
1908	『이 사람을 보라Ecce homo. Wie man wird, was man ist』 출간

니체

차라투스트라는
이렇게 말했다

니체는 철학자의 벤다이어그램상에서 특이한 위치를 차지한다. 여러 영역의 교집합 지점에 있는 것이다. 이를테면, 독일인이며, 인습에 매이지 않고, 영향력이 있고, 난폭하며, 난해한 데다, 믿기 어려울 정도로 재미있게 읽을 만하다. 니체가 이런 모든 특성을 가지고 있는 것은 사실이지만, 그의 매력이 지속되는 이유를 가장 잘 설명해 주는 것은 바로 그의 뛰어난 문체다. 니체의 글에서 단어 하나라도 바꾸려는 이는 아무도 없을 것이다. 그러나 비록 재밌다고는 해도 그의 산문체는 철학에는 방해가 될 수도 있다. 니체는 자신의 결론을 옹호하는 논거를 늘 제시한 것도 아니었고, 그런 결론을 최대한 명백하게 표현하지도 않았다. 급격하게 말투를 바꾸는 스타일 또한 니체를 이해하는 데 방해가 될 수 있다. 게다가 니체의 글은 여러 가지 해석에 열려 있다. 이는 당연히 니체 자신이 염두에 둔 점이다. 이 모든 것을 부분적으로나마 설명해 주

는 것은, 진리에 매료되는 것 자체가 일종
의 병이기에 진단이 필요하다는 니체의 견
해라고 하겠다. 니체의 사상을 설명한 것
중 옳다고 할 만한 것은 없다. 읽는 사람에
따라 수많은 해석이 있는 것이다. 따라서
우리가 할 수 있는 일은 일종의 실험으로
서, 가능한 한 많은 해석을 엄밀히 조사해
보는 것뿐이다.

　니체가 내놓는 결론은 거의 늘 도발적이
다. 그는 『차라투스트라는 이렇게 말했다
Also sprach Zarathustra』1883~1885 안에 자신의

철학 전체가 담겨 있다고 말한다(그의 결론, 아니 그에 대한 해석들 전부를
말한다). 『차라투스트라는 이렇게 말했다』에서는 광범위한 화제를 다루
고 있지만, 여기에서는 가장 핵심적인 부분만 중점적으로 다루겠다. 예
컨대 기독교를 향한 공격, 권력을 쥐려는 의지, 초인, 영겁회귀 사상 같
은 것이다. 물론 이 좁은 지면에서 다루기에는 좀 방대할 수도 있지만,
서로 연관되어 있는 개념이라 다른 것을 어느 정도 파악하지 않고는 한
부분만 이해하기는 힘들다.

　이 책은 일종의 예언자인 차라투스트라Zarathustra가 산꼭대기에서
명상에 잠겨 있는 데서 시작한다. 차라
투스트라는 자부심의 상징인 독수리와
지혜의 상징인 독사만을 벗 삼아 10년
간 은둔과 성찰의 시간을 보냈다. 그러
다 마침내 산에서 내려와 자신이 그동

: **차라투스트라**

조로아스터교의 창시자인 예언자 자라투스트라
Zarathustra, BC 630?~553?를 독일식으로 읽은 것이다.
'조로아스터'는 자라투스트라의 영어 이름으로, 자라투
스트라의 그리스어 표현인 '조로아스트레스Zōroástrēs'
에서 비롯되었다. 그런데 정작 니체의 '차라투스트라'는
예언자 자라투스트라와는 관계없다.

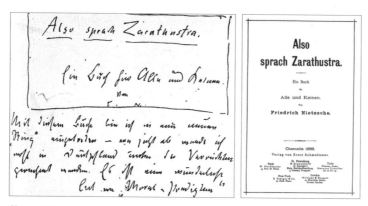

:: 1883년 2월, 니체는 친구 하인리히 쾨젤리츠Heinrich Köselitz, 1854~1918에게 보낸 편지에서 새 책의 제목이 '차라투스트라는 이렇게 말했다'가 될 것임을 알리고 있다. 오른쪽은 『차라투스트라는 이렇게 말했다』의 초판 표지.

안 깨달은 지혜를 가르치기로 한다. 차라투스트라는 성인과 마을 사람들, 줄 타는 사람을 만나고, 마지막에는 몇몇 사리 분별이 없고 비천한 사람들이 숭배하는 대상으로 보이는 당나귀를 만난다. 차라투스트라는 혼자 말할 때가 더 많지만 가끔씩은 주위 사람들에게 말을 건네기도 한다. 그러나 그가 만나는 사람 중에는 그가 전해 줄 새로운 소식을 들을 준비가 돼 있는 사람은 하나도 없다.

책의 첫 부분에서, 사람들은 이생에서 신이나 초자연적인 존재로부터 도움을 기대할 수 없다는 주장이 나온다. 글자 그대로 우리의 운명은 우리 손안에 있다는 말이다. 2부에서는 초인과 권력에의 의지를 다루고 3부에서는 영겁회귀에 대한 논의가 나온다. 4부에서는 차라투스트라의 가르침을 일부만 받아들일 수도 있다는 점을 이야기하는데, 니체는 이 4부를 책의 마지막 부분으로 의도하지는 않았을 것이다. 니체에게서 그런 결론은 나올 수가 없기 때문이다. 그럼 우리는 니체가 했던 식으로, 종교 일반과 기독교라는 특정 종교에 대한 공격에서부터 니체에 대한 고찰을 시작하기로 하자.

신은
죽었다!

니체는 친구인 프란츠 오버베크^{Franz Overbeck, 1837~1905}에게 보낸 편지에서, 『차라투스트라는 이렇게 말했다』에서 가장 독특한 것은 기독교에 대한 논법이라고 말했다.

> 볼테르 이후 기독교에 대한 이토록 극심한 공격은 없었네. 사실, 볼테르
> 조차도 기독교를 이렇게 공격할 수 있으리라고는 생각하지 못했을 거야.

그런 무도함이 무엇인지 알려면 니체가 생각하는 가치의 개념이 무엇인지를 알아야 한다. 니체를 가치란 명분이나 의미가 없다고 믿는 노골적인 허무주의자로 오해하는 경우가 자주 있다. 일례로, 니체의 글에는 도덕성의 기준이란 없으며, 진리는 무의미하고, 종교는 이미 죽었거나 최소한 죽어가는 중이라는 주장이 등장한다. 그러나 이런 허무주의는 니체의 논의가 시작되는 지점일 뿐 결론은 아니다. 니체는 서양의 지적·해석적 토대는 더 이상 우리를 지탱해 줄 수 없다고 주장한다. 즉 우리가 가치 판단을 위해 사용하는 기본 개념이 더 이상 효용이 없다는 것이다. 한때 우리는 가치라는 것이 다른 세상에나 있는 초자연적인 존재라는 주장을 높이 샀지만, 이제는 우리도 지혜로워졌고 종교는 더 이상 성에 차지 않는다는 것이다. 니체는 우리가 가치 붕괴 위기의 꼭짓점에 서 있으며 우리가 생존하기 위해서는 그 영적 공백을 채워야 하리라는 점을 고민한다.

그래서 니체는 인간이 우주 안에 가치를 창조한다고 보았고, 이런 창

조의 가능성이 모든 사물의 본질에 있다고 보았다. 왜냐하면 가치가, 그리고 그 가치에 등급을 매기는 우리의 방식이 세상을 바라보는 우리의 시각을 결정하기 때문이다. 그동안은 모든 가치의 근원이 신들이라고 생각되었지만, 신들 자체는 그저 인간의 창조적인 본성의 산물에 지나지 않는다. 그래서 니체는 "신은 죽었다"라고 주장한다. 니체는 인간에게 편안함을 주었던 형이상학이 이제는 불필요하며 더 이상 인간의 삶에 유익하지 않다는 사실을 말하려는 것이다. 신에 초점을 맞추는 일이나 사후 세계를 걱정하는 일은 아무것도 아닌 것에 신경을 쓰거나 정작 중요한 문제, 말하자면 현재의 삶과 우리가 이번 삶에서 이루어내는 것들을 회피하는 일이다. 우리에겐 다른 일이 필요하다. 그리고 그 다른 일은 성직자가 우리에게 건네줄 수 있는 것이 아니다. 우리는 그것을 우리 스스로 알아내야 할 것이다.

　니체가 주인과 노예의 도덕에 관해 어떻게 생각했는지를 살펴보면 그가 말하는 가치를 일부 이해할 수 있다. 니체는 『선악의 피안Jenseits von Gut und Böse』1886 과 『도덕의 계보Zur Genealogie der Moral』1887에서 그 문제를 연구한다. 니체는 도덕을 두 가지 근본적인 유형으로 나눌 수 있다고 말한다. 바로 주인 도덕과 노예 도덕이다. 주인 도덕은 고대의 가치 개념이다. 여기에서는 강자, 혹은 권력자가 일종의 자기 긍정으로서의 도덕에 대해 이야기한다. 강자는 강자 자신들의 속성을 '선'이라고 하며 약자의 속성을 '악'이라고 한다. 따라서 주인 도덕에 따르면 힘과 권력, 지배, 자기 결정권은 선이며 허약함과 병약함, 무기력 그리고 일반적으로 말하는 대중

: 「선악의 피안」
『차라투스트라는 이렇게 말했다』가 니체의 사상을 모두 담고 있으되 다소 추상적으로 표현하고 있다면, 『선악의 피안』은 논문처럼 구체적인 저술이라 할 수 있다. 니체는 유럽의 근대를 형성해 온 기독교를 삶을 파괴하는 타락의 원인이며 노예 사상의 전형으로 보고 기독교 도덕에 순종하는 자는 약자이고 노예라고 주장했다. 또 근대의 퇴폐적인 현상들과 객관만을 중요시하는 과학 정신 등도 비난하고 있다.

의 둔감한 속성은 악이다. 그런데 약자는 주인의 윤리를 반전시키는 데 성공했다. 니체는 약자의 이런 행동을 심히 불유쾌하게 생각하면서 일종의 "노예의 반란"이라고 불렀다. 약자는 도덕의 방정식을 돌려놓았다. 노예 도덕에 따르면, 십자가 위에서 고통받는 신이 극적으로 증명했듯이, 약하고 순하고 무능한 사람은 그 자체로 선하다. 강자의 속성은 단순히 나쁜 것을 넘어서 신의 처벌을 받게 될 사악한 것으로 간주된다. 기독교가 부흥하고 힘과 권력, 개인주의를 찬양한 그리스, 로마가 몰락함으로써 인류는 경멸할 만한 존재가 되었다. 허약함을 찬양함으로써 우리는 입에 담기도 싫은 그런 존재가 돼버렸다. 니체는 이를 극복해야 한다고 보았다. 결국 니체의 주장은 허무주의에 대한 옹호이기는커녕 기독교 이전의 가치관으로 돌아가자는 것과 비슷한 셈이다.

인간은 초인의 수단이 되기에
가치가 있다

그러나 니체는 우리가 고대인을 그저 흉내 내야 한다고 주장하는 것은 아니다. 우리가 가치를 직접 찾아야 한다는 것이다. 하지만 어디에서 가치를 찾아낼 것인가? 그 답은 인간성과 관련이 있다. 그런데 많이는 아니고 조금 관계있다. 니체에게 인간은 그 자체로는 가치가 없다. 특히 현재와 같은 노예 상태에 있을 때는 더욱더 그렇다. 인간의 가치는 니체가 '초인위버맨슈Übermensch'이라고 부르는 한 단계 높은 유형의 인간의 '수단'이 되는 데 있다. 여기서 중요한 것은 인간이 초인이 되는 게 아니라, 초인의 '수단'이 되는 것이다. 차라투스트라는 이렇게 말한다.

사람은 짐승과 초인 사이를 묶고 있는 밧줄, 심연 위의 밧줄이다. ……
인간이 가진 위대한 점은 인간은 다리이지 목적지는 아니라는 점이다.

인간이 가진 의미는 우리가 더 나은 존재, 즉 더 높은 등급의 존재가
될지도 모른다는 것이다. 니체는 이런 점이 우리를 가치의 위기로부터
구해 주기를 희망했다. 차라투스트라가 가르치고자 하는 것은 다음과
같다.

인간은 극복되어야 하는 존재다. …… 너희는 벌레로부터 사람이 되는
길을 걸어왔다. 그런데 너희에겐 아직 벌레인 부분이 많다. …… 보라,
나는 너희에게 초인에 관해 가르쳐주겠다. 초인은 대지의 의미다. 너희
의지로 하여금 '초인이 대지의 의미가 되게 하겠다'라고 말하게 하라.

초인은 무엇인가? 니체는 초인이 무엇인지보다 무엇이 아닌지에 대
해 더 많이 이야기한다. 니체는 수많은 종류의 도피, 다시 말해 인간이
자기 삶의 가치 문제를 의도적으로 회피하는 방식에 관해 논한다. 우리
는 잠을 자는 동안 서서히 죽음에 이르고 있다. 실제 잠을 자는 것이든
비유적인 의미로 잠을 자는 것이든 말이다. 또한 우리는 영혼을 사랑하
고 육체를 포기하라는 종교의 명령 안으로 빠져들었으며, 그렇게 하는
사이 우리가 가질 수 있는 유일한 삶에서 멀어지게 된다. 우리는 상황의
통제 아래로 떨어지며, 따라서 우리 자신을 위한 선택을 할 기회를, 우
리에게 중요한 것을 결정할 기회를 포기한다.
이 부분과 그 밖의 다른 글에서 니체는 전쟁과 관련된 미덕을 논하는
데, 그에 따르면 우리는 평화를 사랑하게 되었지만 우리에게 있는 최고

의 속성을 돋보이게 하는 것은 평화가 아닌 전쟁이다. 다른 건 몰라도 초인은 잠을 자는 사람은 아닐 것이다. 초인은 육체를 사랑하고 스스로 선택하며 전쟁에 푹 빠져서 즐기며 무엇보다도 자신의 의지를 주장할 것이다.

'권력에의 의지Der Wille zur Macht'는 니체의 글에 거의 빠지지 않고 등장한다. 이는 본래 인간의 선택에 근본이 되는 힘이지만, 궁극적으로 모든 것의 기초가 되고 모든 것을 추진하는 어떤 것으로 나타난다. '의지'를 얘기하는 니체에게서 쇼펜하우어의 목소리가 들리는 듯하다. 분명 니체는 쇼펜하우어의 영향을 많이 받았다. 그러나 니체는 의지가 단순히 맹목적인 충동은 아니라고 주장함으로써 쇼펜하우어의 염세적인 결론을 거부한다. 니체는 의지가 특정적인 무언가를 추구하며, 그것은 바로 권력이라고 말했다. 니체는 의지를 부인함으로써 의지를 압도하려고 노력해야 한다는 쇼펜하우어의 어설픈 권고를 따르지 않는다. 대신 니체는 우리더러 의지를 품으라고 한다. 초인은 바로 그렇게 할 것이다.

도덕에서의 노예의 반란을 상기해 보자. 노예들은 강자의 가치를 뒤집음으로써 권력에의 의지를 표현하고 있다고 볼 수 있다. 그러나 그것은 자신 안으로 은둔하는 의지나 다름없다. 이는 우리 안에 갇혀 자기 살을 물어뜯는 짐승 격이다. 초인, 즉 자유로운 영혼은 권력에의 의지를 가장 순수하고 가장 고귀한 형태로 표현할 것이며 도전과 위험 그리고 자기 긍정을 위한 기회를 찾아 나설 것이다. 초인은 한마디로 자신의 의지를 타협하지 않고 긍정하는 사람이다.

우리는 니체가 초인을 강조하면서 강력한 귀족 같은 존재를 염두에 두고 있다는 느낌을 받을 수 있다. 그 개념은 사람들이 가끔 생각하는 것처럼 인종 차별적이지는 않다. 하지만 엘리트주의적이다. 초인이 신경을 쓰는 것은 오직 자신과 자신의 명분이다. 초인은 자신과 동등한 사람들에 대해서는 관심을 가지는 것이 가능할지도 모른다. 그러나 그렇지 않은 어떤 사람이 과연 초인의 관심 대상이 될 가치가 있을까? 그 외 모든 사람과 모든 사물은 초인의 대기획에 '도움'이 되는 존재일 뿐이다. 니체에 따르면 이것은 이기주의가 아니라 옳은 생각이다. 초인은 자신과 자신의 일정 안에서 그리고 그의 일정을 실행하는 데서 가치를 찾기 때문이다. 초인은 가장 중요한 것, 즉 가치 그 자체의 주인이다. 니체는 이런 비교에 동의하지 않을지도 모르지만, 우리에게는 그 개념을 파악하는 데 도움이 된다.

초인이 보여준 자기 긍정을 이해하기 위해서는 니체의 영겁회귀론을 고찰하는 것이 도움이 될 것이다. 영겁회귀永劫回歸; Ewige Wiederkunft는 제일 먼저『즐거운 학문Die fröhliche Wissenschaft』1882의 경구 안에 나타나지만 자세한 설명은『차라투스트라는 이렇게 말했다』에서 이루어진다. 그것을 사고실험▮과 같은 것으로 생각하면 이해가 쉬울 것이다. 우리가 이미 살아온 삶을 그대로 영원히 반복해서 산다고 한번 가정해 보자. 모든 실수, 모든 선택, 모든 후회, 모든 행복, 그리고 그 외의 모든 것을 영원히 반복해서 겪어야만 한다. 이런 사실을 알게 될 때 우리는 어떤 반응을 보일까? 기쁨에 넘쳐 환호할 것인가? 아니면, 그 모든 것을 다시 처음부터 끝까지, 영원히 계속 겪어야 한다는 생각에 소름 끼치겠는가? 니체에 따르면, 그런 생각에 기뻐하는 사람은 끔찍해하는 사람보다는 초인과의 거리가 더 가까운 사람이다. 차라투스트라는 최상의 인간성뿐 아니라 최악의 인간성도 돌아올 수 있다는 점을 인정하는 데 어려움을 겪는다. 하

: 사고실험思考實驗
실행 가능성이나 입증 가능성에 구애되지 않고 사고상으로만 진행하는 실험. 실제의 실험 장치 없이 이론적 가능성을 따라 마치 실험을 한 것처럼 머릿속에서 결과를 유도한다.

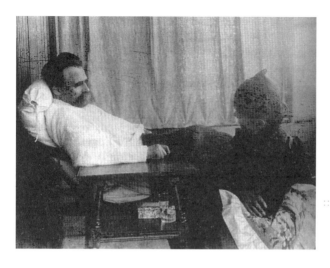

1899년 정신 질환을 앓던 니체의 모습. 한스 올데Hans Olde의 연작 〈아픈 니체Der kranke Nietzsche〉 중에서.

지만 결국은 그것을 받아들였다.

니체는 자서전에서 영겁회귀론을, 우리가 얻을 수 있는 최상의 긍정의 표현으로 그렸고 그것을 『차라투스트라는 이렇게 말했다』 전체의 기초로 여겼다. 그러나 니체가 그 이론을 글자 그대로, 실재의 본질에 대한 진리로서 받아들였을 가능성도 있다. 확실히 니체의 후기 노트들은 바로 그 점을 시사한다. 그러나 명확히 판단하기는 쉽지 않다. 자서전과 그 노트들이 쓰인 당시는 니체가 정신 이상이 되던 시기에 거의 가까웠기 때문이다. 그런 판단은 다른 이들에게 맡기고 여기서는 그 이론이 형이상학이 아닌 의지의 본성과 관계있다는 정도로 이해하는 데 만족하자.

니체의 해결책,
과연 최상인가?

이 모든 것에 참이라고 할 만한 것이 있는가? 이는 니체의 진리 개념이나 해석, 전망에 대한 이야기를 생각해 볼 때 적절한 질문이 아닐지도 모른다. 그러나 물어볼 필요는 있다. 니체는 확실히 심오한 문화비평가이며, 여기서 문학적 재주를 진리의 척도라고 한다면 니체 안에는 확실히 진리가 있다. 니체는 탁월한 통찰력을 발휘해 우리가 가진 가치의 개념이 일종의 위기에 놓여 있다고 바로 지적했다. 우리는 이 위기를 해결했거나 잠시 보류해 뒀을 것이다. 그런 태도에 니체가 질색했으리라는 것은 의심할 여지가 없다. 현대인은 종교로 인해 더 이상 표류해서는 안된다는 니체의 생각은 아마 옳을 것이다. 우리는 스스로 분명하게 보이는 가치 창조를 목표로 함으로써 최악의 위기를 피할 수 있을지도 모른다. 그렇지만 과연 니체의 해결책이 최상의 답일지, 니체가 전면에 내세운 가치들이 적절한 것인지 하는 의문이 생긴다.

니체는 신의 죽음에 대한 마땅한 반응으로서 초인의 출현을 주장한다. 초인의 출현에는 그다지 유쾌하지 않은 윤리가 동반된다. 니체가 옳다면, 인간의 가치는 우리 대부분이 끔찍하다고 여길 만한 '초인'이라는 존재에 그 자리를 양보해야 한다. 그 자유로운 존재는 무엇보다도 전사이며 정복자이며 자신의 목적을 성취하는 중에 약자를 발아래 깔아뭉개는 자라고 니체는 말한다. 그렇다면 우리는 허무주의의 공포에서 도망치기 위해 초인이라는 두려운 존재에 호의를 보여야 하는 것인가?

분명히 이 모든 것에 대한 답은 니체 안에 있다. 그 답에 따르면 작게는 초인에 대한 우리의 근심, 그리고 크게는 니체의 가치 문제 연구에 대한 우리의 근심은 우리 자신의 '허약함'의 결과다. 우리 모두는 여전히 군중이며 약자이며 다수에 속한다. 그리고 차라투스트라 자신이 깨달았듯이 우리는 아직 니체의 가르침을 받을 준비가 돼 있지 않다. 하지만 아무리 그렇다고 해도 좀 미심쩍은 것이 있다. 니체의 윤리학에 일관성이

있다는 것은 분명하지만 우리가 철학에
서 바라는 것은 그 이상이 아닐까?

그런데 사실 이런 반론이나 의문은
니체에 대한 반론으로 자주 등장하는
주장들과는 상당히 거리가 있다. 어떤
사람들은 니체의 철학이 히틀러Adolf
Hitler, 1889~1945의 나치즘Nazism을 부채
질했다며 매우 위험하다고 말한다.

: 니체와 나치즘?

니체의 이름이 히틀러나 나치즘과 함께 오르내린 것은
니체의 여동생 엘리자베트 푀르스터니체Elisabeth
Förster-Nietzsche, 1846~1935 때문이다. 대표적인 반유
대주의자 베른하르트 푀르스터Bernhard Förster,
1843~1889와 결혼했던 엘리자베트는 오빠가 사망한 뒤
그 유고들을 모아 니체의 의도에 반하는 자의적인 편집
과 왜곡으로 『권력에의 의지Der Wille zur Macht』1901 등
을 출판했다. 엘리자베트가 히틀러를 열렬히 지지하고
나치 정권의 재정 지원을 받아 니체 문서 보관소 등을
운영하게 되자, 대중은 니체와 나치즘을 연결지어 생각
하게 되었다.

물론 나치 세력이 어느 정도 니체를 도용한 것은 사실이다. 하지만 니
체가 이를 혐오했으리라는 것 또한 사실이다. 니체는 민족주의, 특히
독일의 민족주의와 사회주의, 인종적 순수성, 반유대주의를 공공연히
비판했었다.

니체는 사실 거의 모든 것을 공공연히 비판했는데 이렇듯 그의 탁월
한 비판 능력은 그를 흥미로우면서도 동시에 난해한 존재로 느끼게 만
들었다. 니체는 문화적 전제나 윤리의 전제를 조롱하고 조사하는 일을
할 때 최고의 능력을 보여준다. 그러나 그러한 비판이 지나치면 니체가
확신하는 이론은 과연 어떤 것인지 명백하게 알 수 없다. 니체의 견해를
지지하는 논거가 전혀 없는 것이다. 결국 우리가 『차라투스트라는 이렇
게 말했다』를 통해 가치와 관련된 문제를 확인하고, 더불어 일관된 해답
을 제시받았다고 한다면, 우리는 그 외의 해결책을 찾아보아도 괜찮을
것이다. 니체가 우리 스스로 가치를 찾거나 창조해야 한다고 주장한 것
을 생각해 보면, 니체도 이의를 제기하지는 않을 것이다.

니체의 다른 책

📖 비극의 탄생

쇼펜하우어와 바그너의 영향을 받아 낭만주의적 관점이 지배하던 니체 초기의 작품으로 니체의 처녀작이다. 이 책에서 니체는 예술적 충동을 디오니소스형dionysisch과 아폴론형apollinisch으로 구별했다. 디오니소스형은 도취적이고 격정적, 역동적이며 열정과 파괴를 지향하는 음악의 충동으로 음악, 무용, 서정시의 본질이라고 보았으며, 아폴론형은 단정하고 몽상적이며 엄격한 질서와 조화를 추구하는 것으로 서사시의 본질로 보았다. 니체는 그리스 비극이 디오니소스형과 아폴론형의 종합이라고 생각했고, 소크라테스의 지성주의가 그리스 비극을 죽인 원인이라고 주장하면서 디오니소스적 정신과 비극이 다시 살아나야 한다고 했다. 오늘날에도 미학사의 고전으로 평가받는 작품이다.

📖 인간적인, 너무나 인간적인

니체의 중기에 해당하는 첫 작품. 이전까지의 작품들과는 달리 짧게는 한 줄, 길게는 서너 쪽에 이르는 단편을 모은 아포리즘 스타일로 쓰인 첫 책이다. 심각한 두통과 시력 저하 등 니체를 괴롭힌 건강 문제 탓에 이런 스타일이 나온 것으로 보기도 한다. 형이상학, 도덕, 종교, 예술, 문화에 대해 비판적으로 논하고 있는 전반부와, 친구, 남녀, 가족, 국가 문제 등을 다룬 후반부로 나뉜다.

📖 이 사람을 보라

니체가 심각한 정신착란의 상태로 빠져들기 전 마지막으로 나온 책으로, 니체의 자서전 격인 작품이다. '나는 왜 이렇게 현명한지', '나는 왜 이렇게 영리한지', '난 왜 이렇게 좋은 책들을 쓰는지', '왜 나는 하나의 운명인지'와 같은 수록된 글의 제목에서 보듯, 니체 특유의 과장법 문체로 자신의 유년기와 개인적인 성향, 인간성에 대한 전망 등을 상세히 기술한다. 또 『비극의 탄생』에서부터 『바그너의 경우』에 이르기까지 자신의 작품들을 되돌아보고 있다.

16

포퍼

탐구의 논리

Logik
der
Forschung

1934

카를 포퍼

Karl Popper, 1902~1994

오스트리아 태생의 영국 과학철학자 포퍼. 그의 과학철학은
자연과학과 사회과학 모두를 포함한다. 그는 경험과학 분야
에서 귀납적 방법에 의한 연구 대신 반증주의에 따른 연역적
검증을 따를 것을 주장했으며, 유대계로서 나치의 폭압을 피
해 뉴질랜드로 가야 했던 개인적 배경이 계기가 되어 전체주
의 이데올로기의 사상사적 배경을 철저히 파헤치고 발전론적
역사주의를 비판했다.

1902	출생 (오스트리아 빈)
1918	빈 대학에 들어감
1919	마르크스주의에 매력을 느껴 사회주의자 학생연합 가입
1928	철학 박사학위 획득
1930	고등학교 교사(~1936)
1934	『탐구의 논리Logik der Forschung』 출간 📖
1937	뉴질랜드로 이민, 캔터베리 대학에서 철학 강의(~1945)
1945	영국 런던 정경대학London School of Economics에서 논리학 강의
	『열린 사회와 그 적들The Open Society and Its Enemies』 출간
1949	논리학·과학방법론 교수
1957	『역사주의의 빈곤 The Poverty of Historicism』 출간
1963	『추측과 논박Conjectures and Refutations』 출간
1965	기사 작위 받음
1969	퇴임
1976	『끝없는 탐구 Unended Quest; An Intellectual Autobiography』 출간
1984	『더 나은 세상을 찾아서In Search of a Better World』 출간
1992	『우리는 20세기에서 무엇을 배울 수 있는가?The Lesson of this Century』 출간
1994	『삶은 문제 해결의 연속이다 All Life Is Problem Solving』 출간
	사망 (영국 런던)

포퍼

탐구의 논리

카 를 포퍼Karl Popper, 1902~1994는 20세기의 영향력 있는 과학철학자
다. 많은 사람이 포퍼의 저술 덕분에 지난 세기에 과학철학이 폭
발적인 관심을 끌었다고 말하고 있다. 심지어 포퍼를 과학철학자 가운
데 최고로 꼽는 이도 있다. 반면, 포퍼에게 거의 관심이 없는 이들도 있
다. 그런 사람들은 포퍼가 자신의 영역에서 치열하게 싸우긴 했지만 별
다른 성과는 거두지 못했다고 말한다. 확실히 포퍼가 나중에 이론의 객
관성과 정신의 본성에 대해 밝힌 견해는 심각하게 모호했다. 어쩌면 우
리는 포퍼와 시대적으로 너무 가깝기 때문에 그의 입장을 정확하게 평
가할 수 없을지도 모른다. 따라서 여기에서는 철학사에서 포퍼가 차지
하는 위치는 잠시 접어둔 채 과학의 본성을 바라보는 그의 견해만을 살
펴보려고 한다.

포퍼의 가장 중요한 과학철학 저서인 『탐구의 논리Logik der Forschung』

1934에는 과학적 탐구에 대한 매우 중요한 주장이 두 가지 담겨 있다. 첫째, 포퍼는 과학은 가설의 진실 여부를 증명하는 것이 아니라 거짓인 가설을 제외시킴으로써 앞으로 나아간다는 반증주의falsificationism적 견해를 옹호한다. 포퍼는 반증주의가 문제를 해결하거나 적어도 '귀납'이라는 무서운 문제로부터 우리를 벗어나게 한다고 주장한다. 둘째, 포퍼는 과학의 명제란 사이비 과학pseudo-science 또는 비과학non-science의 명제와 다르며 그 이유는 경험을 통해 과학의 명제를 밝힐 수 있기 때문이라고 말한다. 이 두 가지 주장을 이해하는 데는 흄에 대해 다시 한 번 생각해 보는 것이 도움이 될 수 있다.

과학이
비합리적이라고?

흄이 스스로 '인과적 추론'이라고 부르며 정당화했던 문제를 상기해 보자. 흄은 현재의 감각 경험 너머에 있는 사실을 사고하는 논리에는 어려움이 있다고 지적했었다. 흄에 따르면, 현재의 경험 너머로 가는 것은 현재의 경험을 지금 현재는 있지 않은 사물의 원인이나 결과로 생각하기를 요구하는 것이다. 예를 들어, 내가 해변에 있는 발자국을 보았을 때, 과거의 경험을 통해 그 발자국은 나보다 먼저 어느 한 사람이 해변을 걸어간 결과라는 것을 알기 때문에, 나보다 먼저 누군가 해변을 걸어갔다는 결론을 내린다는 것이다.

이런 추론 방식은 귀납의 원리에 의존하는 것이다. 귀납이란 수많은 개별적 관찰을 통해 하나의 사실이 드러나는 경우 그로부터 보편적인 결론을 내리는 원리를 말한다. 해변의 발자국은 한 사람이 걸어간 결과로 생긴 것이라는 결론을 내릴 때 우리는 다음과 같은 귀납적인 추리를 하고 있는 것이다.

여기에 발자국이 몇 개 있다.
나는 과거에 발자국이 있는 경우를 많이 보았다.
그때마다 발자국은 한 사람이 걸어서 생긴 것이었다. ◐ 수많은 관찰
따라서 그런 발자국은 전부 사람에 의해 생긴다. ◐ 보편적 결론
그러므로 이 발자국은 나보다 먼저 어떤 사람이 해변을 걸었기 때문에 생긴 것이다.

'미래는 과거와 같을 것이다'라든지 '본성은 단일하다', '사물은 언제나 같은 방식으로 진행될 것이다' 등등 귀납의 원리는 여러 방식으로 말할 수 있다. 흄에 따르면 귀납 원리는 특정 사실을 여러 번 관찰함으로써 보편적 명제에 이르는 귀납적 추리를 뒷받침한다. 이 경우에는 사람이 걸어서 생긴 발자국을 많이 본 결과 그런 발자국은 전부 사람들이 걸어서 생겼다는 결론에 이르렀다. 그러므로 내가 보게 되는 발자국의 원인이 무엇인지 안다고 생각하는 것은 모든 발자국에 대한 보편적인 주장을 근거로 한다.

그런데 흄은 귀납 추리에서 중요한 문제점을 인식한다. 귀납 원리 자체는 그 정당성을 합당하게 증명한 것이 없다는 점이다. 여기서, 다시 '흄의 포크' 이야기를 해보자. 흄은 정당화할 수 있는 명제가 두 가지밖에 없다고 말한다. 하나는 사실 문제이고, 다른 하나는 관념들의 관계다. 사실 문제는 이 세계를 바라봄으로써 금방 진위를 가릴 수 있다. 그럼 관념들의 관계는 어떤가? 관념 간의 관계는 자명하게 참이거나 상징

적 약속 덕분에 참이 되는 진리다. 흄은 관념 간의 관계는 그것을 부정하면 모순에 빠지므로 알아낼 수 있다고 말한다. 기억하겠지만, 흄은 귀납의 원리는 그것을 부인해도 자기모순에 빠지지 않기 때문에 관념 간의 관계가 될 수 없고 경험을 근거로도 정당화될 수 없는데 그 이유는 논쟁이 제자리를 계속 돌게 되기 때문, 즉 순환논증이기 때문이라고 했다. 요컨대 미래가 과거와 같지 않을 수도 있다고 생각하는 데는 아무런 모순이 없으며 만일 우리가 '과거의 미래'가 '과거의 과거'와 언제나 같았기 때문에 미래가 과거와 같을 것이라고 말한다면 순환논증이 된다. 다시 말해, 귀납 원리는 합당한 배경이 없다.

흄의 이런 결론을 토대로 과학의 탐구에 대해 생각해 본다면, 곧 과학이 그리 이성적인 학문은 아니라는 결론에 이를지도 모르겠다. 왜냐하면, 얼핏 보기에 과학은 실험을 통해 특정한 사실에 대한 수많은 관찰을 긁어모으고 그것을 근거로 어떤 보편적 주장이 사실이라고 결론짓기 때문이다. 이를 다른 말로 하면, 과학은 하나의 고유한 성질을 가지기 위해 한 가지 유형의 사물의 여러 예가 관찰된다는 사실을 인지함으로써 시작된다. 귀납의 원리에 따라, 대체로 그런 유형에 속하는 사물은 모두 문제의 고유한 성질을 가진다고 하는 보편적 결론에 도달한다. 예를 들어보자. 이 기체는 가해지는 압력이 올라가면 뜨거워진다. 이 기체도 그와 같은 방식으로 뜨거워진다. 이 기체도 그렇다. 그러므로 압력이 올라가면 '모든' 기체의 온도도 올라간다. 어쨌든 이런 것이 귀납법이며, 귀납 원리가 비합리적이라는 흄의 생각이 옳다면 과학은 본질적으로 비합리적인 것 같다. 그런데 만일 과학이 비합리적이라면 과학의 탐구는 점성술과 다를 게 무엇이 있겠는가? 누군가가 압력을 받는 기체의 상태를 예측하고 싶다면 과학자 대신 점쟁이를 찾아가도 된다는 말인가?

그렇다면 포퍼의 두 가지 문제는 ①과학에서 귀납이 하는 역할과 ② 과학과 사이비 과학 간의 차이점에 대한 것이다. 두 가지 문제에 대한 포퍼의 해답은 반증주의 사고와 관련이 있다. 하나씩 차례로 살펴보자.

귀납법을 버리고 반증의 방법으로!

포퍼는 귀납의 문제를 해결하기 위해 과학적 탐구에 대한 귀납주의자의 개념을 '반증falsification'으로 대체한다. 그동안 과학자들은 연구를 진행하기 위해 수많은 관찰 결과로부터 보편적 결론을 귀납적으로 추론해 왔다. 그러나 반증은 이와는 다르다. 말하자면, 보편적이고 이론적인 주장을 먼저 상정하고 그다음에 그 주장을 테스트하는 방법이다. 즉 포퍼는 우리가 귀납의 문제에 부딪히는 것은 바로 '관찰' 때문인데, 과학은 관찰에서 이론을 추론해 낼 필요가 없다고 주장하는 것이다. 과학자들은 이론에서 관찰의 결과를 연역적으로 추론하고 그 연역을 기초로 이론이 엄정한 테스트를 받게 할 수 있다. 만일 테스트 결과 그 이론 자체가 거짓 관찰의 진술임이 밝혀진다면 우리는 그 이론이 거짓임을 알 수 있는 것이다.

포퍼의 제안은 흥미로운 논리적 불균형에 의존한다. 귀납의 문제를 생각하는 하나의 방식은 아무리 많은 관찰을 통해 얻은 귀납적 결론이라도 여전히 거짓으로 밝혀질 수 있다는 점을 인지하는 것이다. 이것은 한마디로 귀납 추리는 논리적으로 유효하지 않다고 하는 것과 마찬가지다. 귀납 추리에서는 전제가 완벽하게 참일 때도 결론이 거짓이 될 수도 있다. 앞의 발자국 얘기를 다시 해보자. 그 발자국이 해변을 걸어간 사람에 의해 생겼다고 가정하자. 이 발자국도 그렇고 저 발자국도 그렇다. 그리고 원하는 만큼의 발자국이 그렇다고 가정하자. 내가 내린 귀납적인 결론, 즉 모든 발자국은 해변을 걸어간 사람에 의해 생긴다는 결론은 내가 상정한 모든 전제가 참이라고 해도 여전히 거짓으로 판정될 수 있다. 기발한 생각을 가진 아이들 몇이 해변에 단 하나만이라도 가짜 발자국을 만들면 되는 것이다.

그러나 만일 우리가 그 상황의 논리를 뒤집어서 연역적으로만 생각한다면 어떤 일이 벌어질지 주목해 보자. '모든 발자국은 해변을 걷는 사람이 만든다'라는 이론에서 시작한다. 이로부터 내일 어느 특정 해변에서 발견되는 발자국은 그 해변을 걷는 사람에 의해 생길 것이라는 관찰에 의한 주장을 연역으로 추론한다고 가정해 보자. 해변에 가서 확인하자. 아마 모든 발자국이 걸어간 사람들에 의해 생길 것이다. 그러나 만의 하나, 아이들이 만들어낸 가짜 발자국을 하나라도 발견한다면 우리의 이론이 거짓이라는 사실을 확실히 알게 된다. 즉 귀납법은 우리에게 어떤 특정적인 것을 내놓지 못하지만, 반증은 최소한 우리의 이론이 옳지 않을 때 그 점을 알려줄 수 있는 것이다.

포퍼는 귀납적 논거를 버리고 그 대신 논리학자들이 '후건 부정modus tollens ♀'이라고 부르는 논증의 형식으로 바꿀 것을 주창한다. 후건 부정식 논증은 이런 구조를 가진다. p이면 q이다. 그런데 q가 아니다. 따라서 p도 아니다. 포퍼는 이것을 과학철학으로 바꾸어서 과학의 합리성도 이와 같은 논리 형식 안에 있다고 제시한다. 만일 내 이론이 어떤 특정한 관찰을 함의하는데, 실제 관찰(경험)이 예측된 관찰과 모순된다면 그 이론은 거짓이다. 이론의 진실성이 귀납적으로 확실하지 않다고 해도 때로 그 이론의 허위성이 연역적으로 확실할 수 있다. 그러므로 우리는

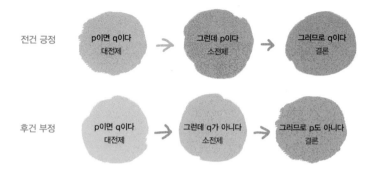

전건 긍정   p이면 q이다   →   그런데 p이다   →   그러므로 q이다
            대전제   소전제   결론

후건 부정   p이면 q이다   →   그런데 q가 아니다   →   그러므로 p도 아니다
            대전제   소전제   결론

: 전건 긍정과 후건 부정

'p이면 q이다'와 같은 하나의 가언명제(대전제)에서 도출될 수 있는 두 가지 추론을 가리킨다. 'p이면 q이다(대전제). 그런데 p이다(소전제). 그러므로 q이다(결론)'에서처럼 소전제에서 전건인 p가 긍정되면 결론에서 (후건이) 긍정될 수밖에 없는 것을 '전건 긍정modus ponens'이라 한다. 'p이면 q이다(대전제). 그런데 q가 아니다(소전제). 그러므로 p도 아니다(결론)'에서처럼 소전제에서 후건인 q가 부정되면 결론에서 (전건이) 부정될 수밖에 없는 것을 '후건 부정'이라 한다.

거짓 이론을 거부해 가면서, 아직 반증되지 않은 이론으로 계속 연구해 나갈 수 있다.

과학과 사이비 과학을 구분하는 법

포퍼는 두 번째 문제에 대한 해답도 반증을 통해 제시한다. 과학과 사이비 과학의 차이점을 찾아내고 이런 구분을 규정하는 일, 포퍼의 표현을 빌리자면 "경계 설정의 기준the criterion of demarcation"을 세우는 일은 과학이 무엇인지를 이해하는 데 상당히 큰 도움이 된다. 또한 과학이라는 타이틀로 지나치게 관심을 받는 사이비 행위도 근절될 것이다. 포퍼는 한동안 프로이트학파 심리학자 알프레트 아들러Alfred Adler, 1870~1937의 일을 도왔는데 이것과 관련해서 프로이트주의❓를 생각해 보는 것도 약간 도움이 될 것이다.

지크문트 프로이트Sigmund Freud, 1856~1939의 이론에 따르면, 남성의 행동은 어머니에 대한 무의식적인 성욕이 토대가 된다. 이 이론을 증명하기 위해, 남녀 바텐더가 있는 술집에 가서 그 바텐더들과 손님들의 모습을 관찰한다고 해보자. 한 남자 손님이 제일 먼저 여자 바텐더에게 가서 술 한 잔을 달라고 한다. 그러면 프로이트 이론에서는 "아하! 어머니에 대한 무의식적인 욕구가 저 남자 손님으로 하여금 여자 바텐더를 먼저 상대하도록 만들었어! 이것으로 프로이트 이론이 옳다고 증명된 거야" 라고 할 것이다. 그러나 만일 그 손님이 남자 바텐더에게 갔다고 해도 프로이트 이론에서는 마찬가지로 쉽게 "아하! 저 사람은 여자 바텐더를 피함으로써 어머니에 대한 욕망을 극복하려고 하고 있어! 우리 이론이 증명된 거야" 하고 말할 수 있다.

포퍼에 따르면 프로이트에게는, 그리고 마르크스에게도 어느 정도는 그들의 '이론이 반증될 수 없다'는 문제가 있다.❗ 즉 반증 가능성 falsifiability이 없다. 프로이트주의의 가정에는 경험에서 나온 결과가 없기 때문에 프로이트주의를 과학이라고 선뜻 생각하기 어렵다는 것이다. 과학을 프로이트주의와 같이 사이비 과학에 불과한 연구와 구별하는 것이 바로 과학적 가설의 실험 가능성testability이다. 즉 가설을 실험할 수 있느냐 없느냐에 따라 과학과 사이비 과학이 구별된다는 것이다. 이와 관련해 포퍼의 경계 설정 기준이 논리실증주의자들에게 영향을 주었다는 사실은 짚고 넘어갈 만

: 프로이트주의

인간의 정신 활동을 의식, 전의식前意識, 무의식無意識의 세 형태로 나누고, 모든 의식은 무의식에 복종하며 이 무의식은 억압된 성욕에 의해 규정된다는 프로이트의 정신분석론을 계승·발전시킨 사상을 말한다. 프로이트주의에서는 인간의 모든 행동을 억압된 성욕이 무의식의 의식에 나타난 것으로 해석한다.

: 포퍼가 말하는 프로이트, 마르크스

포퍼에 따르면 점성학, 형이상학, 아들러의 개인심리학, 마르크스주의 역사적 유물론, 프로이트주의의 정신분석학 등은 반증 가능성의 원리에 어긋나기 때문에 경험과학이 될 수 없고 사이비 과학이다. 포퍼는 마르크스주의의 핵심 명제가 역사적으로 허다하게 반증되었으나 마르크스주의는 그 결과를 받아들이지 않기 때문에 과학이 아니라고 했다. 또 꿈이나 무의식을 다루는 정신분석학은 반증이 불가능한 일종의 '서사시'로 보았다.

하다(그리고 논리실증주의자들이 포퍼에게 영향을 주었다는 점도 의심의 여지가 없다. 논리실증주의에 대해선 다음 장에서 언급하기로 한다). 그러나 포퍼의 목표는 분명 다른 것이었다. 포퍼는 어떤 이론이 경험이나 관찰로 얻은 결론이 없다고 해서 그것이 무의미하다거나 엉터리라고 주장한 적이 없다. 오히려 포퍼의 요지는 과학이 관찰과 상반되는 주장을 할 수 있다는 것이다. 그러나 사이비 과학은 그렇지 않다.

과학이 긍정이 아닌 부정만을 말할 수 있다면?

포퍼가 귀납의 문제를 극복하고 과학을 사이비 과학과 구별하는 데 가까스로 성공했지만 과학의 개념에 대한 포퍼의 견해에는 아직 고민거리가 많다. 우선 반증주의적인 시각이 어떻게 실제로 유효하다고 가정되는지 생각해 봐야 한다. 예를 들어 우리는 과학자들이 정말로 자신들의 이론을 입증하려 하지 않고 단지 반증하려고 애쓴다는 것을 받아들일 수 있는가? 포퍼는 이렇게 말한다.

> 그러므로 나와 같은 반증주의자들은 낡고 진부한 문구들을 암송하기보다는 대담하게 추측함으로써 흥미로운 문제를 풀고자 시도하는 것을 더 좋아한다고 나는 기꺼이 인정한다. 설사 그것이 바로 거짓으로 판명된다고 할지라도(아니 특히 거짓으로 판명되는 경우는 더 좋다)······.

좋다. 진부한 문구들보다, 거짓으로 판명되더라도 대담한 추측을 선호할 수 있다고 치자. 하지만 그렇다고 우리는 과학자들이 반증주의자라는 것을 과연 믿을 수 있는가? 과학자가 수십 년 동안 자신이 연구해 온 이론이 거짓임을 발견하고 기뻐서 어쩔 줄 모른다는 말인가? 그들이 그래야만 하는가? 포퍼가 귀납의 문제를 피하려다가 떠안은 이론이 실제 현실에 있어서는 오히려 더 비과학적이라는 생각이 들기까지 한다. 과학의 역사를 대충 훑어보기만 해도 과학자들은 자신이 거짓을 집어내는 것이 아니라 진리를 찾아내는 일을 한다고 생각하고 있음을 알 수 있다. 어쨌든 포퍼의 견해는 토머스 쿤Thomas S. Kuhn, 1922~1996과 파울 파이어아벤트Paul K. Feyerabend, 1924~1994 같은 훗날의 과학철학자들이 개척했던, 과학의 사회적 차원을 무시하는 듯하다.

과학적 연구를 생각해 보면, 과학에는 적어도 가끔은 실질적인 목적이 있어야 한다는 점을 상기하게 된다. 우리는 과학의 임무가 궁극적으로 삶을 개선하는 것인지, 아니면 세계에 대한 사실을 발견하는 목적을 가진 순수한 탐구인지에 대해 다른 의견이 있을 수 있다. 그러나 어떤 시각이든 포퍼가 생각하는 과학의 개념을 따른다면 난제에 부딪히게 된다. 포퍼의 생각이 옳고 우리가 어떤 이론이 참인지 아닌지 절대 알 수가 없다면, 어이없게도 과학이 우리에게 알려줄 수 있는 것은 이 세계에 대해 '어떤 것이 참이 아닌지'뿐이다. 만일 우리가 알 수 있는 것이 단지 어떤 이론이 거짓이라는 사실뿐이라면 우리에게는 세계에 관한 확실한 과학적 신념이 하나도 남지 않게 된다.

포퍼가 옳다고 하자. 그렇다면 과학은 어떤 면에서 우리의 삶을 개선하고 실질적인 결정을 내리는 데 도움을 줄 수 있을까? 우리는 현재 우리에게 있는 이론들 중에서, 즉 아직 거짓으로 판명되지 않은 이론들 중 어떤 것이 행동 지침으로 가장 좋은지를 어떻게 알 수 있을까? 무자비한 테스트에서 살아남은 이론들이 우리를 이끌어야 한다는 포퍼의 대답에는 좀 맥이 빠진다. 그러나 우리가 적어도 귀납법으로 돌아가지 않는한은 포퍼의 의견을 받아들이지 않아도 될 것이다.

또한 과학은 단 하나의 이론적 명제 안에서 관찰에 의한 결과를 연역하는 방식으로 진행되지 않는다. 설령 누군가가 반증주의자가 되고 싶다고 해도, 예측이라는 방식을 적용할 때 이론들 그 자체가 해결할 수 있는 범위가 그다지 넓지 않다는 점에 당황스러울 것이다. 이론에는 추가적인 보조 가설이 요구된다. 예를 들어 X 물질이 Y 병균을 죽인다는 이론이 있다고 가정해 보자. 이 이론을 테스트하려면 추가적인 수많은 가정의 도움을 받아야 한다. 즉 X 물질의 유무나 Y 병균의 죽음을 검사하기 위한 조건뿐 아니라 우리가 사용하는 현미경과 우리의 검사에 필요한 일차적인 조건에 대한 가정도 당연히 따른다. 우리가 실험을 한 결과, Y 병균은 X 물질 안에 잠겨서도 행복하게 깔깔거리고 있다고 가정해 보자. 우리는 이제 그 이론이 반증되었다고 생각할 수 있다. 하지만 그 이론에서 우리의 예측을 연역으로 추론하는 데 필요한 보조적인 가정에서 생각지 않은 문제가 발견될 수도 있다. 현미경이 제대로 설치되지 않았다거나 우리가 사용한 X 물질의 양이 충분치 못했다거나 슬라이드가 깨끗하지 않았다거나 샘플이 모두 오염되었다거나 등등 여러 가지가 있을 수 있다.

하나의 이론이 미래에 대해 무언가를 예측할 때 그 예측이 관찰과 일치하지 않으면 그 이론은 거짓이라고 말하고 싶을 것이다. 예를 들어 행성의 운동에 대해 우리가 이해한 바를 근거로 화성이 내일 지구와 충돌할 것이라고 예측하는 결론이 나왔는데 그런 일이 생기지 않는다면 그 이론은 오류다. 보조 가설에 대해 쓸데없이 트집을 잡을 수도 있지만 그 가설들을 하나씩 테스트해 볼 수도 있다. 그러니까 관찰은 정말 중요한

것이다. 과학의 탐구에서 관찰 말고 또 무엇이 중요할까?

이런 점을 인정하고도 여전히 관찰이 과연 그에 대한 이의 제기를 무시할 수 있을 만큼 확실한 도구인지에는 의문이 생길 수 있다. 어떤 사람들은 관찰에 대한 진술 그 자체도 이론의 영향을 받는다고 주장한다. 다시 말해 모든 관찰이 이론에 의지하며 심지어는 매우 낮은 수준의 이론에 의존하기도 한다는 것이다. 포퍼도 이 점을 인정하면서 이론의 진술과 마찬가지로 관찰에 대한 진술도 그 자체가 시험적이고 관습에 의해 용인되며 테스트가 가능하다고 주장한다.

> 따라서 객관적인 과학이 서 있는 경험적인 기초에 '절대적'인 것이란 없다. 과학은 견고한 기반 위에 있지 않다. 과학 이론의 대담한 구조가 발을 디디고 있는 곳은 늪일 뿐이다. 이는 말뚝 위에 지은 건물과 같다. 이 말뚝은 늪 속으로 끌려들어 간다. 그러나 타고난 기초나 애초에 '주어진' 기초까지 내려가지는 않는다.

만일 관찰이 이처럼 불확실한 것이라면 이론이 관찰에 의해 반증될 수 있을까? 관찰 안에 '이미 주어진' 무엇인가가 있다고 기대할 수 있는가? 여기서 우리는 포퍼처럼 아주 오래된 난제에 맞닥뜨린 것 같다. 그것은 우리의 관찰, 즉 세계를 지각함과 세계 자체 사이에 있는 관계의 문제다. 포퍼가 과학의 본질에 가한 공격의 세세한 부분에는 트집 잡을 것이 있을지 모른다. 그러나 포퍼가 한 세대의 철학자들에게 과학철학이 정말로 중요하고 심오하고 또한 흥미롭다는 사실을 보여준 점은 박수를 받아야 할 것이다.

283

포퍼의 다른 책

📖 열린사회와 그 적들

점증하는 나치의 위협을 피해 뉴질랜드로 이주한 포퍼가 나치의 오스트리아 침공 소식을 듣고 쓰기 시작해 1943년 완성한 사회철학서. 포퍼는 진리의 독점을 거부하며 개인의 자유, 권리가 보장되는 사회, 내가 틀리고 남이 옳다는 주장이 통용될 수 있는 사회를 '열린 사회'라 하여, 인류가 살아남을 수 있는 유일한 사회라 했다. 반대로, 역사에 법칙이 있다거나 정해진 단계가 있다는 역사주의나 당대의 전체주의 등에 기초한 사회를 '닫힌 사회'로 규정하면서, 플라톤과 헤겔, 마르크스 등을 닫힌 사회로 이끈 "열린 사회의 적들"이라고 혹독하게 비판했다. 포퍼는 더 나은 사회를 만들려면 폭력이나 유혈에 의한 혁명이 아닌 점진적 개선만이 유일한 길이라고 주장했다.

📖 추측과 논박

포퍼가 자신의 주요 논문과 강연 내용을 엮어 펴낸 책으로, 그의 반증주의 이론이 분명하게 제시되어 있다. 과학은 문제의 가설을 지지하는 관찰 결과가 반복적으로 나타남으로써 검증되고 입증될 수 있다는 과학적 지식에 대한 전통적인 견해와 당대의 논리실증주의를 비판하고, 과학은 가설의 입증이 아닌 가설에 대한 반증을 열린 자세로 받아들일 때 발전할 수 있다고 주장했다. 즉 과학적 지식은 대담한 추측(가설)과 그에 대한 논박의 과정이 끊임없이 일어남으로써 성장하기 때문에 시행착오trial and error를 두려워해선 안 된다고 했다.

📖 끝없는 탐구

1975년 출간된 포퍼의 자서전. 자신의 사상 전반에 대해 비교적 전문적인 수준으로 소개하고 있다. 어린 시절에 대한 회고와 더불어, 철학의 본질주의, 논리실증주의, 음악, 양자역학 등 자신의 폭넓은 관심사에 대해 서술했다. 자서전인 만큼 세간에는 알려지지 않은 일화들이 다수 수록돼 있고, 슈뢰딩거Erwin Schrödinger, 1887-1961, 비트겐슈타인, 하이젠베르크Werner Heisenberg, 1901-1976, 아인슈타인, 러셀 등과 만나 토론했던 이야기들을 들려준다.

The 20 Greatest Philosophy Books

17

에어

언어, 진리, 논리

Language,
Truth
and Logic

1936

앨프리드 쥘 에어

Alfred Jules Ayer, 1910~1989

논리실증주의의 중심 철학자 에어. 빈학단의 영향을 받아 영국 철학계에 논리실증주의를 도입한 에어는 흄과 밀 등의 영국 경험론의 전통 위에, 경험으로 검증할 수 없는 명제는 무의미하다는 검증 원리를 주장해 영국식 논리실증주의를 확립했다.

1910	출생 (영국 런던)
1923	이튼Eton 칼리지 입학
1929	옥스퍼드 크라이스트처치Christ Church 입학(~1932)
1932	빈에 체류하며 빈학단과 교류
1933	크라이스트처치에서 철학 강의(~1939)
1936	『언어, 진리, 논리Language, Truth and Logic』 출간 📖
1940	『경험적 지식의 기초The Foundations of Empirical Knowledge』 출간. 2차 세계대전 시 정보 요원 활동
1946	런던 대학 유니버시티University 칼리지 교수
1952	영국학술원 회원
1954	『철학논문집Philosophical Essays』 출간
1956	『지식의 문제The Problem of Knowledge』 출간
1959	옥스퍼드로 돌아옴(~1978)
1968	『실용주의의 기원The Origins of Pragmatism』 출간
1970	기사 작위 받음
1971	『러셀과 무어, 분석적 유산Russell and Moore: The Analytical Heritage』 출간
1973	『철학의 중심 문제들The Central Questions of Philosophy』 출간
1977	『내 삶의 여분Part of My Life』 출간
1978	옥스퍼드 울프슨Wolfson 칼리지 펠로십 교수(~1983)
1980	『흄의 철학Hume』 출간
1984	『나의 삶, 못다 한 이야기More of My Life』 출간
1986	『루트비히 비트겐슈타인Ludwig Wittgenstein』 출간
1989	사망 (영국 런던)

에어

언어, 진리, 논리

앨프리드 쥘 에어는 정당한 평가를 못 받고 있는 것 같다. 에어가 명석하긴 하나 다른 언어권의 견해를 영어권으로 가져왔을 뿐 독창성은 없다고 생각하는 이들이 많다. 이런 평가가 정당하든 그렇지 않든 빈학단Wiener Kreis과 논리실증주의logical positivism에 대한 최소한의 지식 없이는 에어의 책 『언어, 진리, 논리Language, Truth and Logic』1936를 이해하기가 쉽지 않다. 따라서 우선 빈학단과 논리실증주의, 이 두 가지를 모두 살펴보고 나서 에어의 책을 세부적으로 다루어보기로 하자.

빈학단의 논리실증주의

빈학단은 과학자의 기질이 있는 철학자들과 철학적으로 사고하는 과학자들의 모임이다. 때에 따라 조금씩 다르지만 그 모임의 회원에는 오토 노이라트Otto Neurath, 1882~1945, 루돌프 카르납Rudolf Carnap, 1891~1970, 필리프 프랑크Philipp Frank, 1884~1966, 모리츠 슐리크Moritz Schlick, 1882~1936, 헤르베르트 파이글Herbert Feigl, 1902~1988, 쿠르트 괴델Kurt Gödel, 1906~1978이 있었다. 이들은 2차 세계대전이 일어나기 전부터 수십 년째 비공식적으로 모임을 가지고 광범위한 주제에 관해 토론해 왔다. 특히 철학과 과학 두 학문에서 말하는 '의미'와 관련된 화제들에 관해서였다. 이들이 관심 있었던 것은 논리와 언어였으며 그 영향력이 상당히 커서 사람들은 이들을 '분석철학의 인명사전'처럼 생각하기도 했다. 이 모임과 이 사상가들이 오늘날의 분석철학의 기초를 만들어놓았다고 할 수 있기 때문에 충분히 납득할 만한 얘기다. 빈학단은 루트비히 비트겐슈타인Ludwig Wittgenstein, 1889~1951의 『논리·철학 논고Logisch-Philosophische Abhandlung』1921 를 철저하게 연구했으며, 그 가운데 의미의 본질과 논리적 언어의 외형 구조에 대한 연구를 특히 중요하게 여겼다. 테스트가 가능한 가설을 다루는 과학과 그렇지 않은 사이비 과학 사이의 차이점을 말한 포퍼의 생각 역시 큰 영향을 미쳤다. 빈학단은 알프레트 타르스키Alfred Tarski, 1902~1983의 형식적 의미론formal semantics에 대한 연구도 다루었다. 또한 논리와 수학의 강력한 개념들과 관련해 고틀로프 프레게Gottlob Frege, 1848~1925와 러셀, 화이트헤드를 연구하는 재미에 빠지기도 했다. 이런 모든 사실은 빈학단의 성격이 현실적이었다는 점을 보여준다. 이들은 과학을 합리성의 패러다임으로 간주했고 대체로 형이상학과 종교에서, 그리고 윤리학과 미학 일부에서 내세우는 막연한 생각은 경멸했다.

빈학단은 20세기 가장 큰 철학 운동의 하나인 논리실증주의의 동의어가 되었다. 논리실증주의의 기초는 일반적으로 의미의 판단 기준에 대한 논제, 이른바 '검증 원리verification principle'에 있다고 알려져 있다. 이 관점에 따르면 한 문장의 의미는 그 문장의 참·거짓을 검증하기 위한 단계를 명시함으로써 생긴다. '유황은 태우면 노랗다'의 의미를 아는 것은 유황을 조금 태우고 그 불길의 색을 보면 그 문장이 참인지 아닌지를 알게 된다는 사실을 아는 것과 같다. 논리실증주의에게 가장 중요한 것은 문장이 참이냐 거짓이냐가 아니라(이는 자연과학의 일이다) 문장의 의미다. '유황은 태우면 노랗다'는 문장이 의미 있는 것은 그 문장의 진위를 찾아내려면 어떻게 해야 하는지 알기 때문이다. 다시 말해 우리는 그 문장의 진위를 판정하려면 어떤 관찰이 필요한지 알고 있다. 그 문장은 그 안에 경험적 내용이 있기 때문에 의미가 있다. 즉 관찰은 그 문장의 진리 가치truth value에 중요한 역할을 한다. 왜냐하면 그 문장은 이 세계의 무언가에 대해 진술하고 있으므로 뭔가 정확한 것을 말하고 있기 때문이다.

검증 원리가 형이상학과 종교, 윤리학, 미학 이야기에 적용된다면 어떻게 될지 잠시 생각해 보자. 마르틴 하이데거Martin Heidegger, 1889~1976의 『존재와 시간Sein und Zeit』1927❢에 나오는 구절 하나를 살펴보겠다.

> 시간성Zeitlichkeit은 탈자태Ekstase 각각에 자신을 시간적으로 한정한다. 즉 시간성의 완전한 시간적 한정이라는 탈자태의 단일체 안에 실존성, 사실성, 타락성의 구조적 복합체의 전체성이 근거를 두며, 이는 관리 조직의 단일성으로 이루어진다.

자, 이런 문장은 도대체 어떻게 검증해야 할까? 이 문장이 참인지 아닌지를 말할 수 있으려면 과연 어떤 관찰이 필요할까? 이에 대해 선뜻

에어는 당시 스승이었던 철학자 길버트 라일Gilbert Ryle, 1900~1976로부터 비트겐슈타인의 『논리·철학 논고』를 소개받아 읽고는 깊은 인상을 받았다. 결국 라일의 도움으로 1932년 빈을 방문하게 된 에어는 빈학단의 리더였던 모리츠 슐리크와 함께 공부하게 된다. 에어의 독일어가 뛰어나지 못했기 때문에 빈에서의 철학 연구는 다소 제한적이었으나 논리실증주의의 기본이 되는 개념은 충분히 습득할 수 있었다. 그림은 이탈리아 화가 베르나르도 벨로토Bernardo Bellotto, 1721~1780가 그린 1758년경의 빈 풍경.

대답을 하지 못하겠다면, 또 의미에 대해 생각하려면 검증 원리가 필요하다는 데 동의한다면, 이 문장은 말 그대로 무의미하다는 결론을 내려야 한다. 논리실증주의의 시각에서 보면 하이데거뿐 아니라 '영혼은 죽지 않는다'라든가 '우주는 하나다', '살인은 그릇된 일이다', '아름다운 것은 숭고하다' 등등의 철학적 주장은 모두 무의미하다.

에어는 1932년과 1933년에 빈학단의 토론에 참석했으며 그 후 옥스퍼드로 돌아가 1935년에 『언어, 진리, 논리』를 완성했다. 150쪽에 지나지 않는 이 책은 엄청난 분량의 철학 저서들과 비교하면 외면상으로는 보잘 것없으나 내용 면에서는 결코 뒤지지 않는다. 에어는 이 책에서 자신이 형이상학 없이도 많은 것을 해낼 수 있었다고 말했다. 즉 의미와 진리, 개연성의 본성을 설명했고 윤리적 담화 이론을

: 하이데거의 『존재와 시간』

하이데거는 인간의 존재 현상에 관한 실존주의적 존재론을 전개한 독일의 철학자다. 그의 주저 『존재와 시간』은 '인간은 어떻게 존재하는가'에 대한 의미를 탐구한다. 이 세상에는 돌이나 나무, 동물과 같은 '존재자Seiendes'는 있으나 이들은 스스로의 존재Sein에 대해 의문을 품지는 못하는 존재자들이다. 오직 인간만이 존재의 의미가 드러나고 자신이 있음을 의식하는 존재자다. 이런 의미에서 인간을 '현존재Dasein'라고 했다. 현존재인 인간은 언젠가는 죽을 수밖에 없다는 사실을 안다. 현존재가 이러한 공허함을 깨닫고 고통에 정면으로 맞서는 순간, 현존재는 본래적 실존에 도달할 수 있다.

291

세웠다. 또한 유신론이 무의미함을 증명했고 귀납의 문제를 해결했으며 자아와 외부 세계에 대한 질문들을 다루었고 철학의 요지와 목적이 무엇인지 명백한 개념을 마련했다고 했다. 『언어, 진리, 논리』는 과감하고 힘차며 간단명료한 문체로 인해 그 매력이 더욱 지속된다. 에어는 24세 때 출판한 이 책을 다음과 같이 말한다.

> 젊은이의 책…… 나는 대부분의 철학자들이 보여준 것보다 더한 열정으로 이 책을 썼다.

이 책에서 에어가 펼쳐 보이는 논증들은 에어식의 검증 원리를 통해 대담한 결론을 내리고 있다.

명제의 진위를 판별하는 에어식 검증 원리

경험론에는 진정한 두 명제 사이의 차이점을 인식하는 오랜 전통이 있다. 에어 또한 이에 합류한다. 에어는 흄을 따라 모든 진정한 명제를 두 부류로 분류한다. 그 두 부류는 흄이 '관념 간의 관계'와 '사실 문제'라고 했던 것이다. 전자는 형이상학과 논리학의 선험적 진실성을 포함한다. 그런 명제들은 이 세계가 어떤지에 대해 설명하고 있지는 않지만 우리가 상징을 사용하는 방식을 표현하는 명제다. 그런 명제들을 제외한 나머지는 사실 문제이거나, 그게 아니라면 사이비 명제pseudo-proposition다. 진정한 사실 문제들은 가설로서 이 세계에 대해 말하고 있는 서술이며 참이거나 거짓일 가능성이 있다. 사이비 명제는 참이나 거짓이 될 수 없는 것을 표현하는 진술이며 따라서 우리가 인식할 수 있는 의미가 없다. 검증 원리는 우리에게 경험의 명제와 사이비 명제 사이의 차이점을 말해 준다. 에어는 이렇게 말한다.

> 하나의 문장은 그 문장이 표현하고자 하는 명제를 검증하는 방법을 아는 사람에게는, 아니 그 검증 방법을 아는 사람에게만 실제로 의미가 있다. 즉 일정한 조건하에서 그 명제를 참인 것으로 받아들이거나 그 명제를 거짓으로 거부하려면 어떤 관찰이 필요한지 아는 경우에만 그렇다.

그러나 현재로는 검증할 방법이 없는 과학적 명제의 경우는 참·거짓을 어떻게 알 수 있을까? 에어가 예를 들었듯이, 『언어, 진리, 논리』의 집필 시기에는 달까지 갈 수 있는 로켓이 개발되지 못해서 '달의 저편은 산지다'라는 문장으로 표현된 명제가 참인지 거짓인지 가릴 수 있는 사람이 없었는데, 이런 경우는 명제의 진위에 대한 의문을 그대로 방치해야 할까? 바로 이 부분에서 에어의 검증 원리는 빈학단의 일부 학자들의 생각과 여러 면에서 다르다. 에어는 실제상의 검증 가능성verifiability과 원리상의 검증 가능성을 구별한다. 기술이 아직 부족하다고 해도 우리는 그 주장의 진위를 가리려면 어떤 관찰이 필요한지는 알 수 있다. 즉 아직은 그 관찰을 실제로 어떻게 구현할지는 몰라도 이론적으로는 상상할 수 있는 것이다. 그러므로 그 명제는 실질적으로는 불가능하지만 원리상으로는 검증 가능하다. 에어에 따르면 원리상으로 검증 가능하면 그 명제가 의미 있다고 말하기에 충분하다.

또한 에어는 강한 검증과 약한 검증으로 구분하는 것도 필요하다고 말한다. 강한 의미의 검증은 만약 한 명제의 진실성이 관찰에 의해 완전히 정립될 수 있다면 그 경우에 한해 검증 가능하다는 말이고, 약한 의미의 검증이란 그간의 경험만으로도 한 명제를 있을 수 있는 일로 만드는 것이 가능하다면 그 경우에 한해 검증 가능하다는 뜻이다.

그러면 우리는 이런 의문을 가질 수 있다. 과거나 미래에 대한 명제는 검증 가능한가? 또 (논리실증주의에게는 더 난제일) 이론과학의 상당 부분을 이루고 있는 보편적 명제 자체가 검증 가능한가? '밀러드 필모어 Millard Fillmore, 재임 1850~1853가 미국의 13대 대통령이다'라든지 '금속은 열을 받으면 팽창한다', '모든 사람은 죽을 수밖에 없는 운명이다' 등의 사실을 받아들이려면 어떤 관찰을 해야 할까? 명제의 진위를 판정하는 데 관찰의 역할이 그다지 결정적이지 않다고 하면 문제가 훨씬 적어지지 않을까? 즉 약한 검증을 택하면 되지 않을까? 이것이 바로 에어가 택한 길이다.

철학은 정의와 분석으로 진리에 도달하는 논리의 학문

우리는 검증 원리가 형이상학에 미치는 영향을 이미 알고 있다. 형이상학이 없다면 과연 철학의 존재 의의가 있을까 하는 생각이 들 수도 있을 것이다. 에어는 철학에는 형이상을 사고하는 일, 즉 근본 원리에서 실재의 그림을 연역으로 추론하는 작업 외에도 다른 일이 있을 것이라고 말한다. 우리에게 필요한 종류의 근본 원리가 없을 수도 있다. 그런 경우라면 단순한 연역으로 경험에 직접적으로 주어진 것 이상으로는 '한 발짝도 전진'할 수 없을 것이다. 선험적 원리는 동어 반복이며, 그로부터 연역할 수 있는 것은 더 많은 동어 반복일 뿐이기 때문이다. 철학은 그

대신 분류와 분석 작업을 한다.

철학은 세계의 본질을 연구하지도 기술하지도 않는다. 철학은 언어의 분석이다. 철학은 정의定義를 표현하고, 정의들의 논리적 귀결을 표현한다. 에어에게 철학은 '논리의 학문'이다. 철학의 연구는 명시된 정의, 즉 동의어로 단어를 정의하는 것과는 관계가 없고 대신 사용상의 정의를 캐낸다. 에어는 그것을 상징들의 해석이라고 본다. 그리고 이 해석 안에는 상징이나 그 상징의 동의어는 포함되지 않는다.

에어가 지각 작용에 대해 어떻게 말하고 있는지 살펴보자. 에어는 물질적인 대상에 대해 말한다는 것을 감각 내용sense-contents에 대한 이야기라는 용어로 분석한다. 그 감각 내용은 지각 작용이 일어날 때 직접적으로 경험하는 감각의 품목들로 생각해도 좋다. 에어는 두 개의 감각 내용이 서로 직접적으로 비슷하다고 말할 수 있으려면 두 감각 내용이 성질상 별 차이가 없거나 차이가 아예 없을 때라고 말한다. 두 개의 감각 내용이 서로 간접적으로 유사할 때는 일련의 직접적인 유사성으로 함께 묶여 있을 때다. 두 개의 시각적 경험이 구성원 간에 서로 분리될 만한 질적 차이가 없는 그런 감각 경험의 집합에 속할 때는 그 두 시각적 경험은 직접적으로 연결된 것이다. 반면 두 개의 시각적 경험이 일련의 직접적인 연속 상태에 의해 이어질 때 그 두 시각적 경험은 간접적으로 연결된다. 따라서 에어의 주장에 따르면 모든 두 개의 감각 내용이 동일한 물질의 구성 요소가 되는 경우는 서로 특정적인 면에 있어서 직·간접적 유사성의 관계에 있을 때, 또는 직·간접적 연속성의 관계에 있을 때만 그렇다. 에어의 분석은 더 상세하게 진행되지만 이런 단편만으로도 에어가 철학을 특정 종류의 정의를 내리고 그 정의를 가지고 분석을 통해서 진리에 도달하는 것으로 보고 있음을 충분히 알 수 있다.

윤리적 개념은
분석 대상이 될 수 없다

『언어, 진리, 논리』에서 가장 유명한 부분이라면 아마도 윤리를 다룬 방식일 것이다. 윤리학에 있어 에어의 전반적인 명제는, 가치의 진술은 정말로 단순히 의미가 있는 평범한 과학적 진술이거나, 아니면 단순한 감정 표현이라서 참도 거짓도 아닌 그런 비과학적 문장이거나, 둘 중 하나라는 점이다. 에어는 과거 윤리철학자들의 활동을 네 개의 부류로 나눈다. 첫 번째는 윤리학적 용어로 정의하는 순수한 도덕철학의 일이다. 두 번째는 도덕적 경험과 그 근원의 설명을 체계적으로 정립하는 일로, 이는 심리학이나 사회학의 일이라 할 만하다. 세 번째는 도덕적인 미덕의 편에서 충고하는 부류로, 여기에는 의미 있는 명제가 전혀 없다. 네 번째는 실제 도덕적 판단을 내리는 부류로, 도덕철학의 일부라 할 수 없다(철학 자체는 분석이지 하나하나의 도덕적 판단을 내리는 일이 아니기 때문이다).

에어는 진정한 의미의 도덕철학(에어에게는 '윤리 용어의 분석')을 해보려고 할 때 그러한 판단이 유효한지 판단하는 객관적인 기준이 없기 때문에 윤리적 개념은 분석할 수 없다는 생각에 도달한다. 다시 말해 에어에게 윤리상의 개념은 검증 원리로 정립된 의미의 판단 기준에 미치지 못한다. 윤리적 개념들은 명제의 실질적인 내용에 아무것도 추가하지 않는 사이비 개념일 뿐이다. 이를테면, '네가 그 돈을 훔친 것은 잘못된 행동이다'라는 문장은 '네가 그 돈을 훔쳤다'라는 문장이 나타내는 사실에 아무런 사실도 추가하지 않는다. 단지 어떤 행동에 대한 승인이나 용인하지 않음을 추가로 표현할 뿐이다.

에어는 위의 특별한 경우를 일반화해 '돈을 훔치는 것은 옳지 않다'

라고 말한다면 실제적인 의미가 없는 문장을 만들어내는 것이라고 주장한다. 그 문장은 참이나 거짓이 될 수 있는 명제를 표현하지 않는다.

> 이것은 마치 내가 "돈을 훔치다니!!" 이렇게 쓴 것과 같다. 두 느낌표의 모양과 두께가 해당 규칙에 따라 그 행위를 도덕적으로 승인하지 않는다는 감정을 표현하고 있다.

따라서 화자가 그 행위에 도덕적으로 동의하지 않는다는 것을 말할 때, 즉 도덕적인 면의 문제를 말할 때는 사실 요소가 없다는 결론이 나온다. 만일 어떤 사람은 돈을 훔치는 것이 나쁘다고 말하고 다른 사람은 돈을 훔치는 것은 올바른 행동이라고 우긴다면, 이 두 사람은 지금 같은 행동에 대해 서로 다르게 느끼는 감정을 표현하고 있는 것뿐이다. 에어에게는 돈을 훔치는 행동에 대해 이 두 사람 중 누가 옳은 주장을 하고 있는지 묻는 것은 아무 의미가 없다. 둘 다 진정한 의미의 명제를 주장하고 있지 않기 때문이다. 즉 아무도 어떤 사실을 말하고 있지 않으며, 따라서 논쟁의 대상이 될 사실이 없다는 것이다. 우리는 주어진 경우의 사실들에 대해서만 논쟁할 수 있다. 즉 우리는 그 도둑의 동기나 특별한 상황에 대해 논의할 수는 있지만, 직면한 문제의 도덕성 문제에 이르러서는 단지 자신의 도덕적 관점만을 옹호할 뿐이다.

에어가 주장한 이런 정서주의emotivism 윤리 이론❗, 이른바 '야유와 환호Boo!

> **: 정서주의와 메타윤리학**
> 20세기 전까지의 윤리학은 도덕의 본질, 도덕적 판단의 의미 및 타당성 등을 철학적으로 연구하는 규범윤리학에 치우쳐 있었다. 그러나 20세기에 들어서면서 영미권을 중심으로 분석철학에 발맞추어, 윤리적 발화의 논리적·의미론적 분석에 치중하는 메타윤리학이 큰 흐름을 형성하게 된다. 정서주의는 메타윤리학의 한 가지 입장으로, 윤리적 발언은 단순히 화자의 감정 표명이어서 청자의 태도 변화를 기대하는 것에 머무를 뿐이라는 입장이다. 메타윤리학에는 이 외에도 도덕 판단은 세계에 관한 사실 진술이 아니라 행위의 규정이나 금지라는 입장의 규정주의, 도덕적 주장은 비도덕적 용어만을 사용하는 진술에서 추론함으로써 충분히 정당화할 수 있다는 자연주의, 윤리적 발언은 논리적 지위에서 자율적이며 독특하다는 입장의 직관주의 등이 있다.

Hurrah!' 이론은 많은 논란을 일으켰다. 많은 사람이 에어의 이론은 도덕성의 근본이 되는 것 즉 정서의 표현 이상의 어떤 것을 완전히 놓치고 있다고 주장한다. 정서주의는 우리가 윤리 문제를 가지고 다른 사람들과 논쟁할 때라면 몰라도, 우리가 윤리적 딜레마에 빠져 거기서 헤어날 방법을 생각해 내려 할 때는 도움이 되지 못한다는 것이다.

검증 원리의
태생적인 약점

그러나 논란의 양으로 치자면 정서주의 이론이 아니라 검증 원리 쪽이 더 많다. 에어는 『언어, 진리, 논리』의 1946년판 서문에서, 검증 원리가 지나치게 형이상학적인 명제를 가려내고 과학적 명제를 남겨놓을 때 생기는 일반적인 어려움에 대해 숙고한다.

에어가 확실한 과학적 명제를 보전하기 위해 약한 검증을 선택하게 되었다는 점을 상기해 보자. 그렇게 한 이유는 과학의 연구가 진행되는 방식과 관계있다. 과학은 때로 특정 관찰에 대해 진술한 것이 다른 보조 명제와 연결되어 하나의 과학적 명제로부터 연역으로 추론될 수 있다는 것을 보여줌으로써 진행되는 것이다. 그것은 명제라면 어떤 것이든, 심지어 '절대자는 게으르다'라는 터무니없을 정도로 형이상학적인 것일지라도, 그 명제를 검증 원리에 따라 일정한 보조 명제와 관찰 문장에 결합함으로써 의미를 부여할 수 있다는 뜻이 된다. 그렇다면 에어가 보전하고자 하는 과학적 주장만이 아니라 다른 주장을 전부 거기에 결부시킨다 하더라도, 우리가 적어 넣는 주장은 무엇이든 의미 있는 문장이 돼버리는 것이다. 에어는 새 서문에서 이런 문제를 시정하고자 했지만 논리학자들은 에어의 수정이 아무 도움이 되지 않는다고 즉시 지적했다. 검증 원리가 지나치게 개방적인 범위를 망라하고 있다는 것이다.

또한 검증 원리를 개정해서 개방성 문제를 벗어날 수 있다고 해도 그 원리가 스스로를 무의미하게 만들 것이라고 지적하는 이들도 있다(이들은 이런 비판을 하면서 너무 즐거워하는 경향이 있다).

앞에서 인용한 에어의 글을 다시 읽어보자.

> 하나의 문장은 그 문장이 표현하고자 하는 명제를 검증하는 방법을 아는 사람에게는, 아니 그 검증 방법을 아는 사람에게만 실제로 의미가 있다. 즉 일정한 조건하에서 그 명제를 참인 것으로 받아들이거나 그 명제를 거짓으로 거부하려면 어떤 관찰이 필요한지 아는 경우에만 그렇다.

이 명제를 참인 명제로 받아들이거나 거짓 명제로 거부할 수 있으려면 어떤 관찰이 필요할까? 그런데 이 요구를 충족시키는 관찰은 없는 것 같다. 이 원리는 검증 이전에 스스로 무너지는 듯하다.

검증 원리가 스스로를 무효화한다는 주장에 대해 에어는 원리 그 자체는 그 원리를 적용하는 명제와 같은 종류가 아니라고 말했다. 그것은 의미의 정의 혹은 의미의 분석에 대한 표현이라는 것이다. 그러나 에어의 주장대로라면, 형이상학과 종교 및 기타 학문을 '보존할 수 있는' 의미에 대한 다른 정의 또한 체계화할 수 있지 않을까? 그러한 정의들 중 반드시 선택해야 하는 것은 없다. 굳이 왜 에어의 버전을 고르겠는가?

철학은 논리실증주의와 검증 원리를 통해 많은 진전이 있었다. 그러나 분석에는 여전히 연구해야 할 부분이 많이 남아 있으며 에어의 철학도 마찬가지다. 아직도 에어의 책은 인식론과 형이상학에서 필독서로 간주되며, 가치에 대한 에어의 방식을 신봉하는 사람들이 여전히 있다. 우리는 에어와 빈학단이 지지한 그대로는 아니더라도 분석 작업을 유지해 왔다. 사실 미국과 영국에서는 대부분 이러한 작업 자체가 철학이다.

에어의 다른 책

✿ 경험적 지식의 기초

에어는 1936년 출간된 『언어, 진리, 논리』를 통해 주요 철학 문제들에 대해서는 모두 답변을 했다고 생각했다. 그러나 의미 있는 모든 발화는 감각 경험 면에서 분석될 수 있다는 주장에 많은 학자들이 의문을 던졌고 에어는 '감각 소여sense-data' 이론을 담고 있는 이 책을 내놓게 되었다. 에어는 감각 소여가 세상이 기본적으로 갖추고 있는 구성물이 아니라 개념적인 구성물이나 논리적인 창작물로 이해되어야 하며 감각 경험과 물질 사이의 구분, 현상과 실재 사이의 구분을 가능하게 해주는 것이라 주장했다. 이에 대해 일상언어학파 철학자인 존 오스틴John L. Austin, 1911~1960은 저서 『감각과 감각 가능한 것들Sense and Sensibilia』1962을 통해 에어를 신랄하게 비판한 바 있다.

✿ 지식의 문제

이 책에서 에어는 철학자들이 제기했던 다양한 지식 이론들을 논한다. 외부 세계에 대한 믿음과 타자의 마음이 존재한다는 믿음, 과거의 실재에 대한 믿음 등 이 모든 믿음과 이런 믿음들이 기초한 증거들 사이에는 공백이 있다고 주장하는 어느 급진적인 회의론자에 대해 에어가 응답하는 형식으로 되어 있다. 또한 에어는 그 이전까지는 의미 있는 모든 명제를 그 명제들을 검증해 주는 감각 소여로 환원시키는 이론을 추구했었으나 이 책에서는 모든 것이 감각의 언어로 전환될 수 있는 것은 아님을 인정하고 있으며, 대신에 경험을 토대로 만들어진 구조들에도 고유의 정당성이 있다고 보았다. 에어의 철학서로서는 가장 성공을 거둔 책이다.

18

사르트르

존재와 무

L'Être
et le Néant

1943

장폴 사르트르

Jean-Paul Sartre, 1905~1980

사르트르의 실존주의적 존재론은 2차 세계대전 이후의 대표적인 시대사조로 큰 영향력을 행사했다. 작가·지식인 등의 사회 참여를 촉구한 '앙가주망' 사상은 20세기 후반 프랑스를 넘어 세계로도 퍼져 나갔다. 평생 시몬 드 보부아르와 동반자 관계를 유지한 것으로도 유명하다.

1905	출생 (프랑스 파리)
1924	에콜 노르말 쉬페리외르École Normale Supérieure 입학
1928	아그레가시옹agrégation 취득하고 교편을 잡음
1929	보부아르Simone de Beauvoir, 1908-1986와 만남
1933	독일에 연구생으로 감
1935	파리로 돌아와 리세 콩도르세Lycée Condorcet에서 다시 교편을 잡음
1938	첫 소설 『구토La Nausée』 출간
1939	단편집 『벽Le Mur』 출간
1939	프랑스 군대에 징집
1940	프랑스가 함락되고 전쟁 포로가 됨
1941	석방 후 교단으로 복귀. 프랑스 레지스탕스에 합류
1943	『존재와 무L'Être et le Néant』 출간. 〈파리떼Les Mouches〉 초연
1944	〈닫힌 문Huis clos〉 초연
1945	《레탕모데른Les Temps modernes》 발행. 집필 활동에 전념하고자 교편을 놓음
	『자유의 길Les chemins de la liberté』 집필 시작
1946	소책자 『실존주의는 휴머니즘이다L'existentialisme est un humanisme』 발표
1947	『문학이란 무엇인가?Qu'est-ce que la littérature?』 출간
1960	『변증법적 이성 비판Critique de la raison dialectique』 출간
1964	자서전 『말Les Mots』 출간
1968	68혁명 발생하자 급진적인 정치 활동에 동참
1973	《리베라시옹Libération》 창간
1980	사망 (프랑스 파리)

사르트르

존재와 무

장 폴 사르트르Jean-Paul Sartre, 1905~1980는 프랑스에 이어져 내려오는 콧대 높은 박식한 작가들 그룹에 속한다. 사르트르는 소설가이자 극작가, 언론인, 전기 작가, 문학비평가였고 논쟁을 즐기는 사람이었으며 철학자이기도 했다. 『존재와 무L'Être et le Néant』1943가 제시하는 정교하고 미묘한 이론은 인간의 본질, 이 세계에서 인간이 차지하는 위치 그리고 자신과 상대에 대한 이해에 관한 것이다.

사르트르는 이미 프랑스에서 고전이 된 철학소설 『구토La Nausée』1938♀의 작가로 주로 알려져 있었다. 하지만 『존재와 무』와 그 핵심적인 주제가 1940년대 중반의 그의 소설과 희곡 안에서 대중화되었기 때문에 그는 프랑스 지성인들의 삶의 중심에 놓이게 되었다. 이러한 위치는 1980년에 사망할 때까지 지속됐다. 『존재와 무』가 출판되고 몇 년 되지 않아 사르트르의 철학을 요약하기 위해 실존주의existentialism♀라는 용어가 생겨났다. 사르트르는 곧 그 용어를 자신이 심취했던 인물 몇 사람에게까지 확장시킴으로써 그 의미를 모호하게 만들었다. 그들의 철학이 그들 사이에서도 일치하지 않는 것은 물론 사르트르 자신의 철학과도 일치하지 않았던 것이다. 이것은 그 후에도 계속 사르트르의 철학과 조금이라도 관련 있는 작품을 내놓는 다양한 작가와 예술가, 극작가, 영화 제작자에게까지 그 용어를 사용할 수 있게 허락한 것이나 마찬가지였다.

『존재와 무』의 문체는 정신분열증적인 성격을 약간 띤다. 이 책에서 그나마 앞뒤가 맞는다고 생각되는 단락들도 부분적으로는, 사르트르가 성공적인 소설가이자 극작가로서 훌륭하게 연마된 묘사력을 소유한 덕분이다. 보통 다양한 인물이 보여주는 코믹하면서도 친숙한 행동, 그 인물들의 약점과 의도적인 행동과 반응에 대해 그만의 방식으로 설명하는 부분에서 그런 묘사력이 집중적으로 발휘된다.

반면 그 외 단락은 치밀하고 난해하기 때문에 상당한 해독 작업을 요한다. 사르트르가 이런 문장을 쓰게 된 것은 전반적으로, 무척이나 난해한 선임 철학자들과 대화하면서 모호한 형이상학적 이론의 체계를 잡고 표현하고 방어하려는 야심 찬 시도에서였을 것이다.

사르트르는 자신의 비평을 주의 깊게 연구하거나 그에 대한 대응을 준비할 시간이 거의 없어서 다른 철학자들

『구토』

바닷가의 조약돌이나 문고리 등 세상의 사물이나 인간에게서 매번 구토를 느끼는 역사학도 로캉탱이 등장하는 일기 형식의 소설. 로캉탱은 자신의 구토증의 의미를 밝히기 위해 일기로 기록하고 이유를 추적한다. 로캉탱의 구토증은 모든 존재가 존재의 이유 없이 우연히 존재한다는 부조리와 의미 상실에 대한 깊은 절망이 직접적인 체험으로 나타난 것이었다. 뚜렷한 줄거리보다는 시적·형이상학적인 요소로 이루어진 이 작품은 사르트르의 첫 장편으로 매우 독창적이고 철학적인 작품이라는 평가를 받았다. 또 소설의 외형은 갖추고 있으되 실질적으로는 전통 소설의 형식과 관습을 부정해 소설의 파괴를 지향하는 반소설(앙티로망anti-roman)의 선구 격인 작품이다.

실존주의

19세기의 합리주의와 실증주의에 반대해 인간의 주체적 존재성을 강조하는 철학으로, 2차 세계대전 이후에는 문학과 예술 분야로까지 확대되어 유행사조가 되었다. 보통 쇠렌 키르케고르Søren Kierkegaard, 1813-1855와 니체의 생生의 철학과 후설, 하이데거의 현상학의 계보를 잇는 것으로 보며, 철학자들 중에서는 독일의 카를 야스퍼스Karl Jaspers, 1883-1969, 프랑스의 가브리엘 마르셀Gabriel Marcel, 1889-1973과 사르트르 등이 대표적이다. 실존주의에서는 인간의 일반적 본질보다 개개 인간의 독자적인 실존을 강조한다. 사르트르는 초월자의 존재를 인정하는 야스퍼스나 마르셀을 '유신론적 실존주의자'로, 자신은 '무신론적 실존주의자'로 규정한다.

과 토론할 때면 확고하지 못하고 오락가락했다. 그래서 사르트르의 작품을 혼란스럽고 포퓰리즘적이며 철학에서 요구하는 학문적인 엄정함이 결여되었다고 여기는 사람들도 있다. 그렇지만 그렇게 퇴짜를 놓기에는 시기상조라고 생각한다.『존재와 무』♥가 20세기 지적 문화에 강한 충격을 준 것은 그 안에 있는 통찰력 때문이다. 우리와 세계 그리고 다른 사람과의 일상적인 관계를 정확하고 예리하게, 가끔은 뒤집어서도 바라본 그 통찰력은 우리의 관심을 충분히 받을 만하다.

이 세계를 구성하는
존재와 무

이 책의 제목은 사르트르의 통찰력의 근거가 되는 형이상학적 기초를 시사하고 있다. 즉 '존재'와 그 반대인 '존재의 부재'의 관계, 사르트르의 표현대로 말하자면 '존재'와 '비존재' 또는 '존재'와 '무' 사이의 관계다. '존재'^{에트르être; being}라는 용어를 이런 식으로 사용하는 것은 문법적으로 다루기 쉽지 않다. 사르트르에게는 기본적으로 사물이 '존재'를 가지는(아니면, 사물이 '있을 수 있는') 방식은 둘 중 하나다. 탁자와 의자, 대양과 나무, 조약돌과 행성은 즉자^{即自; en-soi} 존재를 가진(아니, 자기 안에 '있는') 실체로 되어 있다. 즉 그것들은 본질적으로 존재한다는 말이다. 우리가 인식하지 않아도 존재하며 신이나 그 비슷한 존재에 의존하지 않는다. 한마디로 그들 자체다. 반면에 개인은 대자^{對自; pour-soi} 존재를 가진다(혹은, 단독으로 존재한다). 인간은 자기 주변을 인식한다. 하지만 그보다 더 중요한 것은 자신을 의식한다는 사실이다. 그리고 인간에게는 성취하고 싶은 목표가 있으며 수행해야 하는 과업이 있다. 현재 학생 신분인 사람에게는 미래에 변호사가 되겠다는 목표가 있을 수 있다. 반면 참나무는 고정되어 있다고 볼 수 있다. 참나무는 느릅나무나 그 외의 다른 것이 되려는 목표나 꿈이 있는 게 아니다. 이렇게 우리와 물적 사물을 구별하는 것은 주로 우리 자신이 세계 안의 어디에 위치하고 있는가와 관련이 있다.

우리가 경험하는 세계는 단순히 이 두 가지 형태의 존재로만 구성되지는 않는다. 좀 이상하게 들릴지도 모르지만, 세계에는 '무네앙 néant'라는 것도 있다. 사르트르는 이에 대해 완벽하게 '형이하'적인 예를 든다. 만약 내가 한 카페에서 친구 피에르를 만나기로 하고는 15분 늦게 도착했다고 해보자. 나는 피에르가 언제나 정각에 온다는 사실을 알고 있다. 내가 카페에 들어섰는데 피에르가 거기에 없다면 그의 부재는 카페라는 배경에 대조되어 두드러진다. 내가 경험하는 것, 내가 카페에서 '보는' 것은 피에르의 '부재'다. 사르트르에 따르면 나는 내가 경험하는 것을 기초로 피에르의 부재를 판단하는 것이 아니라, 실제로 그 부재를 경험한다. 나는 그 방을 둘러보고 거기 있는 것을 모두 알아차리고 나서 사고의 과정을 거쳐 피에르가 거기에 없다고 판단하지는 않는다(물론 그렇게 할 수도 있다). 피에르가 거기 있지 않다는 것을 알아차리는 경험은 그와 다르다. 말하자면 피에르의 부재는 소크라테스가 그 카페에 없다는 것과는 다르다. 그런 사실은 판단할 수 있다. 하지만 피에르의 부재가 내게 다가오는 방식은 다르다. 만약 피에르가 거기 있을 때 그의 현존이 내게 부딪쳐오는 것과 같은 방식으로 피에르의 부

: 『존재와 무』와 『존재와 시간』

『존재와 무』는 제목과 그 부제('현상학적 존재론')에서도 알 수 있듯이, 사르트르가 하이데거의 『존재와 시간』을 읽고 영향을 받아 쓴 것이다. 많은 이들이 『존재와 무』를 하이데거의 현존재론에 대한 사르트르의 철학적 도전으로 평가하고 있다. 사르트르와 하이데거의 실존 개념은 차이가 있다. 하이데거는 현존재의 실존, 즉 인간 존재의 근원적인 존재 방식을 '탈존Ek-sistenz'으로 보는데, 이는 '자신의 외부에 존재한다'는 뜻으로 내가 중심이 되는 것에서 벗어나 세계와 열린 관계를 맺는 것을 뜻한다. 반면 사르트르의 실존은 인간의 주체성을 시발점으로 삼는다.

재도 내게 다가오는 것이다. 사르트르는 그것을 실제적 사건의 '발생'이라고 말한다. "내가 피에르가 거기 있을 것이라고 기대했기 때문에 피에르의 부재는 이 카페와 관련되어 실제적으로 발생한 사건"이라는 것이다.

이것은 우리가 일상생활을 하면서 우리 주위에서 알아차리는 것으로, 사르트르가 "비존재의 웅덩이little pools of non-being"라고 부르는 경우의 한 예다. 사르트르는 자신의 주머니에 충분한 돈이 없다고 깨닫는 것에서부터 먼 곳에 있거나 세상을 떠난 애인을 그리워함에 이르기까지 이러한 예를 광범위하게 들고 있다. 이런 것들은 무 또는 비존재의 예다. 왜냐하면 우리는 어떤 존재를 경험하는 것이 아니라 그 존재가 부재함을 경험하며 따라서 우리가 알아차리는 부재는 그것을 경험한 사람의 기대나 욕구로 인해서만 경험하게 된 세계의 일부이기 때문이다. 그것은 본질적으로 존재를 가지지 않는다. 그러나 세계에는 이들 말고 다른 무들이 있다.

우리는 우연히 존재들을 마주치게 되면서 그와 함께 무를 발견하기도 하지만, 그런 존재 전부에 고루 퍼져 있는 무 또한 있다. 그런 종류의 무가 있음으로써 "세계는 하나의 세계로서 그 윤곽을 받아들일 수 있게" 된다. 이것이 무슨 말일까? 우리가 독립적인 사물로서 하나의 사물과 마주칠 때 우리는 그 주변과는 구별되는 다른 것으로서 그 사물을 만난다. 의자는 책상이나 마루와 하나로 '존재하지 않는' 것으로서 두드러진다. 그러므로 경험에서 사물의 개별성은 무와 연결돼 있다. 세계에 대한 우리의 경험에는 수단적, 도덕적, 미적 가치들도 가득 퍼져 있다. 의자는 그 위에 앉기 위한 물건으로, 폭력은 혐오스러운 것으로, 예술은 아름다운 것으로 경험된다. 경험이 존재에 이렇게 평가를 내리는 양상은 우리가 이 세계에서 추구하는 목적을 반영한다. 의자, 폭력, 예술 등은 단순히 우리와 독립적으로 존재하는 것에 그치는 게 아닌 것이다.

> 내가 속하고 있는 이 세계에서, 나의 행동은 가치를 자고새처럼 튀어 오르게 한다.

이런 가치들은 본질적으로 존재하는 것이 아니기 때문에 무다.

사르트르는 정신과 세계 사이의 관계에 대해 이렇게 설명한다. 사르트르의 개인의 자유에 대한 이론과 '자기기만' 및 '시선' 관련 이론은 바로 이런 토대가 밑에 깔려 있는 상태에서 세운 것들이다.

우리의 자유를 회피하려는
자기기만의 삶

한 사람의 행동은 그 사람에게 세계가 어떻게 보이는가에 따라 결정된다. 그러나 이것은 세계 안에서 그 사람이 지향하는 목적에 이미 좌우되기 때문에 단순히 존재 자체가 배열된 방식에 개개인이 반응한다고 말할 수는 없다. 예를 들어보자. 내가 방을 정돈했다. 단지 종이하고 책 들이 방바닥에 흩어져 있었기 때문이 아니라 그 방이 지저분해 보였고 그래서 마음에 차지 않았기 때문이다. 그리고 내가 사는 삶, 아니 내가 살아야 하는 삶의 방식이 그 방을 그렇게 보이게 했다. 그 방이 못마땅하게 지저분한 상태가 그 방에 대한 사실처럼 보일지 모르지만 사실은 내가 방을 그런 시각으로 보았기 때문에 그런 것이다.

화가 난 사람은 적의 얼굴에서 얼굴을 한 대 때리고 싶게 만드는 객관적 속성을 본다.

우리의 행동은 이렇게 우리가 살아가는 삶의 방식에 좌우된다. 또 우리 삶을 움직이는 것에는 주위의 물질적 환경만 있는 것도 아니다. 오히려 우리가 물질세계 안의 물적 존재가 되는 조건에 반응하는 방식이 우리의 삶을 결정한다.

『존재와 무』에서 이 부분은 상당히 모호하지만 기본 개념은 이렇다. 우리 개개인에게는 깊이 간직하고 있는 목적이 있다. 그 목적은 자신을 일정한 부류의 사람(학문에 몰두하는 지식인이나 고뇌하는 천재, 포기한 패자 등등)으로 동일시하는 것이다. 그리고 이런 과업 때문에 자신이 추구하는 다른 일에는 한계가 생긴다. 사르트르가 정말로 강조하는 것은, 우리가 일정한 방식으로 행동하는 것이 이런 과업에 의해 결정되는 것이 아니라 단지 우리에게 그렇게 행동하는 '경향'이 있을 뿐이라는 것이다. 우리는 이런 경향에 저항해 그와 반대로 행동할 수 있고 그렇게 함으로써 우리가 수행했어야 하는 과업에서 자유로워질 수 있다. 우리의 과업은 어렴풋한 먼 과거에 선택되었을 뿐 아니라 우리가 그것을 버리고 새로운 과업을 택하지 않는 한 일상생활에서 재차 확인된다.

사르트르는 이 자유 이론을 다음과 같이 요약하는데, 너무 명백하게 모순적이라 사람들은 이를 '사르트르의 패러독스'라고 부른다.

즉자 존재 ·········· 그 존재 자체인 존재

대자 존재 ·········· 그 존재 자체가 아니며 그 존재 자체인 존재가 아닌 존재

이것이 무슨 말인지 다시 한 번 읽고 싶을 것이다. 탁자, 의자, 나무, 조약돌 등은 그 자체로 존재하기 때문에 즉자 존재다. 그러나 인간에겐 의식이 있어 이러한 즉자 존재를 인식하고 지각하고 해석한다. 인간의 의식은 심지어 인간 자신을 바라볼 수 있고 성찰할 수 있다. 그러나 즉자는 자신을 돌아볼 수 없다. 이런 의미에서 인간의 의식은 즉자가 아닌 대자 존재다. 의자, 돌과 같은 즉자 존재는 항상 자신과 일치되어 있다. 그존재 자체인 존재다. 반면 대자 존재인 인간의 의식은 그 존재 자체가 아니며 오직 외부의 어떤 존재에 대해서만 있다. 따라서 대자 존재의 속성은 무다. 의식은 언제나 어떤 무엇에 대한 의식이며 비어 있는 것이다.

다른 사람이 나의 행동을 이해할 수 있게 나를 규정하려면 그 규정은 내가 수행하고 있는 과업과 내가 동일시하고 싶은, 혹은 내가 되고 싶은 사람의 종류를 언급해야 한다. 그런데 그것은 내가 아닌 어떤 것, 내가 아직은 되지 못한 어떤 것이다. 이런 의미에서 사르트르에게 우리는 우리가 아닌 무엇이다. 우리는 우리가 아닌 무엇이라고 말하는 것, 즉 지금 우리의 모습은 우리가 아니라고 말하는 것은, 우리가 이런 규정을 내릴 때조차도 우리 행동은 그 행동이 지시하는 모든 사실에 의해 정해지는 것은 아니라고 말하는 것과 마찬가지다. 우리에겐 여전히 우리의 과업 안에 뿌리박고 있는 경향에 저항하고 새롭고 완전히 예측할 수 없는 방식으로 행동할 수 있는 자유가 있다.

우리는 이 자유를 어느 정도 의식하고 있지만, 그럼에도 이 자유를 카펫 아래로 쓸어 넣어 감추는 편을 더 좋아한다는 게 사르트르의 생각이다. 절벽 위의 길을 따라 걷다가 갑자기 어느 순간 우리는 절벽에서 떨어지지 않게 보호해 주는 것이 아무것도 없다는 사실을 깨닫게 된다. 우리는 그냥 절벽 아래로 뛰어내릴 수도 있다. 그렇다고 우리가 그렇게 하도록 자극받았다는 말은 아니다. 물론 사르트르가 관심을 가지는 건 우리는 이유 없이도 뛰어내릴 수 있다는 바로 그런 깨달음이다. 이런 깨달음에 그는 "미래에 직면한 고뇌"라는 말을 사용한다. 또한 다시는 도박을 하지 않기로 결심했는데 카지노 방문에 다시 유혹을 느끼는 사람으로 요약되는 "과거에 직면한 고뇌"가 있다. 우리의 결심이 얼마나 진지하든 그 결심을 지키려고 한다면 매 순간 다시 그렇게 결심해야 한다. 우리 행동은 순전히 우리의 결심이나 목표, 과업으로 결정되지 않는다. 우리가 자유를 의식함을 '고뇌'라고 부르면서 사르트르는 그와 함께 오는 책임감이라는 무서운 느낌을 의식하는 것에 대해 언급한다. 만일 우리 행동이 정말 이런 식으로 그리고 이 정도로 우리 통제하에 있다면 우리가 하지 않았으면 좋았을 행동에 대해 탓할 것이 전혀 없다. 유전적인 요인도 가정환경도 그리고 고통스러운 과거의 상처들도 우리의 현재 행동을 확정하지 않는다. 우리는 핑곗거리로부터 자유롭다.

사르트르 자신은 『존재와 무』가 윤리적이거나 정치적인 견해를 밝히는 게 아니라고 강조한다. 그럼에도 이 책에는 해방론적인 부분이 많다.

:: 사르트르(가운데)는 보부아르(왼쪽)와 함께 1960년 쿠바를 방문해 체 게바라Ernesto "Che" Guevara, 1928~1967를 만났다.

이런 성향은 자기기만la mauvaise foi을 논의하는 지점에서 가장 두드러지고 확실하게 나타난다. 우리는 여러 가지 방법으로 고민을 회피하고, 자유와 그에 수반하는 책임을 부정하려고 한다.

사르트르는 이것을 얘기하면서 파리의 웨이터 한 사람을 풍자하는 예를 들었다. 그 웨이터는 "조금 지나치게 치밀하고 재빠르게" 움직이며, "관절을 잘 구부리지 않은 채 뻣뻣하게 일종의 자동인형처럼 걸으려" 하며 음식이 든 쟁반을 나를 때는 "팔과 손을 살짝살짝 움직여 계속 쟁반의 평형을 깨뜨리고 불안정하게 만들어서 쟁반을 줄타기 곡예사처럼 무모하게" 운반하려고 애쓴다. 사르트르는 이 웨이터가 자신과 손님으로 하여금 커피 주전자가 커피 주전자인 것과 같은 방식으로 자신이 웨이터라는 것을 믿게 하려고 노력한다고 주장한다. 즉 자신의 자유와 행동에 대한 책임을 피하려고, 마치 즉자 존재 한 덩어리가 고정된 본성을 가진 것처럼, 자신에게 자신의 모든 행동을 확정하는 고정된 성질이 있는 것처럼 행동한다는 것이다. 곧 그는 '전형적인 웨이터 상'이라는 하

313

나의 즉자 존재를 실현하고자 하는 것이다. 자신에게 자유가 있음을 스스로 속이는 것이다. 이는 곧 무한한 자유에 따르는 책임에서, 스스로 결단해야 하는 부담감으로부터 벗어나려는 자기기만이라는 것이다. 여기서 웨이터는 단순히 하나의 표본으로 그려졌다. 사르트르는 다른 여러 개의 예를 들며 사람들은 대부분 이런 방식으로 삶에 접근한다고 암시한다. 아마도 우리가 이런 자기기만을 피할 수 있고 피해야 하며 대신 우리 존재의 진정한 본질을 긍정하는 확실성의 태도를 채택해야 한다고 생각하는 것 같다. 물론 사르트르가 직접적으로 이렇게 말한 적은 없다.

타인은
지옥이다

우리는 우리 자신의 존재에만 이런 식으로 접근하는 것이 아니다. 우리는 똑같은 방식으로 서로를 오해하기도 한다. 우리가 질투심 때문에 열쇠 구멍으로 다른 방에서 일어나는 일을 보고 있다고 해보자. 이때 뒤에서 발자국 소리가 들리면 갑자기 수치심이 생긴다. 이런 감정은 다른 사람들이 우리를 관음증이 있는 사람이나 뒤를 캐고 다니는 사람같이 바람직하지 않은 방향으로 규정한다는 믿음과는 다르다. 물적 대상의 특질이 그 물건의 반응을 결정하는 것과 마찬가지로, 타인이 우리를 보면서 마치 우리에게 우리 행동을 결정하는 고유한 특질이 있는 것처럼 여길까 봐 두려운 것이다. 물론 그 특질이란 바람직하지 않은 것을 말한다. 사르트르는 이것을 '시선르가르le regard'이라고 부른다.

이에 대한 우리의 대응은 단순하다. 타인이 우리에 대해 내린 규정이 훼손되도록 타인을 규정하는 것이다. 즉 우리는 타인이 내린 규정이 비판적이라거나 엄격하다거나 어리석다고 생각한다. 그리고 이런 특질이 우리를 규정하는 타인의 행동을 결정했다고 생각한다. 사르트르는 이 시나리오가 단지 특정한 경우에만 생기는 게 아니라 오히려 우리는 언제나 이런 상호 규정의 관계 속으로 들어간다고 본다. 사회적 관계는 이 것이 일으키는 불화를 기초로 성립된다고 말한다. 사르트르의 희곡 〈닫힌 문Huis clos〉1944에서 극중 인물인 가르생Garcin은 이것을 "타인은 지옥이다l'Enfer, c'est les autres ?"라고 표현했다.

평론가들은 이것을 정확히 어떻게 이해할 것인가를 놓고 엇갈린 의견을 보인다. 사르트르는 이런 규정을 우리가 타인을 인식하는 과정의 불가피한 국면으로, 즉 우리 정신 구조의 일부로 주장한 것이라고 보는 평론가들이 있는 반면, 그것이 단순히 자기기만의 산물일 뿐이라는 게 사르트르의 시각이라고 보는 이도 있다. 다시 말해 우리가 인간의 진정한 모습을 인정하는 방법을 배우면 우리는 더 이상 다른 사람을 소외시키고 실망시키는 이런 방식으로 서로를 생각하지 않을 것이라고 하는, 덜 염세적인 시각이라는 것이다. 이런 해석은 이 작품의 해방주의적인 성격을 반영한다. 즉 우리는 자신이 어떤 의미에서는 이미 인식하고 있는 것, 자신의 행동이 궁극적으로 스스로 자유롭게 선택하고 수정할 수 있는 과업에서 생긴다는 것을 온전히 인정하는 편이 나을 것이라는 사르트르의 암시를 반영하는 것이다. 사르트르는 『존재와 무』의 끝 부분에서 '실존적 심리분석' 방법을 개략적으로 그리는데, 이런 방법을 고안한 것은 우리 각자가 스

: 타인은 지옥이다

〈닫힌 문〉에는 가르생과 에스텔Estelle, 이네스Inès라는 세 명의 인물이 등장한다. 이들은 모두 죽어서 한방에 갇혀 있다. 처음에는 모두 진실을 말하지 않고 스스로를 실제보다 더 잘난 인물로 꾸며대지만, 시간이 흐르면서 그들의 결점이 서서히 드러나고 서로를 괴롭힌다. 가르생은 겁쟁이이면서 자신을 영웅이라고 생각하고, 에스텔은 사랑하는 연인의 죽음에 죄책감을 느끼는 '유아 살인범'이다. 이네스는 남자를 증오할 뿐 아니라 자신이 존재하기 위해 다른 이가 고통스러워하는 모습을 꼭 봐야 한다. 그들은 결코 혼자 있을 수 없고, 항상 상대방을 고려해야만 한다. 결국 "타인이 지옥"이다. 타인의 시선을 의식하며 사는 것, 즉 타인의 평가를 받고, 타인을 고려해야 하는 삶, 이것이 바로 지옥이다.

:: **앙가주망** engagement

사르트르는 인간의 존재 양식은 현재의 상태로부터 자기 해방을 도모함과 동시에 존재하지 않는 목적을 향해 나가기 위한 자기 구속(앙가주망)이라고 규정한다. 따라서 다른 사람과 더불어 이 세계와 시대에 구속되어 각자의 상황에 대응하는 선택을 내리는 것이 중요하다고 여겼다. 사르트르는 정치 행동이나 사회 참여에 직접 나섬으로써 앙가주망의 모범을 보였고, 이는 장차 문학에까지 파급되었다. 그 결과 '앙가주망'은 학자나 예술가 등이 정치, 사회 문제에 관심을 가지고 그 계획에 참여하는 일을 뜻하는 일반명사처럼 쓰이게 되었다. 사르트르는 2차 세계대전 이후 좌파 지식인으로 프랑스 정치 운동에 적극 참여했다. 프랑스로부터 독립하기 위해 전쟁을 벌이던 알제리를 강력히 지지했고, 베트남 전쟁에 반대해 러셀 등과 함께 미국의 외교 정책과 무력 간섭을 조사하는 단체를 조직하기도 했다. 사회주의자이지만 구소련식 공산당 독재에는 반대했던 이른바 '사르트르식 사회주의'를 추구했으며, 《인민의 대의La cause du peuple》와 《리베라시옹》 같은 좌파 신문과 평론지를 발행했다. 사르트르는 "참여는 행위이지 말이 아니다"란 신념의 소유자였다.

스로 선택한 과업과 스스로의 행동 안에 그 과업이 나타남을 이해할 수 있게 도움을 주려는 것이다. 이 방법은 정신 안의 무의식의 국면을 밝히려는 프로이트의 심리 분석과는 달리(사르트르는 무의식은 존재할 수 없다고 생각한다), 우리가 희미하고 모호하게 의식하고 있는 것을 분명하고 뚜렷하게 만드는 것이 목적이다. 이것은 우리 자신을 괴롭히는 우리 행동의 양상들을 바꾸는 데 도움이 될 것이다. 우리의 사회적 관계에서 충돌을 발생시키는 요소까지 포함해서 말이다.

사르트르의 생각은 『존재와 무』의 출판 이후 수십 년에 걸쳐 발전했다. 양육이나 사회적 지위가 사람들이 수행하는 과업에 미치는 영향에 더 큰 관심을 가지게 되었고, 자신의 글에 프로이트와 마르크스 및 프로이트주의자, 마르크스주의자들의 생각을 더 많이 채택했다. 이러한 양상에 대해 많은 평론가들은, 우리의 행동은 우리가 자유로이 하고자 선택한 과업으로만 설명될 수 있다는 실존주의의 핵심 아이디어에서 사르트르가 점점 멀어지는 것이라고 보았다. 그러나 사르트르는 말기에 이르러 자신은 결코 실존주의를 버린 적이 없다고 말했다. 후기의 작품들은 『존재와 무』가 발전한 결과로, 그리고 사람들이 자유롭게 자신의 삶과 운명을 결정하는 과업을 선택하게 되는 동기를 더 상세하게 조사하는 작업으로 해석하는 것이 나을 것이다.

사르트르의 다른 책

📖 파리떼

그리스 신화의 오레스테스Orestes 이야기를 재구성한 희곡. 트로이 전쟁에서 승리하고 돌아온 아가멤논Agamemnon이 부인인 클리타임네스트라Klytaimnestra 에게 살해당하고, 클리타임네스트라의 연인인 아이기스토스Aegisthos가 왕위 에 오른다. 그러자 아가멤논과 클리타임네스트라 사이에서 태어난 엘렉트라 Electra와 오레스테스는 자신들의 어머니를 죽이고 도시에 만연해 있는 파리떼 의 역병을 몰아냄으로써 아버지의 원한을 갚는다. 이때 엘렉트라는 오레스테 스를 설득해서 행동으로 옮기게 하는데, 사르트르는 오레스테스의 행동이 신 의 실존과 양립할 수 없는 인간의 자유를 상징한다고 본다. 이 자유는 진정한 행동으로 표현된다. 이는 자신이 직면한 상황에 책임을 지고 선과 악이라는 전통적인 가치와 무관하게 행동하는 것을 뜻한다. 프랑스가 나치 점령하에 있을 때 초연된 이 작품을 관객들은 자유롭지 못한 정치 현실을 신랄하게 비 판하는 것으로 받아들였다.

📖 레탕모데른

사르트르와 보부아르, 메를로퐁티가 주축이 돼 창간된 월간지. 제호의 의미 는 '현대'다. 창간사에서 사르트르가 "작가는 그의 시대라는 상황 속에 살고 있다"라고 한 것처럼, 작가의 사회적 책임을 강조하며 사회 참여를 촉구해 2 차 세계대전 후의 프랑스 지식인 사회의 방향 설정에 큰 역할을 했다. 정치· 사회·문화 등에 걸쳐 사회주의 혁명 문제와 식민지 문제, 평화 문제 등에 적 극적인 논조를 펼쳤다.

The 20 Greatest Philosophy Books

19

보부아르

제2의 성

Le Deuxième
Sexe

1949

시몬 드 보부아르

Simone de Beauvoir, 1908~1986

보부아르는 사르트르와의 관계로 인해 철학자로서의 평가에
서 제대로 인정받지 못하는 경향이 있다. 사르트르가 실존주
의의 대표 사상가이긴 하지만, 실존주의는 보부아르에게서
더욱 확고한 토대를 마련했다. 또한 실존주의의 주제들은 그
의 소설과 평론 들에서 고스란히 형상화되었다.

1908	출생 (프랑스 파리)
1926	파리 대학 입학
1929	사르트르와 만남, 아그레가시옹 취득
1931	마르세유Marseille, 루앙Rouen 등지의 중·고등학교에서 철학 강의(1940년 파리로 돌아옴)
1943	『초대받은 여자L'Invitée』 출간
1945	『타인의 피Le Sang des autres』 출간. 사르트르, 메를로퐁티와 《레탕모데른》 창간
1946	『사람은 모두 죽는다Tous les hommes sont mortels』 출간
1947	『모호성의 윤리학Pour une morale de l'ambiguïté』 출간. 미국, 남아메리카, 알제리 방문(~1948)
1949	『제2의 성Le Deuxième Sexe』 출간 👜
1954	『레 망다랭Les Mandarins』 출간
1955	알제리 독립 지지 활동
1958	『자유로운 여자Mémoires d'une jeune fille rangée』 출간
1960	『계약결혼La Force de l'âge』 출간. 사르트르와 쿠바, 브라질 방문
1963	『사물의 힘La Force des choses』 출간
1964	『편안한 죽음Une mort très douce』 출간
1966	사르트르와 소련, 일본, 이집트, 이스라엘, 스웨덴 방문(~1967)
1968	『위기의 여자La Femme rompue』 출간
1970	『노년La Vieillesse』 출간. 《인민의 대의》 편집 참여
1971	'343 선언Manifeste des 343' 참여
1974	'여성 인권 연맹Ligue du Droit des Femmes' 회장
1979	『젊은날의 고뇌Quand prime le spirituel』 출간
1981	『작별의 의식La Cérémonie de adieux』 출간
1986	사망 (프랑스 파리)

보부아르
제2의 성

철학의 역사에 등장하는 여성은 그리 많지 않다. 여성 철학자들이 없었다는 말은 아니지만, 철학사 이야기에서 여성이 제외되는 것은 사실이다. 이런 사실은 우리가 철학 자체를 이해하는 방식과 관계 있다는 사람도 있고 여성을 이해하는 방식과 더 많은 관련이 있다는 사람도 있다. 반면 어떤 사람들은 여성을 철학에서 멀어지게 하는, 아니면 최소한 우리가 철학에 대해 생각할 때 여성을 제외하게 만드는 사회적·경제적 요인을 지적하기도 한다. 그 밖에도 이유는 더 많을 것이다. 그 이유가 무엇이든 철학을 검토할 때 여성을 간과하는 것은 명백한 오류다. 그러나 여성 철학자를 고려하는 때에도 다시 범하기 쉬운 오류가 두 가지 있다. 우선, '철학자'가 아닌 '여성 철학자'를 염두에 둠으로써 그 철학 저서를 잘못 이해하는 오류를 범할 수 있다. 다음으로, 여성 철학자가 '여성'이라는 사실을 간과함으로써 또 작품을 잘못 이해할 수도 있다.

시몬 드 보부아르Simone de Beauvoir,
1908~1986는 철학 외적인 분야에서는 뛰
어난 소설가이자 사르트르의 평생의
반려자로 알려져 있다❗(보부아르는 사
르트르를 영향력이 큰 철학자로 언급한다).
보부아르가 사르트르의 철학에 미친
영향은 사르트르가 보부아르의 철학에

미친 영향만큼이나 컸다는 점이 분명해지고 있다. 그러나 보부아르는
그런 관계에 대해 사르트르보다 좀더 자주 언급한다. 어떤 이들은 보부
아르를 페미니스트 철학자로 보기도 한다. 그의 책『제2의 성Le Deuxième
Sexe』1949은 어쨌든 여성의 본질을 실존주의의 시각에서 다루었으며 페
미니즘, 아니 원조 페미니스트 입장에서 다룬 것이라고 할 수도 있다.
보부아르는 사람들이 자신을 실존주의자로 생각하는 것을 그다지 좋아
하지 않았고 페미니스트들은 보부아르를 페미니스트로 생각하고 싶어
하지 않았다.

『제2의 성』에는 좀 색다른 역사가 있다. 이 책이 처음 출판되었을 때
사람들이 대부분 어떻게 받아들여야 할지 몰랐던 것도 부분적인 이유였
다. 사람들이 이런 책을 이해할 수 있는 시대가 오기 전에 출판된 탓인
지도 모른다. 그런 상황에서『제2의 성』은 일종의 감금 상태에 들어갔
다. 어느 번역본에 있는 역자 서문의 첫 줄을 보면 보부아르를 읽을 준
비가 된 사람들도 실은 완전히 준비되지 않았다는 것을 알 수 있다.

재치와 학식이 풍부한 여성이 쓴, 여성에 대한 진지하고 광범위하고 적

나라한 작품! 나는 때로 무엇이 이보다 더 매력적이면서 이만큼도 기대되지 않는 것이 있을까 생각했었다.

이 책은 출판 당시 일부 비평가들에게 혹평을 받았다. 그러나 1960년대에 들어와 여성을 보는 관점에 변화가 있었던 데에 이 책이 어느 정도 기여했다는 점에는 많은 비평가들이 동의한다. 그런데 1970년대에 와서는 그렇게 평가한 비평가들만큼이나 많은 수의 페미니스트들이 이 책을 시대에 뒤떨어졌다고 보거나 왠지 반동주의적이고 편협하다고 생각했다. 특히 여성이 자유를 찾기 위해서는 남성적인 자아 이미지를 채택해야 한다는 보부아르의 주장에 반발했다. 최근 『제2의 성』은 다시 인기를 누렸다. 이 책은 영향력이 있으면서도 동시에 무시되었기 때문에 이 책을 발견해서 다시 읽으면 마치 방금 출판된 것처럼 어딘지 모르게 포스트모던한 느낌이 든다고 하는 사람들도 있다. 이 책이 철학의 역사 안에서 진실로 어떠한 위치를 차지하는지 이해하기까지는 아마도 상당한 시간이 걸릴 것이다.

책은 두 권으로 나뉘어 있다. 제1권은 역사 안에서 발견되는 여성의 개념을 생물학의 견지에서 살펴보고 여성에 대한 프로이트의 견해, 여성 지위의 역사, 문학에 있는 여성의 신화를 고찰한다. 제2권은 현대 여성의 다양한 역할을 살펴보면서 여성 해방과 독립의 가능성을 고찰하는 데서 정점에 이른다.

보부아르가 이 책의 처음부터 끝까지 일관되게 다루고 있는 것은 '여성이란 무엇인가?'라는 물음이다. 그 표현을 좀더 다듬으면 '왜 여성은 타자인가?'라고 할 수도 있다. 보부아르는 그런 물음이 나왔다는 사실 자체가 그에 대한 대답을 암시하고 있다고 지적하면서 책을 시작한다.

남성이라면 '남성이란 무엇인가'를 물어보겠다거나 그에 대한 책을 써 보겠다는 생각조차 해본 적이 없을 것이다. 남성은 인간성의 기본 개념 인 '주체'다. 여성은 주체 외의 것, 남성 주체에 대한 객체와도 다른, 아 니 객체 이하의 것으로 여겨진다. 그러나 보부아르는 이런 헤겔학파 노 선을 따라 생각하면서, 오랫동안 존속해 온 여성에 대한 일반적인 사고 와 여성의 종속적인 지위를 헤쳐 나가려고 한다(헤겔에 대한 얘기는 잠시 후에 살펴볼 것이다). 보부아르는 여성에 대한 새롭고 분명한 개념을 찾 기 위해 다음과 같은 물음에 답을 제시하려고 노력한다.

- 여성의 상황에 처한 인간은 성취감을 어떻게 얻을 수 있는가?
- 그 여성에게는 어떤 길이 열려 있고 어떤 길이 닫혀 있는가?
- 의존성의 상태에서 자립성은 어떻게 회복될 수 있는가?
- 어떤 상황이 여성의 자유를 제한하며 이는 어떻게 극복될 수 있는가?

타자가 되는 것은
여성들의 운명인가?

보부아르는 책의 첫 부분에서, 여성의 운명이 생물학이나 심리학, 경제 학에 의해 고정되는 것이 아님을, 아니 오히려 더 계발됨을 보여주려고 한다. 다른 말로 하면, 자유를 향한 희망이 얼마 있다는 것이다.

보부아르는 자신에게 필요한 답을 얻는 과정에서 생물학이 중요한 역 할을 한다는 점을 인정한다. 왜냐하면 우리의 몸은 "세계를 파악하는 도 구"이기 때문이다. 우리 몸의 특성이 사물과 우리의 관계 일부를 지배한다. 물론 모든 것을 지배하지는 않는다. 보부아르는 일차적으로 다양한 곤충과 동물의 생식 전략을 예로서 검토한다. 또한 여성과 남성 사이에 있다고 생각되는 단순히 동물적인 생물학적 차이점을 살펴본다. 보부아르가 내린 여러 결론 중에는 여성이 모든 포유동물의 암컷 중에서 생식의 노예로 잡혀 있는 수준이 가장 심각하며 또한 그것에 가장 저항한다는 사실이 포함돼 있다. 하지만 결국 보부아르가 제시하는 요지는 생물학은 인간에게 있는 성별의 계급 제도나 여성이 타자가 되는 이유를 설명할 수 없고, 또한 지금과 같은 종속적인 지위에 여성을 계속 묶어놓을 수도 없다는 것이다.

보부아르는 여성이 생물학적인 이유로 타자가 되는 것이 아니라면, 인류가 여성을 무엇이라고 생각했는지를 알기 위해 '개념의 역사'를 살펴봐야 한다고 주장한다. 그는 정신분석학을 탐구의 시점으로 삼으면서 아마도 생물학적인 시각에서보다는 조금은 발전이 있으리라 희망을 품었을 것이다. 정신분석학에서는 자연이 여성을 규정하는 것이 아니라, 여성 자신이 정서적인 생활을 통해 스스로를 규정한다고 말하기 때문이다. 보부아르는 우리가 예상하는 만큼 프로이트를 심하게 조롱하지는 않는다. 오히려 일부에서는 프로이트를 권위 있는 출처로 인용하기까지 한다. 그래도 어쨌든 자신의 입장을 분명하게 하기 위해, 여성이 단순히 거세된 남성이라는 생각과 관련된 문제를 지적하며, 결국에는 심리학도 도움이 되지 않는다는 결론을 내린다. 프로이트는 남성이 어쨌든 우세하다는 생각, 혹은 최소한 우리가 주체로 여기는 것은 남성이라는 생각을 받아들이는데(아마도 이 사실은 아버지의 주권과 관계가 있는 것 같다), 이 남성 우월성이 어디에서 오는지에 대해서는 아무런 설명도 하지 않고 그대로 자기 이론의 시작점으로 삼아버렸다는 것이다.

:: 파리의 발자크Honoré de Balzac, 1799~1850 동
상 앞에 선 보부아르와 사르트르(1920년대)

　만약 우리가 가치를 추구하는 인간으로서의 여성 개념을 찾으려 하고
있다면 우리는 가치의 세계 그 자체에 접근해야 한다. 그리고 보부아르
는 이것이 사회적·경제적 구조와 관련이 있다고 본다. 남성 같은 주체
와는 대조되는 객체로서의 여성에 대한 이야기는 명백히 헤겔학파의 사
상에서 나왔다. 게다가 여성은 일반적으로 단순히 자신의 육체나 정신
에 의해 정의되는 것이 아니라, 역사 안에 자신이 처한 시기에 의해, 여
성이라는 종 자체가 달성한 당시의 사회적·경제적·공학적 진화에 의해
규정된다는 보부아르의 견해도 마찬가지로 헤겔의 영향을 받았다.

　보부아르는 인간의 역사도 연구한다. 유랑민에 대한 고찰에서부터 고
대를 거쳐 중세와 프랑스 혁명 이후까지, 사회적 요인이 사회 내 여성의
역할과 지위에 어떤 영향을 미쳤는지를 추적한다. 그런 연구에서 보부
아르는 사회 운동에도 불구하고 여성은 아직도 남성에게 예속된다고 결

론 내린다(여성은 "아직도 자신의 진정한 본성대로가 아니라 남성이 자신을 규정한 대로 자신을 보며 선택"한다. 여성은 아직도 대부분, 남성들이 "꿈에서 그리는 대로"다). 그런 다음 보부아르는 남성이 신화와 문학에서 여성을 어떻게 규정했는지 살펴본다.

『제2의 성』에서 신화와 문학 속에 규정된 여성을 다룬 부분은 걸작이다. 보부아르의 소설가로서의 면모도 확연히 드러난다(보부아르는 명백히 소설가의 안목으로 바라보고 있다). 이번에는 문화의 신화 만들기 안에 짜넣어진 등장인물로서 여성이 타자라는 견해가 재차 탐구되는데 여기에도 역시 헤겔이 숨어 있다. 보부아르는 이 사실을 밝히기 위해 천지창조 신화, 그리스·로마 신화, 윌리엄 셰익스피어^{William Shakespeare, 1564~1616}를 포함한 다른 여러 작가들의 작품을 연구한다. 깊이 파고들어 갈 필요도 없이 그 함의성은 곧 드러난다. 보부아르는 "통치 계급에게 여성의 신화보다 더 유리한 신화는 거의 없었다. 그것은 모든 특권을 정당화하며 심지어 특권의 남용마저 정당하다고 인정한다"라며 분노를 터뜨린다.

여성은
절대 타자다

자, 이제 『제2의 성』 제1권을 덮고 잠시 헤겔의 사상이 이 안에서 어떤 역할을 하는지 생각해 보자. 주체는 다른 사람이 있어야 주체가 될 수 있다. 즉 다른 주체의 눈에 자신이 주체로 보여야 할 필요가 있는 것이다. 이렇게 하면서 두 번째 주체는 첫 번째 주체에게는 일종의 대상이 된다. 그러나 보부아르가 육체와 사회적 위치 그리고 신화와 문학의 고찰에서 밝혀냈듯이, 여성은 어찌 됐든 통상적인 헤겔의 변증법 바깥에

있다. 여성이 신체가 더 약하고 그 지위가 덜 중요하기 때문에, 그리고
사회적 통념이 그 위에 세워지기 때문에 부분적으로 여성은 사회적으로
덜 중요한 사람의 위치에서 벗어나지 못한다. 그리고 여성은 다른 방식
으로 신화화되기 때문에 주체가 아닌 다른 것으로 여겨진다. 이런 모든
점으로 인해 여성은 통상적인 헤겔의 주인과 노예 변증법 외부에 놓이
게 된다. 여성들은 타자이지만 남성 주체들을 주체로 만드는 그런 타자
는 아니다. 그 역할은 남성의 몫이다. 여성은 '절대 타자'다. 즉 남성의
시각에서는 결코 주체가 되지 않는 객체인 것이다.

　제2권을 시작하는 짧은 문장이 바로 보부아르의 가장 중요한 요지라
고 볼 수 있다.

　　　　우리는 여성으로 태어나는 것이 아니라 여성이 되는 것이다.

　결국 제1권에서 나온 주장들이 바로 이 결론으로 이어진다. 생물학과
심리학, 사회, 그 밖의 것들은 따로따로 여성을 여성으로 만든다. 다시
말해 "이 피조물을 만들어내는 것은 문
명 전체"다. 그러한 주장의 요지 자체
는, 그리고 제2권 안의 논의는 실존주
의에 기초를 두고 있다. 본질이 실존에
앞서지 않는다❗는 실존주의의 가르침
은 보부아르 사상의 씨줄과 날줄이다.
그 실존주의의 견해란 대체로 인간에
게 미리 정해진 본질이란 없다는 것이
며 인간의 현재 모습은 인간이 존재하

: 실존이 본질에 앞선다 L'existence précède l'essence
인간의 본질에 대한 탐구의 역사는 오래다. 19세기까지만
해도 인간 존재는 어떤 모습이어야 하는지, 혹은 인간은
지식을 어떻게 얻는지와 같은 인간의 본질에 대한 관념
이 계속 유지되었다. 그러나 인간의 본질 이전에 인간의
실존이 있어야 한다고 주장한 학자들도 있었다. 이런 생
각은 중세 이슬람의 철학자 이븐 루시드Ibn Rushd,
1126-1198의 글들에서 발견되고, '존재는 본질에 앞선
다'는 명제는 아퀴나스도 이미 주장한 바 있다. 이를 명백
하게 형식화한 인물은 바로 사르트르였다. 사르트르는 실
존이 본질에 앞서야만 하는 존재가 최소한 하나 있는데
그것이 바로 인간이라고 선언했다. 그는 "인간은 무엇보
다 먼저 존재하고 그다음에 자신을 만나고 이 세계로 밀
려들어 오며 그 후에 자신을 정의 내린다"라고 말했다.
인간 존재는 무이며 무엇이 돼야 하는지 미리 결정된 계
획은 없기에 스스로의 힘으로 자신을 만든다는 것이다.

:::: 보부아르는 사르트르와 함께 파리 몽파르나스 묘지Cimetière du Montparnasse에 묻혀 있다.

는 방식, 인간의 선택, 그리고 이 세상에서 인간이 실제로 행동하는 방
식에 의해 결정된다는 것이다. 보부아르는 인간에게 결정적인 본성이란
없는데도 남성은 마치 그런 것이 있는 것처럼 여성을 규정했으며, 다른
사람이 여성에게 부여한 본성은 그 자체가 여성을 정복하는 일의 일부
가 된다고 주장한다. 더 나아가 여성은 일종의 성취욕을 만족시키기 위
해 자신의 일에서보다는 남성 안에서 성취감을 찾으려고 했고 보부아르
는 이것을 일종의 가식이라고 보았다. 이제 두 방향에서 문제가 생긴다.
여성은 남성에게 자신의 본질을 결정하도록 허락하며, 여성 스스로는
자신을 진정한 실존으로 이끌어줄 선택을 하지 못하게 된다.

　이제 2권에서 보부아르는 여성이 경험하는 실존을 추적한다. 소녀 시
절, 부인, 어머니, 레즈비언이나 매춘부처럼 '금지된 길'을 택한 사람들,
그리고 끝으로 장년기와 노년기가 포함된다. 모든 여성이 이 역할들을
다 하는 것은 아니다. 어린 시절, 소녀 시절, 그리고 성의 입문에 대한
논의에서 의도하는 바는 여성들 대부분이 겪는 일반적인 경험, 즉 여성

이 절대 타자가 된다는 느낌을 구체화하는 경험에 대해 이야기하는 것이다. 예를 들어, 소녀는 성인이 되기 위해서 자신의 '여성스러움'을 인정하고 겉으로 드러내야만 한다. 성인이 되는 과정에서 개성과 소망, 자기표현, 반항심, 독립성이 매장되며 마침내 복종심이라는 것이 생기는데 그것이 현재 여성이라는 존재의 주요 부분이다.

헤겔주의와 실존주의의 잘못된 만남

보부아르는 책의 끝 부분에서 독립적인 여성을 다룬다. 그런데 이 부분에 이의를 제기하는 사람들이 많다. 보부아르는 다른 데서는 남성의 단점이라며 비난한 것을 여기에 와서는 오히려 여성에게 권하는 듯하다. 여성 자신에게 남성이 성취한 주관성 같은 것을 강요하는 부분을 예로 들 수 있다. 보부아르가 남성에게서 해방되는 여성이란 남성들이 하는 것을 하면서 남성들과 같은 소유물과 힘을 가지게 되는 여성이라고 주장한다고 해석하는 이들도 있다. 또 어떤 이들은 여성이 남성처럼 돼야하는 것이 아니라, 우리가 전반적으로 남성이 지배하는 세계의 본성을 바꾸어, 여성이 단순히 남성이 하는 행동을 하도록 하는 것이 아닌, 자유롭고 진정한 여성이 될 수 있도록 하는 것이 필요하다고 주장하기도한다. 여러 의견을 모아보자면, 잘못된 것은 남성 중심성이며, 해결책은 남성의 삶에서 진정성을 찾을 게 아니라 우리의 성별이 무엇이든 개개인의 삶으로 진정성을 얻을 수 있음을 깨닫는 것이다.

그 밖에도 쉽게 확인되지 않는 문제들이 있다. 우리가 이미 본 대로 보부아르는 여성을 분석하면서 헤겔과 실존주의를 혼합했고 그 혼합 작

331

업으로 일부 목적을 이루었다. 그럼에도 근본적으로 해결되지 못한 점이 있다. 요컨대 진정성이라는 개념은 전혀 역사에서 기인하지 않는데 보부아르의 사상 안에 있는 일부 헤겔주의는 필연적으로 역사에서 나온다는 점이다. 진정성을 좌우하는 사람들은 자신의 정체성을 선택했던 사람들, 깨달음 속에서 삶을 사는 존재다. 헤겔주의의 변증법적 유물론은 사람들을 '역사 안에 자신의 시간이 주어진 자'로 본다. 보부아르의 여성에 대한 개념은 헤겔과 실존주의 두 이론에서 나왔다. 보부아르의 분석이 그 상반되는 것처럼 보이는 철학 관점들에 내재된 모순을 피하고 있다고는 확실히 말할 수 없다.

보부아르의 생각은 『제2의 성』 출판 이후 계속 변해 갔다. 보부아르는 노년에 가서야 자신이 페미니스트임을 인정했으며 이 책에 있는 일부 전제를 다시 고찰했다. 보부아르는 분명 자유에 대한 실존주의 시각과 이 책에서 대강의 윤곽이 잡힌 엄청난 억압 사이에 문제가 있다는 것을 인정했다. 실존주의의 관점은 여성이 예속된 것은 많은 부분 여성의 잘못이며 여성 스스로 자신의 자유를 실현시키지 못한 것으로 본다고 몇몇 해석들이 지적하고 있는 것과 연관이 있을 것이다. 『제2의 성』에서 여성의 삶을 구체화하는 많은 요소를 길고도 감동적으로 고찰하고 있긴 하지만, 만개한 실존주의의 급진적인 자유가 어떻게 여성에게 가능한지는 쉽게 알 수 없다. 보부아르가 가진 실존주의에 대한 신념은 바로 이 지점에서 최소한 일부라도 흔들렸을 것이다. 확실히 보부아르는 사르트르의 주장과는 부분적으로 의견이 달랐다. 보부아르는 실존주의에 구체적이고도 사실적인 가능성의 개념을 더한 철학자다. 실존주의는 이로써 더 훌륭해졌다.

『제2의 성』은 남성과 여성의 관계에 대해 많은 것을 지적하지만, 그

대다수는 남성들이 좋아할 내용이 절대 아니다. 게다가 이 책이 결과적으로는 남성과 여성의 고결한 화해를 청하고 있다는 사실도 알아차리기가 쉽지 않다. 이 점을 보지 못하는 사람들은 단순한 생각에 이 책을 그저 남성을 공격하는 책이라고 폄하하기도 한다. 보부아르는 이렇게 말한다.

최상의 승리를 얻기 위해서는 우선 남성과 여성이 둘은 본성적으로 다르다는 점을 인정함으로써 형제애를 솔직하게 긍정해야 한다.

보부아르의 다른 책

📖 초대받은 여자

보부아르가 처음으로 발표한 소설. 타인 속에서 삶의 행복을 발견하고 안주하려는 마음과 타인을 자신의 존재에 대한 위협으로 여겨 적대시하려는 마음으로 갈등하는 여성 프랑수아즈Françoise가 주인공으로 등장한다. 자신의 초대로 파리로 이사 오게 된 친구 자비에르Xavière 때문에 남편 피에르Pierre와의 부부 관계에 문제가 생기자 프랑수아즈는 피에르에 대한 질투심과 자비에르를 돌봐야 한다는 의무감에 점차 짓눌리게 된다. 이 작품에서 보부아르는 각자의 양심은 기본적으로 타인의 양심을 약탈하는 관계에 있다고 규정한다.

📖 모호성의 윤리학

이 책은 보부아르가 사르트르의 『존재와 무』에서 이루어진 논의가 윤리학의 초석으로 삼기에는 불충분하다고 생각한 끝에 쓴 철학서로, 실존주의 윤리학을 사르트르식의 존재론적 범주로부터 확장시키려는 시도로 평가된다. 이 책에서 보부아르는 인간이 실존하는 데는 필연성이 없기에 미리 정해진 인간의 본질이나 가치 기준은 없다는 '실존의 우연성'을 주장한다. 또 즉자 존재와 대자 존재를 종합하려는 시도를 인간 조건의 '모호성'이라 부르면서, 인간이 스스로와 "일치할 수 없는" 존재이기 때문에 윤리학이 가능하고 요구된다고 주장했다. 프랑스 실존주의의 입문서로 가장 적합한 책.

📖 레 망다랭

보부아르의 소설로서 가장 좋은 평가를 받은 작품. 2차 세계대전 이후 프랑스 문학계 지식인들의 삶을 그려 그해 공쿠르 상Prix Goncourt을 수상했다. 로베르 뒤브뢰이Robert Dubreuilh, 앙리 페롱Henri Perron, 빅토르 스크리아신Victor Scriassine 이라는 프랑스 지식인 세 명과, 로베르의 아내로서 작가의 분신인 안 뒤브뢰이Anne Dubreuilh, 안이 함께 일탈을 꿈꾸는 미국인 소설가 루이스 브로건Lewis Brogan을 등장시켜, 정치적 행동주의에 참여하려는 전후 지식인들의 희망과 환멸을 그려내고 있다.

(20)

비트겐슈타인

철학적 탐구

Philosophische
Untersuchungen

1953

루트비히 비트겐슈타인

Ludwig Wittgenstein, 1889~1951

논리학과 언어철학에서 독창적인 사유를 펼쳐 논리실증주의
와 분석철학의 형성에 기여한 비트겐슈타인. 그는 철학의 새
로운 정체성을 제시했다. 철학 문제는 진리를 발견하기 위한
것이 아니라 세상의 혼돈과 지식의 복잡성을 명백하게 하고
풀어내는 것임을 역설하면서 철학은 곧 우리의 일상 언어를
분석하는 일이어야 한다고 주장했다.

1889 출생 (오스트리아 빈)

1903 린츠Linz 소재의 한 레알슐레Realschule(중등학교)에 입학

1906 베를린에서 기계공학 전공

1908 영국 맨체스터의 빅토리아Victoria 대학에 연구생으로 입학

1911 케임브리지의 트리니티Trinity 칼리지에서 러셀과 무어를 만남

1913 아버지 사망. 노르웨이에서 혼자 생활함

1914 1차 세계대전에 참전했다가 전쟁 포로가 됨(~1918)

1918 시골 학교 교사가 됨

1921 『논리·철학 논고Logisch-Philosophische Abhandlung』 출간

1926 교사직 포기

1929 케임브리지로 돌아옴

1939 2차 세계대전 발발하자 런던에서 병원 짐꾼으로 일함(~1945)

1947 아일랜드의 서부 해안으로 이사

1951 사망 (영국 케임브리지)

1953 『**철학적 탐구**Philosophische Untersuchungen』 출간 🐛

1956 『수학의 기초에 관한 고찰Bemerkungen über die Grundlagen der Mathematik』 출간

1958 『청색 책·갈색 책The Blue and Brown Books』 출간

1969 『확실성에 관하여Über Gewißheit』 출간

비트겐슈타인
철학적 탐구

루 트비히 비트겐슈타인은 분명 20세기의 가장 위대한 철학자 중
한 사람이다. 언어철학과 논리학, 인식론, 심리철학, 수리철학에
대한 공헌이 지대하다. 그러나 무엇보다도 비트겐슈타인의 가장 중요한
업적은 많은 사람들이 철학을 바라보는 관점과 철학하는 방식을 변화시
켰다는 점이다. 그는 자신이 관심을 가졌던 거의 모든 철학 논제에 독창
적인 견해를 보였다. 그로 인해 그의 책은 내용을 전혀 이해하지 못하겠
다는 사람들부터 철학적 혁명으로 인정하는 사람들까지 매우 다양한 반
응을 낳았다. 그러나 우리는 아직 비트겐슈타인을 어떻게 평가해야 할
지 잘 모르고 있는 것 같다.

비트겐슈타인의 첫 책인 『논리·철학 논고』의 내용은 책이 집필된
상황만큼이나 매우 특이하다. 책을 쓰던 당시 비트겐슈타인은 오스트리
아군 소속으로 1차 세계대전에 참전 중이었다. 『논리·철학 논고』는 숫

자가 매겨진 명제 일곱 개로 구성되어 있는데 마지막을 제외한 여섯 개의 명제에는 자세한 설명을 돕고자 해설이 뒤따른다. 그 해설의 상대적인 중요성과 해설 간의 연관성은 십진수로 표시되어 있다. 예를 들면 이렇다.

> 1 세계는 사태 이외의 어떤 것도 아니다.
>
> 1.1 세계는 사실들의 총체이지 사물의 총체가 아니다.
>
> 1.11 세계는 사실들로 정해진다.

명제 1은 주요 단언이며, 명제 1.1로 해명되는데 그다음 명제 1.1을 해설하는 명제 1.11이 뒤따른다. 이 정도의 예만 보아도 『논리·철학 논고』를 구성하는 명제를 짧은 경구로만 보기는 어렵다는 사실을 금방 알 수 있다. 이 책의 분량은 75쪽에 불과하다. 하지만 내용을 이해하면서 읽어 나가려면 잠깐씩 책을 내려놓고 창문 밖을 응시하며 충분히 생각해야 하기 때문에 읽는 데 꽤 오랜 시간이 걸린다.

『논리·철학 논고』에 설명된 견해는 함축성이 있는 간결함 때문에 결국은 총체적으로 비트겐슈타인 자신에 의해 부인되었다. 케임브리지에서 16년 동안 학생을 가르치고 숙고하면서 '낱말의 의미란 그 낱말이 가리키는 대상'이라는 『논리·철학 논고』의 중심적인 주장이 오류임을 깨닫고 수정하기에 이른 것이다. 비트겐슈타인의 새로운 견해는 1933~1935년에 학생들이 필기한 강의 노트 두 권 형태로 학생과 동료 학자들 사이에 퍼지기

: 『논리·철학 논고』

『논리·철학 논고』는 1921년 독일에서 'Logisch-Philosophische Abhandlung'란 제목으로 처음 출판됐다. 그 이듬해 영어 번역판을 내면서 조지 무어의 제안으로 'Tractatus Logico-Philosophicus'라는 라틴어 제목을 달게 됐다. 이는 바뤼흐 더 스피노자Baruch de Spinoza, 1632-1677의 『신학·정치론Tractatus Theologico-Politicus』1670에 대한 오마주였다고 한다. 이 책은 논리실증주의는 물론, 20세기 영어권 철학에도 큰 영향을 끼쳤다.

시작했다. 하나는 표지가 푸른색이고 다른 하나는 갈색이었기 때문에 그 노트는 '청색 책·갈색 책'으로 알려졌다. 학생들은 그것을 베껴 쓴 다음 다른 사람에게 넘겨주곤 했다. 비트겐슈타인은 그 노트를 수정해서 출판할 것을 고려했으나 결국은 여백에 이런 문구를 적어 넣었다.

처음부터 바로 지금 이 시점까지, 수정을 해보려는 시도 전체가 완전히 쓸데없는 일이다.

강의 노트는 여전히 사람들 사이에서 돌고 있었고 비트겐슈타인은 그 노트가 자신의 마지막 유산이 될지도 모른다고 생각했다. 그 노트가 자신의 "지적 자만심을 자극"했다고 한다. 즉 비트겐슈타인이 보기에 그 노트 내용은 전반적으로 자신의 새로운 언어 개념을 표현하기에는 충분하지 않았던 것이다. 그는 『철학적 탐구Philosophische Untersuchungen』1953를 준비하기 시작했지만 이를 완성하지 못한 채 세상을 떠났다. 『논리·철학 논고』가 체제에 대한 일종의 기념비, 즉 숫자가 매겨진 문장들이 정확한 순서로 등장하는 경직된 행진이었다면 『철학적 탐구』는 천천히 시골 길을 거니는 산책과 같다. 또는 비트겐슈타인의 말을 빌리면 『철학적 탐구』는 여러 개의 다른 시각에서 하나의 풍경을 그린 변변치 못한 스케치들을 모아 만든 하나의 선집으로, 여기에는 장마다 붙는 작은 제목은 물론이고 장은커녕 서문이나 종결 부분도 없다. 이 책은 비트겐슈타인의 생각을 간단히 적어놓은 글의 모음으로(이는 비트겐슈타인이 철학을 다루기에 마땅하다고 생각한 방식의 하나다) 동일한 질문과 논제를 몇 가지 방향에서 진행한 탐구의 집합인 것이다. 그중 일부를 살펴보자.

언어의 의미는
곧 언어의 쓰임새다

우선, 언어에 대한 비트겐슈타인의 새로운 시각을 『논리·철학 논고』 안에 설정된 그 이전의 견해와 비교해 보자. 『논리·철학 논고』에서 비트겐슈타인은 '의미의 그림' 이론을 주장했다. 이것은 명제들이 세계의 사태의 논리적인 그림 또는 모형이라는 생각이었다. 시각적 그림이나 삼차원적 모형이 사람을 그려낼 수 있는 것처럼, 문장은 세계의 구성 요소를 논리적으로 그린 것이다. 이때 낱말의 뜻은 그 낱말이 나타내거나 표시하는 사물이다. 제대로 된 명제라면 낱말들은 그것이 나타내는 사물과 맞아떨어질 뿐 아니라 그 명제의 형식적 또는 논리적 구조는 세계와 부분 부분이 짝이 맞으면서 세계의 형이상학을 반영한다. 이 견해에 따르면 (철학적인 언어는 말할 것도 없고) 일상적인 말이 우리를 곤경에 빠뜨리는 까닭은 한 단어가 하나 이상의 사물을 나타내거나 여러 낱말이 하나의 사물을 나타낼 수도 있기 때문이다. 거기에다 명제의 기초가 되는 문법은 보통 시야에 드러나지 않는다는 점도 상황을 악화시킨다. 비트겐슈타인의 주장에 따르면 영어나 독일어의 문법뿐 아니라 논리적 문법의 규칙을 지키는 기호인 논리적 언어가 필요하다. 그 언어를 정확하게 사용한다면 보통 문법이나 논리적 혼란에서 오는 철학의 난제에 빠지지 않게 된다.

그런데 『철학적 탐구』에서는 이런 모든 견해에서 벗어나 여러 가지 생각이 자유롭게 펼쳐진다. 낱말은 세계를 그리는 기호가 아니라 '도구'로 생각된다. 또 낱말의 뜻은 사람들이 그 낱말을 사용하는 방식에서 나온다. 우리는 낱말을 연장통에서 흔히 볼 수 있는 여러 가지 연장들만

큼이나 다양하게 사용한다. 비트겐슈타인은 우리가 망치나 드라이버, 접착제를 사용하는 것만큼이나 다양한 방식으로 단어들이 사용된다고 말한다. 단어들이 무한하다고 할 수 있을 정도로 여러 방식으로 사용될 수 있다면 의미는 『논리·철학 논고』에서 밀어붙였던 구속에서 해방되어야만 한다. 즉 단어와 논리적 관계가 빈틈없이 묘사되어야 하고 문장을 구성하는 요소가 의미를 형성하며 실체의 정확한 모형화만이 참이라는 생각은 잘못이라는 것이다. 이전의 견해는 완전히 무너진다. 언어를 진정 이해하게 되려면 논리로써 언어를 세계에 묶어놓으려고 할 것이 아니라 현존하는 사람들이 어떻게 단어를 사용하는지 그 방식을 이해하려고 노력해야 하기 때문이다.

비트겐슈타인은 『철학적 탐구』에서 한 언어를 이해함은 특정 단어가 어떤 대상을 나타내는지를 알아내는 것이 아니라 단어들을 사용하는 법을 아는 것이라고 말했다. 즉 그것은 분석의 결과가 아니라 방법을 아는 능력이라는 것이다. 우리가 단어를 사용해서 지시를 내리거나 대상을 묘사하거나 사건을 보고하거나 추측하거나 가설을 세우거나 행동하거나 알아맞히거나 노래하거나 농담하거나 번역하거나 물어보거나 감사하거나 저주를 하거나 또는 인사할 때(비트겐슈타인의 목록은 상당히 오래 계속된다)는 다른 활동이 진행되고 있다. 우리가 이런 행동을 하고 있을 때는 평소 말하는 것과 다르다. 우리의 말이 행동의 일부분이다. 단어의 의미는 우리가 그 활동을 하기 때문에 그런 의미를 가지는 것이다. 한

언어를 이해한다는 것 곧 단어의 의미를 알고 있다는 것은 다른 언어와
는 다르게 문장이 이루어지는 일정한 방식을 배경으로 하여 단어들을
올바르게 사용함과 같다. 이것이 『철학적 탐구』 안에 있는 가장 중요한
통찰이다. 비트겐슈타인은 그것을 이렇게 표현했다.

> 모든 경우는 아니더라도 우리가 '의미'라는 단어를 채용하는 경우에
> 있어서 단어의 의미란 한 언어에서의 그 단어의 쓰임새라고 정의할 수
> 있다.

단어의 의미를 알려면 '언어놀이'를 알아야 한다

비트겐슈타인은 단어를 사용하는 법을 아는 것은 '놀이'를 하는 법을
아는 것 즉, 허용되는 행동을 이해하고 규칙을 따름과 같다고 말한다.
그는 놀이에서의 움직임이 그렇듯이 "언어를 '말함'이 행동의 일부 또
는 삶의 한 형태라는 사실을 드러나게
하고자" '언어놀이Sprachspiel'라는 용어
를 곳곳에서 사용한다. 비트겐슈타인
은 '언어놀이'를 언급한 후 우선 놀이
자체에 대해 이야기하는데, 이 논의에
는 본받을 점이 많다. 그는 우리가 '놀
이'라고 말하는 모든 활동을 조사해 볼
것을 권한다. '놀이'라고 불리는 그 활
동들에는 하나의 본질이 없다고 말하

려는 것이다. 우리가 그 모든 활동들을 '놀이'라고 두루 부르고 있음에도 그 모두에 해당하는 하나의 공통점이 없다는 것이다. 카드놀이나 보드게임, 체스, 오목, 테니스 또는 아이가 단순히 벽에 공을 던지고 받는 놀이를 생각해 보자. 여기에는 하나의 본질, 곧 하나의 공통점이라는 게 없다. 대신, 다양한 방식으로 서로 관련이 있다. 일부 놀이는 재미있다는 공통점이 있고, 일부는 경쟁과 승패가 있다. 그런데 모든 놀이가 재밌거나 승패가 있거나 하지는 않는다. 어느 정도의 유사성만 있다 뿐이지 전체에 공통된 것은 없다. 즉 놀이의 유사성은 유동적인 성질이 있다. 비트겐슈타인은 놀이의 유사성을 '가족 유사성Familienähnlichkeit'으로 표현한다. 가족 앨범 속에 있는 모든 사람이 할머니의 광대뼈를 닮지는 않았을 것이다. 하지만 한 집안의 구성원이 가진 신체적 특성 사이에는 오만 가지의 관계가 있고 그 관계를 통해 하나의 가족 유사성을 구성한다. 즉 앨범 속의 가족 모두가 서로 연관되어 있음을 확연히 알 수 있다. 비트겐슈타인은 놀이의 개념도 그렇다고 주장한다.

비트겐슈타인에게는 단어를 일정한 방식으로 사용하는 언어놀이도 이것과 다를 게 없다. 단어의 쓰임새에는 공통된 본질이 없다. 의미는 일정한 시행 규칙에 따라 단어를 사용하는 것에서 온다. 단어를 사용하는 것은 체스에서 말을 움직이는 것과 같다. 그 움직임이 (또는 단어가) 무엇을 가리키는가 하는 물음에는 별로 의미가 없다. '움직임의 의미'를 이해하려면 그 체스라는 놀이에 대해 알아야 한다. 다시 말해, 왜 그렇게 움직이느냐 하는 목적을 알아야 하는 것이다. 한 단어의 의미를 알기 위해서는 그 의미가 생겨나는 언어놀이에 대해서 알아야 한다. 즉 단어가 사용된 의도를 이해해야 하는 것이다. 단어에 대해 그 이상 알아야 할 것이 없다.

『철학적 탐구』에서 비트겐슈타인이 무얼 말하고 있는지를 알려면 다음의 문장을 곰곰이 생각해 보아야 한다.

> 우리는 놀이가 무엇인지 사람들에게 어떻게 설명해야 하는가? 우리는 놀이를 묘사해야 한다. 그러고 나서 "이것과 '이와 **비슷한 것**'을 '놀이'라고 한다" 이렇게 덧붙일 수도 있다. 놀이에 대해 **우리가 더 아는 것**이 있겠는가?

비트겐슈타인은 언어의 본질을 설명하려는 시도, 다시 말해 철학의 문제를 풀어보려는 시도로 우리가 실제로 어떻게 단어를 사용하느냐를 설명했을 뿐이기 때문에『철학적 탐구』가 일련의 스케치나 소견으로 생각될 수도 있다. 비트겐슈타인의 시각에서 본다면 그 이상 우리가 할 수 있는 것이 무엇이 있겠는가? 그것 말고 무엇이 더 있을 수 있겠는가?

철학의 문제는
대답될 수 없다

비트겐슈타인은 언어의 바로 이런 개념에서 철학 문제를 다루는 방법을 알았다. 철학 문제는 이론화로 풀고자 해서는 안 되고 언어의 쓰임새를 묘사하거나 조사함으로써 해소할 수 있다. 철학 문제는 언어의 혼동을 다른 것으로 오인하는 데서 온다. 다시 말해 단어 사용의 문법을 다른 것으로 오인하고, 단어 사용 규칙에 부닥친 것을 우리가 실재에 맞닥뜨렸다고 생각하는 데서 온다(보통, 단어를 앞뒤가 맞지 않게 사용하고 언어놀이의 규칙에 따른 놀이를 하지 못하는 데서 온다). 다음에 드는 예는 이 점을 분명하게 해주는 동시에, 언어 이론이 어떻게 나머지 철학 문제의 결론을 예상할 수 있는지를 설명하는 데 하나의 길잡이가 될 것이다.

비트겐슈타인은 사적인 언어에 대한 논증에서 일반적으로 말하는 논증, 즉 일련의 전제와 하나의 결론으로 구성되는 논증과는 달리, 자기만의 언어를 말한다는 것이 무슨 뜻인지에 대해 길게 논의한다. 이 논의는 한 사람이 직접적인 감각이든 사적인 감각이든 자신만이 알 수 있는 단어들을 만들어내는 언어가 있다고 상상하는 데서 시작한다. 이 사람이 어떤 특정 느낌이 올 때마다 공책에 'S'를 쓴다고 생각해 보자. 이제 'S'는 그 사람만의 사적 언어의 단어인가?

비트겐슈타인의 견해로는 부호나 소리가 의미를 가지기 위해서는 용도가 있어야 하고 용도가 있다는 것은 잘못 사용될 수도 있어야 한다는 말이다. 부호나 소리는 언어놀이라는 사용 체계가 있어야만 의미를 가진다. 다시 말해 하나의 특정한 삶의 방식으로 지속되기 위한 '규칙을 배경으로 해야' 부호나 소리에 의미가 생긴다. 그러나 그 사람이 어떤 느낌을 가질 때 'S'를 하나 써 넣는 것은 이런 것과는 전혀 다르다. 비트겐슈타인은 이런 경우를 두고 다음과 같이 말한다.

〔그 사람에게는〕수정을 위한 기준이 없다. 누구든지 "내게 옳게 보이는 것은 모두 옳다"라고 말하고 싶을 것이다. 그러면 이는 우리가 '옳음'에 대해 말하는 게 불가능하다는 것을 뜻할 뿐이다.

외부로부터의 점검도 없고 그 부호가 특정 방식으로 사용되었는지 결정할 방법도 없다. 그런 점검이나 방법이 없다면 그 부호는 그저 하나의 부호에 지나지 않는다. 사적 언어라는 개념 자체가 모순이다. 사적 언어의 단어들은 우리에게나 그 말을 하려고 하는 사람에게나 아무 의미도 주지 않는다.

이런 생각은 외부 세계에 대한 회의론이 완전히 잘못되었다는 견해로 발전한다. 외부 대상이나 다른 사람들의 실재성이 의심스럽다고 주장하는 사람은 터무니없는 소리를 하고 있는 것이다. 단어가 무엇인가를 뜻하려면 그것은 쓰임새가 있어야 한다. 그리고 단어가 쓰임새를 가지려면 사회적 맥락이 있어야 한다(즉 사람들이 일정한 방식으로 그 언어를 사용하면서 살고 있는 세계가 있어야만 한다). 비트겐슈타인의 이런 생각에 동의하는 사람이라면 데카르트가 『제1철학에 관한 성찰』에서 펼친 생각들에 의문이 생길 수도 있다. 또한 경험론자들이 인상과 관념을 얘기하거나, 그 감각을 담고 있는 정신만이 아는 그 외의 다른 감각에 대해 말할 때, 그 이야기가 무슨 말인지 고민할 사람도 있을 것이다. 비트겐슈타인의 시각에서 보면, 사고나 기억, 감각 등의 내적 대상이나 과정에 대해 알려고 할 때, 그것들을 성찰하거나 관심 있게 살피고 그 결과를 보고하는 방식으로 해서는 알아낼 수 있는 게 별로 없다. 주목해야 하는 것은 우리 언어 안에 있는 그와 관련된 단어의 용법이다. ❢

그렇다면 이는 사고나 고통, 느낌, 기억 등에 대한 이야기는 터무니없는 말이 될 수밖에 없다는 뜻일까? 전혀 그렇지 않다. 비트겐슈타인이 부정하는 것은 내적 과정의 특정 개념, 즉 그 과정을 생각하는 특정 방식이다. 그는 내적 과정에 대한 이야기가 어떻게 쓰이는지에 주목한다. 기억에 대한 비트겐슈타인의 논법을 고찰해 보자. 어떤 사람이, 우리가 기억을 할 때 하나의 내적 과정이 일어나며 어

: **일상언어학파**

비트겐슈타인의 후기 철학의 영향을 받아, 우리의 일상생활에서 사용하는 언어의 쓰임새를 분석하는 일이 철학자의 중심 과제라고 보는 철학의 한 유파. 조지 무어, 길버트 라일, 존 랭쇼 오스틴 등 1940년대 후반~1950년대 후반에 영국 옥스퍼드 대학 학자들을 중심으로 활발히 전개돼 '옥스퍼드학파'로 불리기도 한다.

떻게 아는지는 몰라도 우리는 그런 과정이 일어나는 것을 알고 있다고 주장한다고 해보자. 내가 '나는 이것을 기억한다'라고 말할 때 그 표현은 '내가 이것을 본다'라고 말할 때와 매우 비슷하다(그러나 이 표면적인 유사성으로 외부와 내부에 동일한 '이것'이 있다는 것이 참이 되지는 않는다). 비트겐슈타인이 부정하고 싶은 것은 내적 과정이 일어나고 있다는 사실도 아니고 우리 머릿속에 무엇인가 있다는 것도 아니다. 그는 우리가 '기억함'에 대해 말하는 것은 곧 내적 과정에 대해 이야기하는 것이라는 사실을 부정하고 싶은 것이다. 기억에 대한 이런 방식의 사고는 '기억함'이 어떻게 사용되었는지를 이해하게 되는 방식에 있다. 그리고 그 점이 중요하다. 우리가 일단 '기억'이라는 단어를 다양한 언어놀이에서 사용하는 방법을 터득하면 그 단어가 가진 의미는 모두 알게 된다. 이제 더 이상 의문을 가질 것이 없이 명백하지만 우리가 아직도 우리 내면에서 일어나는 정신 과정의 본성에 대해 고민하고 있다면 여전히 의문점이 있다고 생각할 수도 있다. 그러나 그것은 대상이 잘못된 고민이다.

비트겐슈타인의 시각에서 볼 때 철학 문제들은 대부분 그 대상이 잘 못되었다. 이 주장이 아마도 그에게는 가장 중요할 것이다(이런 주장은 『철학적 탐구』와 『논리·철학 논고』에 분명히 공통적으로 나타난다). 비트겐슈타인은 『논리·철학 논고』에서 철학은 이론화하려는 시도, 즉 세상을 묘사하려는 시도가 아니고 명백화에 가까운 것이라고 했다. 그런데 여기서 명백해지는 것은 세계에 대한 진실이 아니다. 오히려 세계의 외부에 위치해 있어서는 세계에 대해 아무것도 말할 수 없다는 점이 명백해진다는 것이다. 가치의 문제나 만물의 본질에 관한 문제와 같이, 우리가 보통 철학의 질문이라 생각하는 것들은 답변이 불가능하거나 아니면 적어도 우리가 언어로 표현할 수 없다는 것이다. 철학적 문제가 요구하는 답변들은 세계의 외부에서 바라보는 관점을 필요로 하는 답변들이다. 논리와 언어는 우리를 세계 너머로 데리고 갈 수 없다. 이것을 이해한다는 것은 철학의 문제는 대답될 수 없다는 사실, 즉 말 그대로 질문이 잘못되었다는 사실을 깨닫는 것과 같다. 이것을 깨닫게 되면 철학에는 풀어야 할 문제가 없다는 점을 알게 된다. 따라서 『철학적 탐구』의 비트겐슈타인이 옳다면 철학의 연구인 『논리·철학 논고』야말로 말도 되지 않는 이야기로 가득 차 있다고 생각할 수도 있다.

> 내 명제들은 다음과 같은 방식을 설명하는 작용을 한다. 즉 나를 이해하는 사람이라면 내 명제를 계단으로 삼아 내 명제를 뛰어넘어 올라갔을 때, 궁극적으로는 내 명제들이 무의미함을 인지하게 될 것이다(말하자면 다 올라간 후에는 사다리를 내던져야 한다).

『철학적 탐구』는 철학적 물음이란 언어의 혼동에서 생긴다는 견지를 고수하며, 언어를 올바로 봄으로써 그 문제들이 (해결되는 것이 아니라) 없어진다고 주장한다. 그러나 비트겐슈타인은 우리에게 언어와 논리의 올바른 개념을 가르쳐주는 대신 언어 그 자체에 몰두한다. 그러면서 다양한 언어놀이 안의 언어 사용을 즐긴다. 철학적 고민으로 괴로워하는 사람(예를 들어 기억은 사적이며 내부적인 것이라는 생각에서 생기는 문제들로 고민하는 사람)은 반증이 필요하지 않다. 그 대신에, 언어놀이에서 단어가 가지는 역할을 고려함으로써 기억에 대한 말을 어떻게 사용하는지를 상기하는 일이 필요하다. 비트겐슈타인에게 철학이란 일하지 않고 있는 언어다. 언어가 다시 일하도록 하기 위해 우리가 실제로 언어를 어떻게 사용하는지를 우리에게 상기시키는 일은 지혜를 깨달은 사람들이 할 일이다.

철학책 읽기 # 비트겐슈타인의 다른 책

📖 수학의 기초에 관한 고찰

비트겐슈타인이 수학과 논리학 문제를 다뤘던 노트들을 묶어 펴낸 책. 그의 사후에 출간되었다. 이 책은 수학이 가지고 있는 논리적 필연성에 대해 고찰한 책으로, 프레게와 러셀의 실재론적 수학관, 규약주의, 형식주의 등을 비판하고, 수학은 선험적인 규칙이나 완전성의 증명을 토대로 하는 것이 아니며, 언어의 문법적 필연성에 의해 강제되는 것이라고 주장했다.

📖 청색 책·갈색 책

비트겐슈타인은 케임브리지에서 강의하던 1933~1935년, 강의를 듣는 학생들에게 "머릿속에 넣어갈 수 없다면 손에라도 들고" 갈 수 있게 강의 내용을 기록하라고 시켰다. 이때 두 개의 시리즈로 된 강의 내용을 하나로 엮어 나눠줬는데 이 노트들의 겉표지가 하나는 푸른색이고 다른 하나는 갈색이었다. 그래서 비트겐슈타인의 사후에 이 노트들이 『청색 책·갈색 책』이라는 제목을 달고 출판된다. 전기의 대표 저서인 『논리·철학 논고』와 후기의 대표 저서 『철학적 탐구』 사이의 그의 사상을 엿볼 수 있는 책으로, 『철학적 탐구』에서 논의된 여러 사유의 단초들을 보여준다.

📖 확실성에 관하여

비트겐슈타인 생전의 마지막 두 해에 쓰인 노트를 토대로 1969년 출간된 책으로, 그의 후기 철학을 이해하는 데 중요한 자료다. 이 책에서 비트겐슈타인은 우리가 경험할 수 있고 어떠한 의심도 제기될 수 없는, 무조건 받아들여야 하는 '확실성의 영역'이 존재한다고 말한다. 그리고 이 영역이 우리의 인식 체계에 있어서 '기초'와 같은 역할을 하고 있다고 하면서, 이러한 영역의 존재가 (『철학적 탐구』에서 논의된) '언어놀이'의 본질이라고 했다. 그러나 이 기초는 절대적이고 영구불변한 유일한 성격의 기초가 아니며, 우리가 언어놀이를 통해 반복적으로 경험하며 받아들인 체계다. 비트겐슈타인은 이 '기초'에 대해서는 설명할 수 없다고 결론짓는다.

The 20 Greatest Philosophy Books

사진 저작자 표시

pp. 17, 35, 53, 69, 87, 103, 119, 135, 151, 167, 185, 201, 217, 235, 253, 269, 285, 301, 319, 335

pp. 34, 51, 68, 86, 102, 118, 134, 150, 166, 184, 200, 216, 234, 252, 268, 284, 300, 317, 334, 351